El AMOR

No ha olvidado a nadie

LA RESPUESTA A LA VIDA

GARY R. RENARD

Título en inglés: *Love has forgotten no one*

Copyright © 2013 by Gary R. Renard

Título en castellano: *El amor no ha olvidado a nadie*
Subtítulo: La respuesta a la vida

Autor: Gary R. Renard

Traducción
Miguel Iribarren

Ilustración de portada: Alexander Marchand

Diseño del libro y portada
Félix Lascas

Fotografía del autor
Michael Helms

Primera edición
Octubre 2013
Sexta reimpresión
Septiembre 2021

Copyright © 2013, 2015
El Grano de Mostaza

Depósito legal B.21154-2013
ISBN 978-84-941349-6-8

EDICIONES EL GRANO DE MOSTAZA, S. L.
Carrer de Balmes, 394 ppal. 1.ª
08022 Barcelona

Contenidos

Elogios dedicados a
El amor no ha olvidado a nadie

«No, aquí no voy a dar ningún detalle, pues os estropearía el placer de leer. Al igual que los libros anteriores, ni siquiera son esos pequeños detalles personales los que lo convierten en una lectura divertida. Los detalles simplemente le dan brillo. Entonces, si no es por los nuevos elementos, ¿por qué tenemos tantas ganas de más? Lo cierto es que, para alegría del creciente grupo de sus lectores fieles, Gary está de acuerdo en compartir su vida con nosotros, con verrugas y todo, y nos permite aprender *Un curso de milagros* con él de una manera intensa y divertida, siempre entrando más y más profundo en lo que implican sus experiencias. La comedia de su vida nos invita a darnos cuenta cada vez más de lo que el *Curso* realmente dice».

Rogier Fentener van Vlissingen, autor de *Closing the Circle: Pursah's Gospel of Thomas and A Course in Miracles*

«*El amor no ha olvidado a nadie*, en realidad, no es un libro; más bien es un portal, un sistema de transporte, una reorientación de la mente. Cuando hayas acabado de leerlo, creo que estarás más cerca de conocer tu verdadera naturaleza. Y además de todo esto, ¡Gary es divertido!».

H. Ronald Hulnick, doctor en filosofía y presidente de la Universidad de Santa Mónica; coautor con Mary R. Hulnick de *Loyalty to Your Soul: The Heart of Spiritual Psychology*

Para Karen L. Renard
Gracias por ayudarme a lo largo de la vida

1 Jesús, 2 Helen Schucman, 3 Bill Thetford, 4 Pursah, 5 Gary
Renard, 6 Shakespeare (Edward de Vere), 7 Arten,
8 Cindy Renard, 9 Karen Renard, 10 Ken Wapnick y tú.

Ilustración de Alexander Marchand

El AMOR

No ha olvidado a nadie

LA RESPUESTA A LA VIDA

GARY R. RENARD

EL GRANO Ð MOSTAZA

Este es un libro sobre espiritualidad. La espiritualidad real, no lo que ha pasado por ser espiritualidad en los medios populares durante las últimas dos décadas. La espiritualidad se ha confundido con el movimiento de autoayuda. Cuando acabes este libro, no solo entenderás la diferencia entre ambos, sino que también sabrás por qué solo uno de ellos puede llegar a hacerte feliz.

Hay diferencias entre una espiritualidad que te ahorrará mucho tiempo y las que no. La que te ahorra tiempo te introduce a la idea de deshacer el ego y te muestra cómo hacerlo. El «ego» es algo que las grandes enseñanzas, como el budismo y la obra maestra espiritual *Un curso de milagros*, definen en detalle y también describen de maneras asombrosamente similares. De hecho, descubrirás que hay más similitudes entre el budismo y *Un curso de milagros* que entre este y el cristianismo, aunque el *Curso* usa la terminología cristiana para hablar al público occidental.

Sin entrar en las distinciones y aplicaciones que son necesarias para deshacer el ego, que vendrán después, digamos, por el momento, que el ego es la idea y la experiencia de que, de algún modo, nos hemos separado de nuestra Fuente; el ego ha asumido una existencia personal, una identidad propia que no es una con la Fuente y que creemos real. La disciplina espiritual acelerada se enfoca en deshacer este ego que está basado en la idea de separación.

Si deshicieras el falso tú, que es el ego, entonces solo quedaría el tú real. No tienes que esforzarte por ser el tú real. No tienes que evolucionar. El tú real ya es perfecto. Lo que hay que hacer es retirar las barreras que te impiden llegar a la experiencia y a la expresión de esa perfección. Casualmente, esa perfección no tiene nada que ver con nada del mundo, sino con algo que no es de este mundo.

Hay personas, incluso científicos brillantes y muy respetados, que te enseñarán que deberías «hacerte amigo del ego». Eso es muy bonito. El único problema es que tu ego no está interesado en ser tu amigo. Tu ego quiere matarte. Como dice *Un curso de milagros* —que fue dictado por Jesús (a quien nos referiremos en este libro como «J») a la psicóloga e investigadora Helen Schucman—: «Es muy probable, por lo tanto, que el ego te ataque cuando reaccionas amorosamente, ya que te ha evaluado como incapaz de ser amoroso y estás contradiciendo su juicio. El ego atacará tus motivos tan pronto como estos dejen de estar claramente de acuerdo con la percepción que él tiene de ti. En ese caso es cuando pasa súbitamente de la sospecha a la perversidad, ya que su incertidumbre habrá aumentado».[1]

Este libro no trata de hacer espiritual lo que no puede hacerse espiritual. Este libro trata sobre cómo ir a casa, al espíritu. Trata de la realidad. Esa realidad es amor, pero no el amor tal como el mundo piensa tradicionalmente en él. Este es un amor que no puede ser explicado, solo experimentado. Es el objetivo hacia el que nos han orientado los grandes místicos a lo largo de la historia, sabiendo que no podía ser descrito. No obstante, es posible experimentar esta realidad incluso mientras parece que estamos aquí y que somos cuerpos. No somos cuerpos, pero nos parece que lo somos y nos sentimos como si lo fuéramos. Mi propósito no es negar a la gente su experiencia de ser cuerpos. Solo quiero demostrar que esta experiencia es *falsa*.

Esto también es válido para nuestra experiencia del tiempo. Experimentamos el tiempo de manera lineal y creemos ir fabricando todo sobre la marcha. Esta también es una experiencia falsa. La verdad es holográfica. Todo esto ya ha ocurrido. Y si todo ya ha ocurrido, entonces no puedes estar creándolo sobre la marcha. Tú no creas el modo en que las cosas son. Eso ya lo hiciste al comienzo del tiempo. Todo lo que pareció ocurrir después de eso ya es un hecho consumado. A la mayoría de las personas no les gusta esta idea y, sin embargo, forma parte de un sistema de pensamiento que, si lo comprendieran y aplicaran, podría ahorrarles una increíble cantidad de tiempo dentro de su experiencia ilusoria.

No siempre tenemos elección con respecto a lo que experimentamos, pero sí podemos escoger cómo experimentarlo. La esencia de esa elección reside en cierto tipo de perdón: el que practicaron los grandes maestros, como Buda y Jesús. No se trata del perdón al que el mundo está acostumbrado. Una vez que lo aprendemos y lo practicamos, deshace el ego y nos conduce de vuelta a nuestro verdadero hogar, que es uno con nuestra Fuente. Este es el carril rápido de la vida espiritual: ahorra tiempo, mucho tiempo. Ahorra incontables ciclos de vida que en realidad son una serie de sueños, pero que tomamos como si fuera la realidad. La respuesta a la vida es reemplazar la falsa experiencia de ser un ser separado, un ser espacial, por la verdadera experiencia de ser perfecto Espíritu, que no solo no es espacial, sino que está más allá del universo del tiempo y el espacio. Es la experiencia hacia la que se dirige la gran espiritualidad, que es la respuesta a la vida y a sus preguntas más difíciles.

Llegar a esta experiencia de la realidad, que es perfecta unidad con Dios, requiere no hacer concesiones. Este libro no hace concesiones con respecto a las enseñanzas del *Curso*, porque mis profesores se niegan a hacerlas, y lo mismo debo hacer yo. Como el *Curso* expresa con agudeza en la página 73 del «Manual para el maestro»: «El mundo intenta hacer miles de transigencias al respecto, y tratará de hacer mil más. Ni una sola puede ser aceptable para los maestros de Dios, ya que ninguna de ellas sería aceptable para Dios».

Con este espíritu, el siguiente texto relata sucesos verdaderos que ocurrieron entre finales del año 2006 y principios del 2013.

A excepción de mi narración y notas, los hechos se presentan en el marco de un diálogo en el que hay tres participantes: Gary (ese soy yo), Arten y Pursah, dos maestros ascendidos que se me aparecieron encarnados. Mi narración no está introducida por etiquetas indicadoras, a menos que interrumpa el diálogo, en cuyo caso simplemente he añadido la palabra nota. Las numerosas palabras que hallarás en cursiva indican énfasis por parte de quien las dice.

No es absolutamente esencial creer que se produjeron las apariciones de los maestros ascendidos para obtener beneficios de la información que viene en estos capítulos, y a mí, personalmente, no me importa lo que pienses. No obstante, puedo decirte que es muy improbable que un laico sin educación superior como yo haya podido escribir esto sin la inspiración de estos profesores. En cualquier caso, dejo en tus manos, lector, que pienses lo que desees sobre los orígenes del libro.

He hecho todos los esfuerzos posibles por hacerlo bien, pero no soy perfecto y, por lo tanto, tampoco lo es este libro. No obstante, si hay algún error en los datos de estas páginas, puedes estar seguro de que es mío y que no fue cometido por mis visitantes. Asimismo, aunque el relato de estos diálogos se presenta en una línea temporal fácilmente observable y acorde con la «vida real», los diálogos no siempre fueron lineales; a veces fueron holográficos. En unos pocos casos, cosas que se dijeron antes han sido incluidas en una parte posterior del libro, y cosas que se dijeron después han sido presentadas antes. Yo nunca tomaría una decisión con respecto a esto, ni con respecto a ninguna otra cosa relacionada con estos libros, sin ser guiado a hacerlo así por mis profesores.

Las referencias a *Un curso de milagros (UCDM)*, incluso las citas introductorias de cada capítulo, aparecen en el Índice que viene al final del libro. Siento una gratitud ilimitada por la Voz del *Curso*, cuya verdadera identidad se comenta aquí.

Quiero dar las gracias a cuatro personas que me han ayudado a hacer posible este libro: mi primera agente promotora, Sue Borg, que hizo un trabajo tan bueno que tuve la oportunidad de hablar en público en muchos lugares, y aun así disfruté de tiempo para aprender alguna cosa de mis profesores; Jan Cook, mi amiga y segunda agente promotora, que fue nada menos que un regalo de Dios; mi anterior esposa, Karen L. Renard, que se ha convertido en una de mis profesoras, además de una gran amiga, y una persona a la que conoceréis en estas páginas y que revela la identidad de Arten en esta vida.

El amor no ha olvidado a nadie contiene muchas citas de la versión oficial de *Un curso de milagros* que se han anotado para ayudarte, lector, a estudiar el *Curso* posteriormente, si así lo eliges. Las citas de los principios de capítulo están en cursiva, aunque no aparecen en cursiva en el *Curso*. El editor y yo queremos expresar nuestra gratitud a los miembros de la Fundación para la Paz Interior de Mill Valley, California, los editores originales del *Curso*, y a la Fundación para Un Curso de Milagros de Temécula, California, por las décadas de importante trabajo, gracias a las cuales *Un curso de milagros* ha podido llegar al mundo. Al final del libro se incluye información sobre dónde conseguir la versión auténtica del *Curso*.

Finalmente, aunque no estoy afiliado a la Fundación para Un Curso de Milagros, me gustaría aprovechar esta oportunidad para extender mi sincero agradecimiento a Gloria Wapnick y Kenneth Wapnick, promotores de dicha fundación, en cuyo trabajo se basa buena parte de este libro. Muy al principio, Arten y Pursah me guiaron a hacerme estudiante de las enseñanzas de los Wapnick, y este libro no puede evitar reflejar todas mis experiencias de aprendizaje.

Gary Renard, bañándome en el resplandor del sur de
California, y a solo cinco horas de Hawái.

He afirmado que los conceptos básicos a los que este curso hace referencia no admiten grados. Algunos conceptos fundamentales no pueden entenderse en función de sus opuestos. Es imposible concebir la luz y la obscuridad, o todo y nada, como posibilidades compatibles. Estos conceptos son o completamente verdaderos o completamente falsos. Es esencial que te des cuenta de que tu pensamiento seguirá siendo errático hasta que te comprometas firmemente con la luz o con la obscuridad.[2]

1. ¿QUÉ PREFIERES SER?

Tú eres tal como Dios te creó, al igual como también lo es toda cosa viviente que contemplas, independientemente de las imágenes que veas. Lo que percibes como enfermedad, dolor, debilidad, sufrimiento y pérdida, no es sino la tentación de percibirte a ti mismo indefenso y en el infierno. No sucumbas a esta tentación, y verás desaparecer toda clase de dolor, no importa dónde se presente, en forma similar a como el sol disipa la neblina.[3]

A finales del año 2006 estaba casado y vivía en Maine. A finales del año 2007 estaba divorciado y vivía en California. 2006 había sido el año más turbulento de mi vida, pero no tenía ni idea de que 2007 lo sobrepasaría. Lo cierto es que ni siquiera pensaba que eso fuera posible.

La última vez que había visto a mis queridos profesores, los maestros ascendidos Arten y Pursah, que se aparecieron ante mí como un hombre y una mujer, había sido en agosto de 2005. Me visitaron en once ocasiones a lo largo de veinte meses a fin de darme su parte del material para nuestro segundo libro, *Tu realidad inmortal: cómo romper el ciclo de nacimiento y muerte.* (Yo puse la narración y las notas, y mantuve la parte que me tocaba de las conversaciones lo mejor que pude). Hacia el final de su última visita, les pregunté si volvería a verlos. Su respuesta me tomó por sorpresa: «Dentro de un año, piensa si el tipo de vida que estás viviendo es realmente la que quieres. ¿Quieres seguir siendo un autor?».

Ellos sabían algo que yo ignoraba. El año y medio siguiente iba a ser muy duro. En medio de los viajes y de un programa de conferencias y cursos que habrían sido una severa prueba para cualquiera, y mientras intentaba hacer todo el trabajo propio de un autor en activo, me convertí en la diana de una *vendetta*: una campaña celosa, personal y organizada por supuestos maestros espirituales que se juntaron para intentar destruir mi ministerio.

Uno de ellos era un hombre a quien consideraba mi amigo y a quien había hecho numerosos favores. Me dolió mucho y fue una de las mayores lecciones de perdón de mi vida. Tardé varios meses en resolver esta situación. Por suerte para mí, los esfuerzos de estos pocos individuos fracasaron, quizá porque lo que hacían era opuesto a los principios espirituales que supuestamente representaban. A la gente no le gusta la hipocresía. Estos maestros hablaban de amor, pero sabían como uvas amargas.

En cuanto a mí, simplemente era mi conocido yo imperfecto. Me había acercado tanto al público que la gente sentía que me conocía. Siempre me había presentado como un simple ser humano. Tanto mi personalidad como mi historia seguían siendo consistentes y no había transigido, a pesar de años de escrutinio despiadado. No había pruebas para sustentar el odio dirigido contra mí, solo opiniones. Se demostró que eran opiniones minoritarias. A fin de cuentas, la mayoría de la gente seguía conmigo, y esto quedó claro muchas veces a lo largo de los meses y años siguientes.

Como un año después del último encuentro de la segunda serie de visitas de Arten y Pursah, dirigía un taller intensivo en el Instituto Omega de Rhinebeck, Nueva York. Un gran tipo llamado Joe, veterano de Vietnam, me dijo que el libro *La desaparición del universo* (o D. U., como lo llaman con cariño muchos lectores) lo había llevado a *Un curso de milagros*. Gracias a D. U., Joe fue capaz de entender y de aplicar las enseñanzas del *Curso* en su vida. Esto, a su vez, le permitió perdonar las cosas horribles que había visto en Vietnam. También puso fin a las dos décadas de pesadillas que las siguieron. Joe dijo que quería compartir el libro con otros veteranos de Vietnam. En ese instante, la respuesta a la pregunta de Arten y Pursah quedó muy clara: «Sí, por supuesto que quiero continuar con este trabajo. ¿Qué más podría pedir?».

Transcurridos unos pocos meses, después de lidiar con los intentos de ataque de otros maestros , me encontraba en la sala de estar de mi apartamento en Auburn, Maine. Era el 21 de diciembre de 2006 y tenía una idea clara de lo que estaba a punto de ocurrir. Mientras se resolvía una crisis personal en mi vida y otra estaba a punto de empezar, yo ya anticipaba la visita de mis amigos. Los maestros ascendidos habían dicho que era decisión mía que ellos volvieran a aparecerse ante mí. Ellos querían que fuera mi responsabilidad. Me habían enseñado a estar en el lado de la causa y no del efecto, y esperaban que viviera las situaciones y que nunca volviera a ser víctima del mundo. En esta ocasión, la elección era mía y yo sabía que ellos se presentarían si yo quería que lo hiciesen. No tuve ocasión de sentirme decepcionado. De repente, Arten y Pursah aparecieron ante mí en su sofá favorito, que pronto perdería como consecuencia de mi divorcio, aunque poco después mi ex esposa me lo devolvió.

GARY: ¡Sabía que vendríais hoy! Y otras personas me han enviado correos electrónicos diciéndome que pensaban que hoy os presentaríais.

ARTEN: ¿No podemos escapar de la fama?

PURSAH: ¿Están ahí fuera los paparazzi? Pero hablemos en serio: esta ha sido una temporada muy difícil para ti.

GARY: Sin duda. ¿Os importaría explicarme por qué no me avisasteis de que iba a sufrir más injurias que cualquier otro maestro en la historia de *Un curso de milagros*?

ARTEN: Perdona, pero ¿no te dijimos desde el principio que no te íbamos a contar muchas cosas sobre tu futuro personal porque no queríamos privarte de tus oportunidades de perdonar?

GARY: Oh, lo olvidé. No importa. Pero ¡Jesús! No ha sido nada fácil, ¿sabéis?

PURSAH: Gary, no le hables a Jesús de circunstancias fáciles. Él recorrió todo el camino y tú estás avanzando en el tuyo. Jesús demostró que todo es posible con Dios, incluso la ausencia total de dolor. Has hecho bien tu reciente trabajo de perdón, a pesar de tus actuales quejas, de modo que ¿por qué no haces como los patos?

GARY: Vale, voy a picar: ¿Qué quieres decir?

ARTEN: Los patos no miran atrás. Les resulta difícil hacerlo, de modo que generalmente ni se molestan. Solo ven lo que tienen delante e ignoran lo que ha quedado atrás. Lo único que importa es lo que ocurre ahora mismo. No hay que pensar en el pasado.

GARY: Estás diciendo que el pasado debería estar fuera de mi conciencia y que solo debería pensar en aquello con lo que tengo que lidiar en el momento presente. Entonces, el futuro cuidará de sí mismo.

ARTEN: Sí, pero no hablamos de dejarlo ahí, como hacen algunas de las enseñanzas espirituales populares. Cualquier intento de permanecer en el presente fracasará, a menos que el estudiante realice cierto trabajo. Hay algo en tu mente que te impide permanecer en el momento presente. La mayoría de las espiritualidades ni siquiera saben que esto es así, y mucho menos te enseñan a remediarlo. Los maestros más populares del *Curso* tampoco saben de ello ni enseñan a corregirlo, porque, en realidad, no han aprendido el *Curso*.

PURSAH: Vamos a abordar esta cuestión hasta tal punto que nunca serás el mismo.

ARTEN: Tal como J, el maestro, dice en su *Curso*: «El único pensamiento completamente verdadero que se puede tener acerca del pasado es que no está aquí».[4]

GARY: Genial. Pero, en la ilusión del tiempo, ¿cuánto tiempo vais a venir a verme en esta serie de visitas? Tengo un programa apretado, como sabéis. Si vais a ocupar algunas fechas, debo llamar a mi agente.

ARTEN: En realidad, durante cuánto tiempo vengamos va a depender de lo bien y lo rápido que hagas tu trabajo. Te plantearemos ciertos retos. Con todos tus viajes, es posible que no puedas afrontarlos. Pero tu proceso de perdón debería acortarse. Durante la última serie de visitas, notaste que los procesos de perdón avanzado eran más breves. Esta vez, también lo serán. Al final, no necesitarás palabras en absoluto y lo harás de forma automática. Ese es un estado muy avanzado. De momento, digamos que vas a aprender rápido y que en un futuro no muy lejano vas a saber perdonar automáticamente cualquier cosa que se te ponga delante. Permanecerás en un estado de fe y alegría, que están entre las características del Maestro de Dios.[5] Estarás en un estado de gratitud hacia tu Creador, que no te creó para que fueras un cuerpo, sino para que fueras como Él. Llegarás a poder relajarte en Dios.

GARY: Sí, me gustaría estar más relajado y agradecido a todo y a todos los que me han ayudado a lo largo de los dos últimos años: J, el *Curso*, tú, Pursah, el *Just For Men* (tinte para el pelo), la Viagra…

PURSAH: Y deberías sentirte agradecido a las personas que te han puesto a prueba a lo largo de los últimos meses. Al perdonarlos, se convierten en tus salvadores.

GARY: Bueno, uno de ellos incluso me ha pedido perdón en público. Pero me pregunto si esos otros dos «capullos» espabilarán algún día. Solo es una broma. Cualquier cosa es posible. Pero ya sé a qué te refieres. Al perdonarlos, en realidad yo soy el perdonado, y en ese sentido ellos son mis salvadores. No podría llegar a casa sin ellos.

PURSAH: Eso es, querido hermano. Tu manera de verlos, o lo que pienses de ellos, determinará lo que pienses de ti mismo y, en último término, lo que creas ser: un cuerpo o espíritu. Y ¿qué prefieres ser? ¿algo temporal que está condenado a morir: o algo permanente que no puede extinguirse? ¡El tipo de experiencia que tendrás está determinado por lo que pienses de los demás! Como J te aconseja en el *Curso*: «Nunca te olvides de esto, pues en tus semejantes o bien te encuentras a ti mismo o bien te pierdes a ti mismo».[6]

GARY: Y al perdonar cualquier cosa que surja, además de los recuerdos o pensamientos del pasado que vengan a mi mente, me libero de ella. Pero se trata de cierto tipo de perdón al que J recurrió y que la mayoría de la gente no entiende.

ARTEN: El tipo de perdón del que estamos hablando, el que deshace tu ego, te permitirá mantenerte en la condición del presente sin fin. El pasado y el futuro serán perdonados. Y, como dice el *Curso*, «… al pasado, el cual al ser perdonado desaparece».[7]

GARY: Espera, aún no he conectado la grabadora.

ARTEN: No has de preocuparte por eso. Esta vez no queremos que grabes. Puedes tomar notas, como ya has empezado a hacer, y tienes una memoria estupenda. Además, ahora puedes oírnos muy bien cuando te hablamos entre visitas, o cuando te mostramos palabras teniendo los ojos cerrados. De modo que te corregiremos si cometes algún error en la escritura que sea lo suficientemente importante como para tener que arreglarlo.

GARY: No sé, tío. Suena más difícil de lo que estoy acostumbrado a hacer. Me refiero a que añado mi narración y mis notas a los libros, y los hago míos contando a la gente lo que ocurre en mi vida. Transmito muchas experiencias personales de esta manera. Pero para mí ha sido de gran ayuda poder transcribir las conversaciones de las cintas. Ahora me dices que ya no puedo hacerlo.

PURSAH: Te decimos que no necesitas hacerlo. Todo irá bien. Ya lo verás.

GARY: ¿Por qué no hacer grabaciones?

PURSAH: Es muy simple. Tu decisión de continuar con este trabajo significa que va a haber más libros. De modo que vamos a evitar las preguntas que la gente plantea sobre las cintas. Ahora puedes hacer el trabajo sin grabaciones. Y la gente debería concentrarse en lo que decimos, no en cosas superficiales como si somos reales o si las cintas son reales, pues lo que intentamos enseñarles en todo momento es que nada, excepto Dios, es real. ¡Ni siquiera ellos!

Además, has hecho un buen trabajo al responder a las preguntas de la gente. Hace ya años se plantean preguntas sobre ti, sobre Arten y sobre mí, y tú las has respondido todas, tal como te aconsejamos.

El tipo de perdón del que estamos hablando, que deshace tu ego, te permitirá mantenerte en la condición del presente sin fin.

NOTA: Desde la primera serie de visitas, que acabó a finales de 2001, he podido oír a Arten y Pursah hablarme como el Espíritu Santo, aunque este tipo de conexión no ha sido siempre igual, como piensa la mayoría de la gente. Aunque a menudo escuchaba una Voz audible, la mayor parte del tiempo la comunicación era diferente, sobre todo después del segundo libro. Con los ojos cerrados, pero aún despierto, sentado o tumbado en la cama, justo antes de dormir o al despertar, veía palabras como si estuviera leyendo un libro. Esta es una de las formas de comunicación inspirada más claras que he recibido hasta la fecha.

ARTEN: No hay nada malo en responder preguntas, y al hacerlo no tienes por qué adoptar una actitud defensiva. Simplemente corriges la información errónea. ¿No te parece divertido que algunas personas piensen que hacen bien al atacarte con preguntas que, en realidad, son afirmaciones —acusaciones de mentir, sin aportar pruebas— y, sin embargo, quieran hacer que parezca que hay algo mal en ti si las respondes? ¡Qué conveniente para ellas! Lo cierto es que, en el ámbito de la forma, si no ofreces a los demás tu experiencia, crearán sus propias respuestas.

Hay otro motivo por el que te aconsejamos responder a las preguntas. Dentro de cuarenta o cincuenta años, cuando los eruditos revisen las cuestiones de estos días con menos emoción de la que mucha gente demuestra ahora, verán que tenías respuestas para esas preguntas y, generalmente, respuestas muy buenas.

PURSAH: Durante los últimos años, te has convertido en un profesor muy conocido en todo el mundo. ¿Por qué no señalas, como recordatorio para tus lectores, un par de puntos destacados de lo que J enseñó hace dos mil años y sigue enseñando en *Un curso de milagros*? Me refiero a cosas que el mundo no comprendió entonces, a excepción de unos pocos, y que sigue sin entender ahora, a excepción de unos pocos.

GARY: Claro, pero voy a intentar ser breve, porque tengo algunas preguntas para vosotros. Lo primero que hay que entender es que solo hay dos cosas, y que solo una de ellas es real. Lo que es real es Dios, o el cielo, o tu Fuente, o el hogar, o la realidad, o como quieras llamarlo. Al margen de cómo elijas llamarlo, es perfecto. Tal como ambos, la Biblia y *Un curso de milagros*, expresan: Dios es perfecto amor. Ahora bien, este amor perfecto no cambia. Es absoluta quietud. Si mutara, evolucionaría y no sería perfecto. Pero la realidad ya es perfecta; no tiene que mejorarse a sí misma. Y esta es la realidad de todos. Este perfecto amor no puede ser enseñado o explicado, pero puede ser experimentado, incluso mientras parece que estamos aquí en un cuerpo.

Ahora bien, si Dios es amor perfecto, entonces lo único que sabe hacer es amar. Si supiera hacer algo más, no sería amor perfecto, ¿cierto? Este es un punto importante para entender la naturaleza no dualista del *Curso*.

Pero hay otra cosa que cree estar aquí. En realidad no está, pero piensa que sí. Esta cosa piensa que se ha separado de su Fuente y que ha tomado una identidad individual propia. A esto lo llamaremos el ego. Y el ego, en su mayor parte, es inconsciente. Está debajo de la superficie. Solo vemos una pequeña porción de él con la mente consciente, y la mayor parte permanece oculta. En esa parte escondida, hay una culpa tremenda por la aparente separación de Dios. Esto es lo que podríamos llamar el pecado original. No se trata realmente de un pecado, sino de la idea de estar separado. Esto produjo la conciencia, porque para que exista la conciencia tienes que tener más de una cosa: un sujeto y un objeto. Así tienes algo más de lo que ser consciente. En realidad, no hay sujeto ni objeto, solo perfecta unicidad.

De modo que, en resumen, no tienes que esforzarte por ser lo que ya eres. El verdadero tú ya es perfecto e inmutable. Lo único que tienes que hacer es deshacer el falso tú que piensa que se ha separado de su Fuente y que es culpable.

PURSAH: Pero, si Dios es puro amor, absoluto y perfecto, ¿cómo pudo ocurrir originalmente este pensamiento de separación?

GARY: ¡Ajá! Esa es una pregunta trampa. *Un curso de milagros* enseña que la plena conciencia de la Expiación es «...reconocer que *la separación nunca tuvo lugar*».[8]

En otras palabras, la separación es una ilusión, un sueño, una proyección de un universo de tiempo y espacio. No podemos encontrar la respuesta a esa ilusión por nosotros mismos, valiéndonos solo de nuestro intelecto, que el ego a menudo usa para mantenernos aparentemente atascados aquí. La separación es una experiencia falsa. Y la respuesta real a la separación es reemplazarla por una experiencia verdadera, que es la conciencia de la perfecta unidad con Dios. En este estado, ya no eres un ser separado, sino que eres uno con toda la creación, y esa experiencia es la respuesta a lo que llamamos vida. De hecho, en esa experiencia no hay preguntas, solo la respuesta. Entonces retornas temporalmente aquí, a la falsa experiencia de separación, ¡y resulta que estabas soñando las preguntas! Porque las preguntas no existen en la realidad, que es la experiencia del amor perfecto que es uno con la Fuente y que se convierte en nuestra realidad permanente cuando abandonamos el cuerpo por última vez.

PURSAH: De acuerdo, hermano. ¿Y qué hay que hacer para producir esta experiencia?

GARY: Bueno, lo primero es dejar de ser una víctima. Por ejemplo, si este mundo hubiera sido creado por Dios, entonces serías víctima de Dios, de una fuerza externa a ti que te hizo esto. Pero el mundo no fue creado por Dios. Como dice una de las primeras lecciones del «Libro de ejercicios»: «No soy una víctima del mundo que veo».[9] A propósito, por eso es tan importante entender el «Texto» del *Curso*, porque de otro modo no se comprende el «Libro de ejercicios». La gente hace sus propias interpretaciones de las lecciones del «Libro de ejercicios»; normalmente se les da el típico giro nueva era. Pero el *Curso* no es nueva era; es algo único. No enseña lo mismo que los maestros espirituales populares de nuestros días. Como se dice al principio del «Libro de ejercicios»: «Para que los ejercicios de este libro de ejercicios tengan sentido para ti, es necesario, como marco de referencia, disponer de una base teórica como la que provee el texto».[10] La mayoría de los maestros del *Curso* no lo han aprendido y no comprenden de verdad su significado. O, si lo entienden, no se lo cuentan a nadie.

La mayoría de los sistemas espirituales tratan de equilibrar cuerpo, mente y espíritu. Todos ellos son igual de importantes, pero esta no es la aproximación del *Curso*. En el *Curso* aprendes a usar la mente para elegir entre el cuerpo, que es el gran símbolo de separación del ego, y el espíritu, que según el *Curso* es perfecta unicidad, y que no ha de confundirse con la idea de un alma individual, que también es una idea de separación.

El *Curso* enseña que el mundo es una proyección de nuestra mente colectiva inconsciente. Lo que estaba en nuestra mente a un masivo nivel metafísico —a saber, la terrible culpa inconsciente que sentimos en la separación inicial de nuestra Fuente— fue negado y proyectado hacia fuera.

Un psicólogo te diría que la proyección siempre sigue a la negación. Esto se debe a que, cuando niegas algo, tiene que ir a alguna parte. Ahora bien, una vez que se niega algo, se vuelve inconsciente, y el *Curso* habla mucho sobre la negación. Te olvidas de que lo negaste, y entonces, cuando es proyectado hacia fuera, piensas que la proyección que contemplas es la realidad. Olvidas que tú la has hecho, ¡porque la has negado! De modo que es tu proyección, pero no eres consciente de ello. A continuación el *Curso* enseña que la «proyección da lugar a la percepción».[11] Esto significa que has fabricado aquello que estás mirando, pero te has olvidado y lo consideras la realidad. Olvidas que es una creación errónea que tú mismo has fabricado. Como dice J: «¿No es acaso extraño que consideres arrogante pensar que fuiste tú quien fabricó el mundo que ves? Dios no lo creó. De eso puedes estar seguro. ¿Qué puede saber Él de lo efímero, del pecado o de la culpabilidad? ¿Qué puede saber de los temerosos, de los que sufren y de los solitarios; o de la mente que vive dentro de un cuerpo condenado a morir? Pensar que Él ha creado un mundo en el que tales cosas parecen ser reales es acusarlo de demente. Él no está loco. Sin embargo, solo la locura da lugar a semejante mundo».[12]

ARTEN: Tú y tu amigo J tendríais que compartir estas cosas. Dices que parte del camino de salida consiste en dejar de ser una víctima y en responsabilizarte de tu experiencia. ¿Podrías ser un poco más específico en cuanto a cómo hacerlo?

GARY: Bien, no puedes hacerlo mediante el pensamiento ingenioso, ni siendo tu propio maestro. Tienes que escuchar el sistema de pensamiento del Espíritu Santo en lugar del tuyo. La verdad es simple y consistente, pero el ego no lo es. El ego es muy complicado y quiere que la idea de separación sobreviva, porque hace que se sienta especial. Entonces, en este mundo establece relaciones especiales, de amor especial o de odio especial —tema al que estoy seguro de que vamos a llegar—. Lo cierto es que al ego le encantan las complicaciones, porque son cortinas de humo sobre el único problema real y la única solución real.

El único problema real consiste en la idea de que nos hemos separado de Dios, y la única solución real consiste en deshacer la idea de separación y volver a casa. Para llevarnos a casa, el Espíritu Santo nos ofrece la simplicidad de la verdad frente a las complejidades del ego. Pero el ego no está dispuesto a renunciar. Es como Terminator, vuelve una y otra vez. No obstante, a la larga ganará la verdad que deshace el ego, porque el Espíritu Santo es perfecto y el ego no.

Cualquiera puede entender y aplicar las enseñanzas del Espíritu Santo. El *Curso* dice que son simples, y no lo dice una sola vez. ¡Usa esa palabra ciento cincuenta y ocho veces! Lo he mirado en la *Concordancia*. Por otra parte, el *Curso* no nos aconseja —ni a nosotros ni a sus maestros , ni siquiera a los maestros ascendidos— tener ideas originales. De hecho, dice: «El pensamiento ingenioso no es la verdad que te hará libre, pero te librarás de la necesidad de usarlo una vez que estés dispuesto a prescindir de él».[13] Y también dice… espera, déjame mirarlo aquí: «El *Curso* simplemente ofrece otra respuesta, una vez que se ha planteado una pregunta. Dicha respuesta, no obstante, no recurre a la inventiva o al ingenio. Esos son atributos del ego. *El curso es simple*. Tiene una sola función y una sola meta. Solo en eso es totalmente consistente, pues solo eso puede ser consistente».[14]

ARTEN: Eso es cierto. Pero aún no me has dado la clave. Basándote en lo que has dicho, ¿qué es lo que hay en el *Curso* que cambia tu experiencia?

GARY: Cambias tu experiencia de ti mismo al cambiar tu manera de mirar a otras personas.

PURSAH: Exactamente. El perdón es un cambio en la manera de mirar las cosas, ya sean situaciones, sucesos u otras personas. Pero no es fácil.

GARY: Nunca digo a la gente que sea fácil perdonar a otras. De hecho, es un rollo, porque no se lo merecen.

PURSAH: Esto puede parecer verdad a nivel de la forma, pero luego te das cuenta de que eres tú quien es perdonado cada vez que perdonas a otros.

GARY: Esto se debe a que, en realidad, solo hay uno de nosotros.

ARTEN: Sí. Es posible que las personas parezcan estar separadas porque lo que ven es una proyección basada en la idea de separación, pero se trata de un truco. Aunque parece que el ego divide, es una ilusión. Lo único que hay es un ser que cree que se ha separado de su Fuente. Sí, aparece como muchos, pero, en realidad siempre hay solo uno, y tú eres él. Sin embargo, la mente parece seguir dividiendo. Después proyecta esas divisiones, lo que hace que cada vez más gente parezca estar aquí, en la proyección. Pero todo es humo y espejos. Siempre hay únicamente un ego, por muchas imágenes distintas que veas.

GARY: Eso explica por qué se empieza con una o dos personas, como Adán y Eva, y más adelante parece que hay un billón. Siempre me he preguntado cómo encaja la reencarnación en esto. Quiero decir que, si solo tienes dos individuos, entonces, ¿cómo podría parecer que se reencarnan en billones de personas, a menos que la mente se divida? No es posible. Y digo que «parecen reencarnar» porque todo es una ilusión, o, mejor aún, un sueño que aparenta ser verdad. Sí, los sucesos parecen ocurrir en el sueño, pero eso no significa que ocurran realmente.

Cambias tu experiencia de ti mismo al cambiar tu manera de mirar a otras personas.

PURSAH: ¿Crees en la reencarnación?

GARY: No, pero solía hacerlo en otra vida.

ARTEN: Has dicho que cambias tu manera de experimentarte a ti mismo al cambiar tu forma de mirar a los demás. Hay que hacer un par de distinciones. Antes hemos manifestado que el *Curso* enuncia una ley muy importante de la mente: «Tal como le consideres a él, así te considerarás a ti mismo».[15]

Ya es hora de ser un poco más específicos en esto. Pero antes: ¿cómo está tu mano?

NOTA: Una semana antes de que A & P (como a veces los llamo en privado) volvieran, desperté una mañana con la mano totalmente insensible, no podía usarla. Fui al neurólogo, que me diagnosticó daño en el nervio radial del brazo derecho. Me explicó que de tanto escribir a máquina y firmar libros, se me había producido esta lesión. El médico me dijo que podría tardar un año en curar, si es que lo conseguía. Yo estaba decidido a curarme pronto.

Los síntomas habían aparecido en un buen momento, si es que existe un buen momento para la aparición de síntomas. Tenía un mes libre por las vacaciones de Navidad antes de volver a viajar y a dar conferencias sin interrupción. Decidí no dejar que la lesión me afectara, e incluso hice un viaje maravilloso con mi esposa Karen para disfrutar de la Navidad en la ciudad de Nueva York, a pesar de que apenas podía usar la mano derecha.

Empecé a practicar las enseñanzas sobre curación que había recibido tanto de *Un curso de milagros* como de mis dos amigos ascendidos. La mano estaba mejor, pero aún me dolía y tenía como la mitad de la fuerza habitual la noche en la que Arten y Pursah regresaron. Estaba tomando notas lo mejor que podía, aunque a veces parecían garabatos de niño.

GARY: Está mejorando. Hago lo que se me ha enseñado.

ARTEN: Bien. En nuestra cuarta visita de esta serie te hablaremos de la curación; evidentemente, no solo para ti, sino también para tus lectores. Tienes tres semanas antes de volver a salir a las trincheras. Sigue trabajando sobre tu mano con tu mente y durante esa cuarta visita, cuando toquemos este punto, comentaremos cómo te ha ido.

PURSAH: Entonces, volviendo al tema que teníamos entre manos… sin querer hacer un juego de palabras: La gente comete algunos errores básicos en su manera de aplicar el *Curso*. Una de las razones es que no se acuerdan de lo que es el espíritu. Otro error es que se enfocan en las ilusiones en lugar de en la realidad.

GARY: ¿Qué quieres decir?

PURSAH: Cuando entras en este tipo de trabajo, a menudo te centras en el hecho de que la vida es una ilusión, pero no es lo más conveniente. Porque, si es cierto que tal como veas a los demás te verás a ti mismo —y es cierto—, si vas por la vida viendo a la gente y al mundo como una ilusión, en tu mente inconsciente acabarás pensando en ti mismo como en una ilusión. Te sentirás vacío y carente de significado, y eso te deprimirá. Recuerda: tu mente inconsciente traducirá cualquier cosa que pienses sobre los demás como un mensaje sobre ti. Esto se debe a que, aunque no seas consciente de ello, tu mente inconsciente lo sabe todo, incluso el hecho de que solo hay uno de vosotros que piensa que está aquí. Por eso, todo lo que piensas sobre los demás es, en realidad, un mensaje desde ti, para ti y sobre ti. Y así pensará tu mente inconsciente. De modo que no quieres pensar que las personas son ilusiones, porque creerás serlo también tú.

No son únicamente los estudiantes de aquí, de Estados Unidos, los que cometen este error. Como el hinduismo y el budismo siempre han enseñado que el mundo que ves es una ilusión —o impermanencia, como dicen los budistas—, mucha gente de otros lugares, incluso de la India, piensa así. Para complicar aún más el problema, según el sistema de castas vigente en India, a un tercio de la población se la considera inferior a los animales. No tienen derechos y nunca los tendrán. ¡Imagina lo que hace a la psique de una nación considerar que un tercio de su población es infrahumana!

Por suerte, en la India también hay mucha gente que practica una idea que hemos tomado prestada de ellos. La ves y la oyes muchas veces en las iglesias de la Unidad de este país. Es la idea de "*namasté*", que significa: 'La divinidad en mí se inclina ante la divinidad en ti'. Este es un paso en la dirección adecuada, pero no va lo bastante lejos.

Cuando le dices a alguien: «La divinidad en mí se inclina ante la divinidad en ti», limitas a esa persona a la condición de una pequeña mota de tiempo y espacio. Haces que la individualidad sea real. También te separas del otro, como un sujeto y un objeto. Lo que J hizo fue pasar por alto el cuerpo. No es que los ojos de su cuerpo no parecieran ver otros cuerpos. Pero él entendió que no veía con los ojos del cuerpo, y que en realidad, no estaba en un cuerpo. Él supo que veía con su mente. Tal como se dice en el *Curso*, estás repasando «...mentalmente lo ocurrido».[16] A propósito, ¿podría haber una definición mejor de ver una película? Ya ha sido filmada y está acabada. Y ahora la estás viendo. ¡Y parte de lo que ves es tu propio cuerpo! Él solo es parte de la proyección, como todos los demás cuerpos que ves.

Ahora bien, en lugar de limitar a la persona con la que interactúas a la condición de una pequeña mota de tiempo y espacio, deseas pasar por alto el cuerpo y hacer lo que hizo J. Quieres pensar que esa persona es ilimitada. En lugar de considerar a las personas como partes del todo, quieres pensar que son la totalidad. Si haces eso, dejarás de enfocarte en que eres una ilusión y se producirá un resultado muy positivo. Funcionará. Te ahorrará vidas de esfuerzo. Si los ves como si fueran la totalidad, nada menos que Dios, así es como llegarás a experimentarte a ti mismo. Así lo hizo J. Él vio la faz de Cristo por doquier. En el *Curso*, J no es especial. Él dice que tú eres su igual y que llegarás a experimentarlo. Y la manera más rápida de lograrlo es ver la realidad del espíritu en cada persona con la que te encuentres.

GARY: De acuerdo. De modo que pienso que todas las personas con las que me encuentro son iguales a Dios. Es la perfecta unicidad de la que habla el *Curso*. Es nuestro estado natural; no somos diferentes de Dios, y no es arrogancia creerlo así. Lo que sí es arrogancia es pensar que, de algún modo, podríamos estar separados de Dios. Lo cierto es que solo podemos separarnos de Dios en sueños. Por eso, se puede decir que el *Curso* toma la idea del universo de tiempo y espacio como una ilusión y la convierte en la idea de que esto es un sueño del que tenemos que despertar, y que el despertar es la iluminación.

ARTEN: Muy bien. La clave está en pensar que cada uno es el todo. Muy pocas personas han conseguido hacerlo así a lo largo de la historia, si lo logras acelerarás tu iluminación. Tu inconsciente entenderá que, si ellos son perfecta unidad con Dios, tú también debes serlo. Incluso J tuvo que trabajar en esto, pero, con vigilancia, lo consiguió.

GARY: Tío, creo que, si él tuvo que trabajárselo, todo el mundo va a tener que hacerlo.

ARTEN: Absolutamente. Y esto nos lleva a preguntarnos qué es ver espiritualmente. Al ego le encantan las diferencias. ¿Cómo podrías juzgar si no hubiera diferencias? ¿Cómo podría haber guerras, asesinatos y violencia sin diferencias? Por lo tanto, el ego quiere que pienses que toda esta separación que ves es real. Tu creencia en ella la vuelve real para ti y le da poder a él, poder sobre ti. El ego anhela los contrastes y te engaña para que creas en los contrastes que ves en el mundo, pero el Espíritu Santo ve igualdad. Sí, el Espíritu Santo *contrasta* su sistema de pensamiento con el sistema de pensamiento del ego. Pero este es el uso adecuado del contraste, porque uno es verdadero y el otro no.

El Espíritu Santo no piensa en términos de separación. Ve la totalidad por doquier. Y al decir «ve», me refiero a que esta es la forma de pensar del Espíritu Santo. Es tu manera de *pensar* la que constituye tu mirada espiritual. No tiene relación con los ojos del cuerpo, aunque puedes ver símbolos del espíritu en el mundo. No obstante, siguen siendo solo símbolos. La realidad no se puede ver con los ojos del cuerpo, pero se puede experimentar con la mente.

Si quieres retornar al espíritu, piensa como el Espíritu Santo. El Espíritu Santo pasa por alto el cuerpo, que es una falsa imagen, y piensa en la verdad que está más allá del velo de la ilusión. Esta verdad es perfecta unicidad e inocencia, igual que Dios. Y pensar en otras personas así *es* ver espiritualmente.

Ahora, cuéntanos un chiste.

NOTA: Llevaba años contando chistes en mis talleres. Hace tiempo me di cuenta de que el humor es una parte importante de mi presentación. Aporta alivio cómico a enseñanzas que pueden ser muy conmovedoras e intensas. Unas veces se me ocurría algún chiste, y otras venían de otras personas. La gente sabía que me gustaban los chistes y, a medida que recorría el mundo, me contaban los suyos favoritos. Después yo los repetía. Eran el antídoto perfecto para un problema que se describe en el *Curso*: «Una diminuta y alocada idea, de la que el Hijo de Dios olvidó reírse, se adentró en la eternidad, donde todo es uno».[17] Me gusta que riamos en mis talleres, de modo que todos podamos aprender, y al mismo tiempo, pasarlo bien.

GARY: De acuerdo. El coronel Sanders (fundador de la compañía norteamericana de comida rápida Kentucky Fried Chicken) va a ver al papa. Durante el encuentro, el coronel le dice:

La clave está en pensar que cada persona es la totalidad.

—Su Santidad, he decidido hacer una donación de un billón de dólares a la Iglesia.

El papa responde:

—¡Vaya! ¡Eso es muy generoso! Debes tener mucho éxito.

Pero el coronel añade:

—Solo hay una cosa. Tienes que cambiar el Padrenuestro. En lugar de que diga: «El pan nuestro de cada día, dánoslo hoy», tiene que decir: «El pollo nuestro de cada día, dánoslo hoy».

El papa responde:

—No sé; es un cambio importante. No puedo tomar una decisión así yo solo. Voy a tener que consultar con los cardenales.

Vamos a tener que celebrar un concilio. Te voy a decir lo que haremos: vuelve mañana, cuando haya tenido la oportunidad de hablar con ellos, y te daré una respuesta.

Cuando el coronel se va, el papa llama a los cardenales y les dice:

—Tengo buenas y malas noticias. ¿Cuáles queréis oír primero, las buenas o las malas?

Uno de los cardenales dice:

—Dinos las buenas.

—De acuerdo —responde el papa—. Estamos a punto de recibir una donación de un billón de dólares.

Todos los cardenales se sienten emocionados. Y entonces uno pregunta:

—Eh, un momento. ¿Cuál es la mala noticia?

Y el papa responde:

—Bueno, parece que vamos a perder la cuenta de la empresa Pan Maravilloso.

PURSAH: Muy bueno.

Ahora, debemos mencionar que hay otras maneras de ayudar a deshacer el ego. Como sabes, la más importante es el perdón, y hablaremos más de él. Pero otra consiste en poner al Espíritu Santo al mando. Esto es mucho más vital de lo que podrías pensar, y no solo porque el juicio del Espíritu Santo es mejor que el tuyo. Sí, el Espíritu Santo puede ver todo lo que ha ocurrido desde el principio hasta el final del tiempo. Pero hay otra razón mucho más importante. Como enseña el *Curso* en el «Manual para el maestro», poner a cargo al Espíritu Santo te absuelve de culpa.

Cuando acudes a pedir ayuda a un poder superior a ti, en lugar de confiar en tus propios talentos y habilidades, deshaces la idea de la separación en tu mente, en lugar de reforzarla. Si haces las cosas por tu cuenta, fortaleces tu idea de separación. La vía de salida consiste en poner al Espíritu Santo al mando.

Basta con tomarse diez segundos por la mañana y decir: «Espíritu Santo, tú estás a cargo de todos mis pensamientos y actos de este día». Evidentemente, lo que haces es el resultado de lo que piensas. De modo que debes enfocarte en lo que piensas a nivel de la mente, o de la causa, en lugar de en el hacer, que es el efecto. En realidad, en el sueño no hay causa y efecto. Todo es efecto. La causa es el proyector en la mente, y es allí donde el trabajo tiene que realizarse.

Otra manera de deshacer el ego es la forma original de oración de la que se habla en el folleto «El canto de la oración», que ya no es solo un folleto, pues hace poco se ha añadido a la tercera edición de *Un curso de milagros* publicada por la Fundación para la Paz Interior.* Deberías releerlo de vez en cuando. La oración original se realizaba en silencio. Cuando J usó el Padrenuestro hace dos mil años, esa no era la oración. Solo era una introducción, como una invocación a Dios. La versión que viene en la Biblia no es una traducción muy buena, además de que la Iglesia la cambió a lo largo de los primeros cientos de años. Encontrarás una versión mejor del Padrenuestro en el *Curso*, en la página 388 del «Texto». ¿Quieres leerla para nosotros?

GARY: Sí. Siempre me ha gustado. Pero comentas que el Padrenuestro solo es como una introducción, una manera de prepararte mentalmente para estar con Dios. La verdadera oración consiste en quedarse en silencio y unirse a Dios en perfecta unicidad, perderse en el amor de Dios. Estás como en un estado de gratitud y completa abundancia, porque en la unicidad perfecta lo tienes todo. En la totalidad no puede faltar nada.

PURSAH: Lo has entendido. Entonces, qué te parece leerlo para nosotros. Luego te voy a pedir que leas otra cosa más, y después nos quedaremos en silencio unos minutos y practicaremos la unión con Dios en perfecta unicidad, que es otra manera de deshacer la separación.

---

* Publicación en el idioma inglés (N. del T.).

GARY: De acuerdo, aquí va:

Perdónanos nuestras ilusiones, Padre, y ayúdanos a aceptar nuestra verdadera relación Contigo, en la que no hay ilusiones y en la que jamás puede infiltrarse ninguna. Nuestra santidad es la Tuya. ¿Qué puede haber en nosotros que necesite perdón si Tu perdón es perfecto? El sueño del olvido no es más que nuestra renuencia a recordar Tu perdón y Tu amor. No nos dejes caer en la tentación, pues la tentación del Hijo de Dios no es Tu Voluntad. Y déjanos recibir únicamente lo que Tú has dado, y aceptar solo eso en las mentes que Tú creaste y que amas. Amén.[18]

PURSAH: Muy hermoso. Ahora lee la parte que más te gusta de «La canción olvidada». Te dará una buen idea de lo que buscamos en esta meditación y una buena descripción de lo que es la visión espiritual. Este es el tipo de experiencia que deseas a medida que te haces uno con Dios y te pierdes en su amor.

GARY: ¡Genial! Aquí esta:

Más allá del cuerpo, del sol y de las estrellas; más allá de todo lo que ves, y, sin embargo, en cierta forma familiar para ti, hay un arco de luz dorada que al contemplarlo se extiende hasta volverse un círculo enorme y luminoso. El círculo se llena de luz ante tus ojos. Sus bordes desaparecen, y lo que había dentro deja de estar contenido. La luz se expande y envuelve todo, extendiéndose hasta el infinito y brillando eternamente sin interrupciones ni límites de ninguna clase. Dentro de ella todo está unido en una continuidad perfecta. Es imposible imaginar que pueda haber algo que no esté dentro de ella, pues no hay lugar del que esta luz esté ausente.

Esta es la visión del Hijo de Dios, a quien conoces bien. He aquí lo que ve el que conoce a su Padre. He aquí el recuerdo de lo que eres: una parte de ello que contiene todo ello dentro de sí, y que está tan inequívocamente unida a todo como todo está unido en ti.[19]

PURSAH: Y ahora nos quedaremos en silencio durante cinco minutos y nos uniremos a Dios en un estado de perfecta unicidad y gratitud. Te amamos, Padre. Dios Es.

NOTA: En este punto me relajé y traté de unirme a Dios. Sentí que me expandía y que soltaba la idea de tener bordes o límites de cualquier tipo. No tenía palabras en mi mente, solo el pensamiento de una preciosa y prístina luz blanca que se extendía eternamente. No había fricción, nada que me detuviera. De hecho, no había un «yo». En lugar de pensar, era como si yo estuviera siendo pensado por Dios. Y este pensamiento era perfecto.

Como era perfecto, era total, pleno y completo. Era invulnerable e inmortal, algo que no podía ser tocado por el mundo ni amenazado de ningún modo. En la perfecta unicidad, no puedes ser atacado porque no hay nada más que pueda atacarte. De modo que el sentimiento es de perfecta seguridad y ausencia de temor. En tal condición, es muy apropiado un estado de agradecimiento. «El canto de la oración» es un canto de gratitud. Sentí alegría por estar en presencia de mi Creador. Sentí ganas de decir: «Gracias, gracias», pero no quería ponerle palabras a esto. Solo quería tener la experiencia.

Aquí no podía faltar nada. No había escasez. Tampoco había posibilidad de morir. La muerte representa lo opuesto a la vida, pero, como dice *Un curso de milagros*, «... aquello que todo lo abarca no puede tener opuestos».[20] Había constancia, un estado que no existe en el universo del tiempo y del espacio, pero que es la experiencia subyacente, un estado de perfecta realidad que es absoluta quietud. El tipo de extensión que se produce es simultáneo a la totalidad y no es igual a la idea de movimiento. Además, no había tiempo. Tenía la sensación de que no existía «lo siguiente», solo la experiencia misma, sin ninguna necesidad de que alguna otra cosa la siguiera. Era exquisita, era felicidad, era Dios.

Me mantuve en esta experiencia por un rato. No sé exactamente cuánto tiempo. Me sentía ingrávido y no tenía necesidad de volver a la habitación en la que creía estar. Entonces, escuché hablar a Arten y supe que era el momento de continuar con nuestro diálogo.

ARTEN: *Un curso de milagros* no es una religión. No es algo en lo que tengas que creer, ni por lo que tengas que hacer proselitismo. No debes convencer a nadie de que es el camino correcto. Al fin y al cabo, la espiritualidad es una opción personal. Es algo entre tú y el Espíritu Santo, o Jesús, o J, o Yoshua, o como quieras llamarlo. No importa. Al final, conduce a una experiencia personal de relación íntima con Dios. Es como un orgasmo cósmico perfecto que no hay manera de expresar con palabras. No hay muchas reglas en *Un curso de milagros*, lo que demuestra que no es una religión. Pero se te pide que sigas las instrucciones del «Libro de ejercicios». Por ejemplo, no debes hacer más de una lección del «Libro de ejercicios» por día. De modo que debería llevarte al menos un año, si no más tiempo, completarlo.

GARY: Un tipo se me acercó una vez y me dijo muy orgulloso: «Hice el "Libro de ejercicios" en seis meses».

ARTEN: Sí, algunas personas no pueden seguir ni siquiera una regla. Y hay una regla no escrita que debería ser evidente para ti: si no practicas el *Curso*, no podrás obtener los beneficios que se derivan de hacerlo. El *Curso* requiere cierto trabajo. Por eso, uno de los libros recibe el nombre de «Libro de ejercicios».[*] El *Curso* es una disciplina espiritual. Pide algo a sus estudiantes, y también ofrece mucho. Cualquier cosa digna de poseerse también es digna de que se trabaje por ella, y la iluminación es mucho más que valiosa.

GARY: Por otra parte, hay una paradoja. Bueno, en realidad hay varias paradojas en el *Curso*, pero me refiero a la que

---

[*] Libro de trabajo en el original en inglés (N. del T.).

expondré a continuación. Pensaba que haría falta muchísimo trabajo para perdonar al mundo tal como hizo J. Pero, a medida que avanzo, voy aprendiendo que ¡en realidad lleva más tiempo juzgar a la gente que perdonarla! Progresivamente, el perdón se va convirtiendo en parte de ti, hasta tal punto que al final ya no tienes que pensar mucho en él. Se hace cada vez más automático. De modo que el tiempo que requiere se reduce con los años. Pero, si dedicas el tiempo a juzgar a la gente, tienes que inventarte alguna historia sobre por qué no merecen tu perdón. Te llevaría menos tiempo perdonar a esos bastardos.

PURSAH: Muy cierto, hermano. Y como hablamos del perdón, volvamos a explicar a qué tipo de perdón nos referimos. El perdón anticuado, newtoniano, basado en sujeto-y-objeto es inútil; perdonas a la gente porque piensas que realmente ha hecho algo. La idea de separación sigue siendo real en la mente inconsciente.

El verdadero perdón libera a las personas, porque no han hecho nada y porque eres tú quien las inventó originalmente. Lo que estás viendo es tu proyección de un universo espacio-temporal. Al perdonar, asumes la responsabilidad sobre lo que has inventado, no en un sentido malo, sino en un sentido poderoso. Ahora estás tratando con la causa y no con el efecto. Esta es la inversión del pensamiento de la que habla el *Curso*.

El perdón también permite que el Espíritu Santo sane aquello que está oculto en lo más profundo de tu mente inconsciente: la culpa que no sabes que tienes y que se remonta a la idea original de estar separado de Dios, el denominado pecado original que es la fuente de tu malestar, antes de que asignaras la causa de ese malestar a algo fuera de ti y lo proyectaras. De modo que te sientes molesto porque crees que no vas a tener suficiente dinero para tu jubilación, o que los terroristas van a hacer estallar tu avión, y te olvidas de que lo que causa tu malestar no es la proyección en sí, sino su fuente en la mente. Y la solución consiste en perdonar esta proyección ilusoria. Esa es tu pequeña parte del trabajo, y permitir que el Espíritu Santo se encargue de la parte mayor, que es la curación que no puedes ver, pero puedes experimentar.

Así, a medida que perdones, se irán produciendo cambios fundamentales en tu mente inconsciente y, finalmente, tu experiencia también empezará a cambiar. Poco a poco pasarás de la experiencia de ser un cuerpo a la de ser lo que realmente eres: amor, o puro espíritu, que en el *Curso* son sinónimos, porque en el nivel del espíritu son lo mismo que Dios.

ARTEN: Tal vez sería útil volver a recordarte que este amor es *perfecto*. No es la idea que el mundo tiene del amor. Como dicen la Biblia y *Un curso de milagros: el amor perfecto expulsa el temor*. El perfecto amor y el temor no pueden coexistir. El amor perfecto es omniabarcante. Este es el tipo de amor que no puedes negar a nadie, porque, si lo haces, tú mismo eres incapaz de experimentarlo. Si el amor no es omniabarcante, no es real.

Esto es algo que vale la pena repetir. Si dices a la gente que elija el amor en lugar del miedo —lo cual es una enseñanza superficial, a menos que se explique mucho más—, la mayoría creerá que hablas de *su* amor. Pero el *Curso* no se refiere a eso. Habla del perfecto amor de Dios. La idea que el mundo tiene del amor es lo que el *Curso* llama amor especial, porque no es aplicable a todos, sino solo a aquellos individuos especiales a los que has elegido amar. La mayoría de las personas también tienen en sus vidas relaciones de odio especial sobre las que eligen proyectar su culpa inconsciente. Y, por supuesto, es posible combinarlas en relaciones de amor-odio. En el caso del amor especial y del odio especial, obviamente es mucho más fácil perdonar a los que crees amar y mucho más difícil perdonar a aquellos a los que crees que no amas. Pero el amor real perdona a todas las personas y cosas sin excepción. Sabe lo que verdaderamente son las personas. No son personas reales. Son perfecto amor, pues así es como Dios las creó.

Es posible que ellas crean que son personas. Incluso puede ser que piensen que son inteligentes. Pero, déjame que te diga algo, Gary: la inteligencia sin amor no es nada. De modo que el amor real del que hablamos no es el amor de la gente, sino el del Espíritu Santo. El Espíritu Santo es el representante de Dios en este nivel. Él es el recuerdo de lo que tú eres. El Espíritu Santo ve la inocencia por doquier, porque ve a todos como se ve a sí mismo. Por eso, el perdón es la gran ayuda didáctica del Espíritu Santo. Conduce a la experiencia del amor perfecto. Y esta es la experiencia de ser la totalidad. Como dice el *Curso*: «Dios no está dispuesto a que Su Hijo se sienta satisfecho con nada que no sea la totalidad».[21]

GARY: Me habéis explicado el perdón de muchas maneras, y todas en armonía unas con otras. Yo aún lo veo como tres pasos diferentes que se convierten en uno a medida que avanzas, porque estás muy acostumbrado a practicarlos.

En primer lugar, tienes que dejar de reaccionar ante mundo, lo cual lo hace real. Tienes que dejar de pensar con el ego. Si te pillas a ti mismo juzgando o condenando a cualquier persona o cosa, o empiezas a sentirte un poco incómodo, ansioso o incluso enfadado puedes estar seguro de que se trata del ego. El Espíritu Santo no haría eso. De modo que tienes que prestar atención a tus sentimientos y también a tus pensamientos. De hecho, lo más probable es que reacciones en función de tus sentimientos. Y, sin embargo, tus sentimientos son resultado de tus pensamientos.

Una vez que dejas de pensar con el ego, puedes empezar a hacerlo con el Espíritu Santo. No puedes hacer las dos cosas a la vez. Representan dos sistemas de pensamiento distintos y mutuamente excluyentes. De modo que pasas del ego al Espíritu Santo, y ese es el instante santo.

¿Qué te aconsejaría el Espíritu Santo que hicieras en esa situación? Deja de hacerla real. Tus juicios y reacciones la hacen real, pero ahora puedes darte cuenta de que consideras culpables a otros para que la culpa esté en ellos en lugar de estar en ti. Así que la deshaces, inviertes la proyección. Te das cuenta de que la culpa no está en ellos, sino en ti. Solo que, en realidad, tampoco está en ti, ¡porque el concepto de culpa fue fabricado por el ego para hacerla real!

La segunda parte consiste en darte cuenta de que el ego ha fabricado toda esta historia y de que lo que ves no es verdad. No existe el universo de tiempo y espacio. Solo existe una proyección de un universo de tiempo y espacio. De modo que tú no eres una víctima de él. No hay ningún poder en ser víctima, pero hay abundante poder en situarse en la causa.

Entonces, el tercer punto es cambiar tu manera de pensar con respecto a la situación. Eliges de nuevo, como dice el *Curso* en la última sección del «Texto». Pasas por alto el cuerpo y eliges pensar en términos del espíritu. Dejas de hacerlo real y miras más allá del velo que cubre la verdad, que es inocencia por todas partes, porque Dios está en todas partes. Nadie es culpable; tampoco tú. Todo es liberado al Espíritu Santo en paz. A medida que practicas, descubres que es posible hacer este proceso cada vez más rápido, porque se convierte en una verdad conocida.

Además, te acostumbras tanto a la idea de que el mundo surge desde ti, en lugar de venir a ti, que cada vez te cuesta más reaccionar ante él como solías hacerlo. Ahora el perdón está justificado.

PURSAH: Muy hermoso, hermano. Se te ha enseñado bien. Y, por supuesto, a medida que avanzas, experimentas cada vez más que en realidad eres tú el que está siendo perdonado. A medida que sueltas el juicio y lo reemplazas por el perdón, sientes que te liberas.

GARY: Sí. Es como ese dicho budista de que juzgar a alguien

es como beber veneno y esperar que sea otro el que muera. En realidad, todo juicio es autojuicio y todo perdón es autoperdón.

ARTEN: Amén. Y como la idea es pasar de mirar las situaciones con el ego —que es la parte de la mente que cree en la separación, e incluso la desea porque lo hace sentirse especial— a verlas con el Espíritu Santo —que cree en Dios y su Reino—, podemos empezar a hacer un uso muy constructivo de la conciencia. Hemos aprendido que la conciencia, en realidad, solo es separación. Por lo tanto, usarla de forma constructiva significa emplearla solo para elegir pensar con el Espíritu Santo, en lugar de con el ego. Esta es la idea que el *Curso* tiene del libre albedrío. Por más complicada que parezca la vida, por muchos billones de personas que parezca haber y millones de elecciones que parezcamos hacer, en realidad solo hay dos alternativas para elegir y solo una representa la realidad. Esa realidad es el amor. Y el amor no ha olvidado a nadie. Si sigues al Espíritu Santo, serás guiado a la experiencia de esa realidad.

El amor real perdona a todas las personas y cosas sin excepción.

GARY: Y, por supuesto, vivirás otras experiencias. Te sentirás más inspirado, menos como un cuerpo y más como espíritu. Te sentirás más cerca de Dios y de otras personas. Incluso es posible que, a medida que avances, sientas que desarrollas dones espirituales, como la capacidad de curar a otros. Recuerdo que, cuando llevaba dos años haciendo el *Curso*, me llamó mi tía Marsha desde Massachusetts. Tenía cáncer y yo traté de curarla por teléfono. Sentía que estaba marcando la diferencia y que tal vez me estuviera convirtiendo en un buen sanador.

ARTEN: Ella murió.

GARY: Hay que tomar el mal junto con el bien. En cualquier caso, a medida que perdonas a otros, eres perdonado, de modo que estás más en contacto con tu inocencia. Te sientes menos culpable. Creo que es paradójico: aunque cada vez te das más cuenta de que el mundo no es real, disfrutas más de él, no menos. Me refiero a que, cuando la gente comienza a realizar este tipo de trabajo piensa que renuncia a algo al considerar que el mundo es un sueño y que no es real. Pero lo que he descubierto es que yo disfruto más de mi vida. Es como cuando voy al cine. Sé que no es real, pero eso no me impide disfrutarlo. De hecho, lo disfruto más. Ahora, me gusta escuchar música más que nunca. Para mí, no se trata de renunciar a los paseos por la playa, los hermosos atardeceres o el arte de calidad. Cuanto menos culpable te sientes y menos miedo tienes, más disfrutas de las cosas.

PURSAH: Ese es un buen punto, Gary. Esta es una situación en la que todos salen ganando. Consigues tener una vida normal. Puedes tener lo que deseas y disfrutar de ello.

Y el *Curso* es muy práctico en ese sentido: aunque dejes de dar realidad al mundo, seguirás recibiendo la guía del Espíritu Santo para actuar mientras aún parezca que estás aquí.

GARY: Sí. A veces las personas se me acercan durante los descansos de los cursos y me comentan que creen que tienen que renunciar al dinero, al sexo, a sus objetivos y sueño, e incluso a sus relaciones. Tengo noticias para ellos. Dentro de treinta o cuarenta años, tendrán que hacer esa renuncia de todos modos. El cuerpo no va a durar siempre. De modo que por qué no usar ese tiempo para construir algo que durará eternamente. Esta es la diferencia entre construir tu casa sobre arena o sobre roca. ¿Y sabes qué? ¡También puedes seguir teniendo la arena! Puedes vivir tu vida normal, perdonar sobre la marcha y aun así construir tu casa sobre la roca de Dios. Este es un camino espiritual muy práctico, porque no trata de cambiar tu vida: lo que trata de cambiar es tu mentalidad con respecto a tu vida.

PURSAH: ¿Quieres decir que quizá J sabía lo que estaba haciendo?

GARY: Sí, lo sabía.

Pero tengo una pregunta para ti a cerca del lenguaje del *Curso*. A algunas personas les molesta que Jesús siempre se refiera al Espíritu Santo y a Dios en masculino. Y también está el tema de los versos blancos shakespearianos y el pentámetro yámbico del *Curso*,* a diferencia del Corán, que es pentámetro islámico —es broma—; por todo esto, la gente cree que el lenguaje del *Curso* no es muy amistoso con el lector. ¿Tú qué piensas?

PURSAH: Un par de cosas. Shakespeare ayudó a la doctora Helen Schucman, la escriba del *Curso*, durante los siete años que ella estuvo trabajando con J y anotando lo que le oía decir. A propósito, la Fundación para la Paz Interior, editora original del *Curso*, ha publicado un DVD en el que puedes oír a Helen describir con sus propias palabras su experiencia de oír la Voz, como ella la llama, y trabajar con ella todos esos años. Se creía que no existía ninguna grabación de la voz de Helen. Sin embargo, había una antigua entrevista grabada a finales de los setenta que se quedó en una caja durante veinticinco años porque el sonido rechinaba demasiado. Gracias a la tecnología actual, fue posible limpiarla, deshacerse del ruido de fondo y dotar de claridad a la voz de Helen. Merece la pena escuchar el DVD y ver las diapositivas que lo acompañan, porque se puede sentir la voz de Helen, que nunca antes había estado a disposición del público. La entrevista fue grabada solo tres años antes de que ella hiciera su transición. Al escucharla, compruebas lo rápida y aguda que era, y que su experiencia era muy auténtica, aunque eso no necesite probarse.

Pero, volviendo al lenguaje del *Curso*, a Helen le encantaba Shakespeare y J recurrió a él para ayudarla. Esto también sirvió para mantener un lenguaje uniforme. El *Curso* cita la versión de la Biblia del rey Jacobo más de ochocientas veces, a menudo

---

* En la versión original inglesa (N. del T.).

corrigiéndola o clarificándola. De modo que el género empleado es el masculino. Pero, si entiendes lo que dice el *Curso*, te das cuenta de que, en realidad, no hay masculino ni femenino en el espíritu. ¿Por qué? Porque no hay diferencias ni distinciones, no hay opuestos ni contrapartes. Solo hay perfecta unicidad. Deja que el *Curso* sea lo que es: una obra de arte espiritual, no una declaración social. Recuerda lo que dice el Evangelio de Tomás, un trabajo querido y cercano a nuestros corazones: «Cuando hagas del hombre y la mujer uno solo, de modo que el hombre no sea hombre y la mujer no sea mujer […] entonces entrarás en el Reino».

Otra nota sobre el lenguaje. La escritura shakespeariana es una forma clásica de lenguaje. Podrías remontarte en el tiempo y leer cosas que fueron escritas en el inglés coloquial de hace quinientos años y te quedarías sorprendido. En muchos casos, las palabras y su ortografía han cambiado tanto que lo que lees te puede parecer un galimatías. El lenguaje no es constante. Varía de un siglo al siguiente. Pero el estilo shakespeariano, al ser una forma clásica, no cambia. Así, la gente puede leerlo y entenderlo, aunque no siempre sea fácil.

GARY: Entiendo a qué te refieres. Aunque no siempre sea fácil, la gente podrá seguir comprendiendo el *Curso* dentro de quinientos años, e incluso dentro de mil, porque está escrito en un estilo clásico en lugar de en la lengua vernácula. No estará asociado a unas fechas, porque es intemporal. Nunca había pensado en esto. Es brillante. Oye, quizá este tipo, J, tenga algo en la cocorota; quiero decir: aparte de ser perfecto y de perdonar al mundo y todo eso.

ARTEN: Tú también puedes perdonar al mundo, Gary. Lo único que tienes que hacer es perdonar cualquier cosa que surja ante ti en cualquier momento. Las relaciones en las que pareces estar, las situaciones en las que pareces encontrarte atascado, los sucesos terribles que a veces ves por televisión o tal vez incluso en persona, los malos recuerdos que te vienen a la mente: todo puede ser perdonado. Todos son lo mismo. Puedes perdonar a otros cuerpos o puedes perdonar al tuyo: también es lo mismo. Puedes deshacerte del resentimiento hacia otras personas o de lo que lamentas con respecto a tu propia vida. Simplemente has de perdonarlos uno por uno y llegará el día en que tu trabajo habrá concluido.

PURSAH: Ahora vamos a irnos, pero vendremos a verte cuando sepamos que lo necesitas. Siempre tenemos nuestros motivos para aparecer cuando lo hacemos.

En esta época de Navidad, permíteme citar un pasaje del *Curso* que amas y unámonos con el Espíritu Santo en paz. Muchas personas malinterpretaron el mensaje de J hace dos mil años. Por su manera de morir, asumieron que su mensaje era de sufrimiento y sacrificio. También creyeron esto porque su religión anterior tenía una larga tradición de sacrificio. Pero nada podría estar más lejos del verdadero mensaje de J. La cita siguiente proviene de la sección del «Texto» del *Curso* denominada: «La Navidad como símbolo del fin del sacrificio». Cuando nos hayamos ido, recuerda que, para experimentar el verdadero amor, tienes que aprender que, incluso si las relaciones más especiales exigen algún tipo de sacrificio, el amor solo quiere que haya amor.

El amor solo desea que haya amor.

Esta Navidad entrégale al Espíritu Santo todo lo que te hiere. Permítete a ti mismo ser sanado completamente para que puedas unirte a Él en la curación, y celebremos juntos nuestra liberación liberando a todo el mundo junto con nosotros. Inclúyelo todo, pues la liberación es total, y cuando la hayas aceptado junto conmigo la darás junto conmigo. Todo dolor, sacrificio o pequeñez desaparecerá de nuestra relación, que es tan pura como la relación que tenemos con nuestro Padre, y tan poderosa. Todo dolor que se traiga ante nuestra presencia desaparecerá, y sin dolor no puede haber sacrificio. Y allí donde no hay sacrificio, allí *está* el amor.[22]

2. UN PASEO POR EL PERIODO «ENTRE VIDAS»

*Este es, pues, el año en que debes llevar a cabo la elección
más fácil a la que jamás te hayas enfrentado, y también la única.
Cruzarás el puente que conduce a la realidad simplemente porque
te darás cuenta de que Dios está al otro lado, y de que aquí no
hay nada en absoluto. Es imposible no llevar a cabo la elección
que naturalmente llevarías a cabo si te dieses cuenta de esto.*[1]

El 22 de enero de 2007, Arten y Pursah me hicieron la segunda visita de esta serie. Acababa de realizar mi primer taller en un centro de Kripalu yoga, en la parte occidental de Massachusetts. Mi mano había mejorado muchísimo en las tres semanas transcurridas desde la primera de esta serie de apariciones de Arten y Pursah. No tenía problemas para firmar libros, acarrear mi equipaje o estrechar las manos de los participantes. Me sentía muy aliviado. Aunque a estas alturas ya tenía mucha confianza en el proceso de perdón y en la posibilidad de aplicarlo a cualquier cosa, seguía siendo divertido ver que funcionaba en mi vida. También me sentía animado porque mis profesores me habían dicho que me hablarían más de este proceso, y de cómo aplicarlo a la curación del cuerpo, durante uno de nuestros diálogos de esta serie.

Tenía que hacer un taller en Miami y, en las semanas siguientes, otros en las islas de Kauai y Maui, en Hawái. Tenía muchas ganas de visitar estos lugares exóticos, especialmente en mitad del invierno. No soy aficionado al frío, al hielo ni a la nieve, y cualquier oportunidad de huir de Maine en esta época del año era muy bien recibida. No sabía que aquel iba a ser mi último invierno en un clima frío.

Mi esposa, Karen, había estudiado *Un curso de milagros* durante dos años una década antes. Lo había hecho, sobre todo, a causa de mi interés por él. Incluso vino al mismo grupo de estudio que yo. Después lo dejó. A partir de ahí, ambos empezamos a crecer en distintas direcciones. Ella desplegó sus propios intereses, incluso puso en marcha un negocio. Mi vida giraba alrededor del *Curso*, y empecé a viajar con mucha frecuencia para enseñarlo. Esto aumentó la separación entre nosotros, porque yo no estaba en casa tanto como ella quería y se veía obligada a pasar mucho tiempo sola. Yo sentía que aún no estábamos preparados a nivel económico para que ella dejara su trabajo y se viniera de viaje conmigo. Este dilema causaba desencuentros entre nosotros.

Cuando Arten y Pursah se presentaron en esta visita concreta, parecían un poco más serios de lo habitual. Pursah empezó a hablar.

PURSAH: Hoy tenemos mucho terreno que cubrir, hermano. En primer lugar, tu mano está mejor. Felicidades por aplicar las enseñanzas. Estás entendiendo las implicaciones universales del tipo de perdón que te hemos enseñado. Además, tienes por delante un mes lleno de acontecimientos. Queremos ayudarte a que te prepares. Pero, en primer lugar, tenemos una sorpresa para ti.

GARY: Una buena sorpresa, espero…

PURSAH: Sí, lo es. Hemos señalado en el pasado que el *Curso* dice que la dirección de la mente depende de forma directa del sistema de pensamiento al que se adhiera.[2] Si piensas con la mente correcta —pensamientos de perdón, con el Espíritu Santo—, tienes que estar orientado en la buena dirección, es decir, hacia tu casa en Dios. Si el ego dirige tus pensamientos hacia el juicio y la condena, te mantienes alejado de Dios.

ARTEN: La mayoría de las personas que están en el camino de la espiritualidad asumen que, cuando el cuerpo fallece y ellas pasan a lo que llaman la otra vida, toman decisiones, hacen contratos y asumen compromisos respecto a lo que harán en la próxima encarnación. ¡No! Esas encarnaciones ya han acabado. Lo que hacen es volver a experimentar una película que ya está filmada. Ahora bien, lo que la gente llama «la otra vida» en realidad es un espacio entre vidas. Es el periodo que pasan entre una vida onírica, cuyos detalles ya están determinados, y la siguiente vida onírica, cuyos detalles también han sido definidos. La libertad, o el libre albedrío, durante esas vidas oníricas consiste en la capacidad de elegir la interpretación que da el Espíritu Santo a todas las cosas en lugar de la del ego. Que hagan esto o no, y que alcancen la verdadera curación, determinará la naturaleza de su experiencia en el espacio entre vidas, ¡así como cuál de sus vidas experimentarán después de eso!

Por eso es tan importante que no esperes para practicar el perdón. No esperes hasta el próximo año. No esperes hasta tu próxima vida. Estás determinando tu futuro ahora mismo; dependerá de la elección que hagas: de si eliges la interpretación del Espíritu Santo acerca de lo que ves o la del ego.

Tu siguiente vida onírica, si es que revisas otra, puede no seguir el orden de la aparente secuencia lineal. La próxima vida que experimentes podría ser una que pareció ocurrir hace quinientos años, o mil, o dentro de cien años. No importa. La naturaleza de esa vida y sus lecciones de perdón dependerán de si aprendes o no de las oportunidades de perdonar que se te presentan ahora. Por eso es crucial aprovechar las lecciones que se presentan en cualquier momento. Son las lecciones que el Espíritu Santo quiere que aprendas. Si las aprendes —y las aprendes practicando el verdadero perdón, el que trata con la causa y no con el efecto—, no tendrás que repetir los mismos patrones en tu siguiente vida onírica. Conseguirás pasar a un lugar donde podrás realizar nuevos progresos y, tal vez, incluso completar todas tus lecciones de perdón y volver a casa. Por supuesto, es posible que hagas eso en esta vida, dependiendo de tu grado de compromiso y de si perdonas o no todo lo que surja.

Como dice el *Curso*, y esto se aplica a esta vida y a cualquier otra: «Las pruebas por las que pasas no son más que lecciones que aún no has aprendido que vuelven a presentarse de nuevo a fin de que donde antes hiciste una elección errónea, puedas hacer una mejor y escaparte así del dolor que te ocasionó lo que elegiste previamente».[3]

GARY: Entonces, digamos que te olvidas de aprender una lección de perdón que se te ha presentado. Esa cita dice que la lección se volverá a presentar, pero supongo que no se presentará exactamente de la misma forma. Podría ser un suceso, situación o relación similar que te plantee un reto equivalente.

ARTEN: Correcto. Claro que una lección que se presente dentro de cien años no tendrá *exactamente* el mismo aspecto que una lección actual. Son el significado y el contenido los que permanecen iguales, aunque parezca que la forma cambia.

PURSAH: Te hemos dicho que tenemos una sorpresa para ti. Nosotros tres vamos a hacer un pequeño viaje. Pero, primero, señalemos que hay muchos tipos diferentes de viajes mentales. Los humanos de la Tierra creen en una forma de viaje rudimentaria, a nivel de lo físico, con formas de materia como combustible. Nunca se detienen a pensar en lo primitivo que esto es. A veces, te hemos dado ejemplos de una forma de viaje mucho más avanzada que denominamos transporte mental. Esto *no* es lo mismo que la visión remota, en la que pareces estar en un lugar físico, pero ves cosas en la distancia, a veces muy lejos.

Tampoco se trata de viajes astrales, en los que un cuerpo más ligero, basado en la energía, parece acompañarte. En el transporte mental pareces llevar tu cuerpo físico contigo y experimentar todo lo que los sentidos tienen que ofrecer. Parece tan real como cualquier otra cosa que experimentas cuando crees estar en un cuerpo físico.

Consigues pasar a un lugar donde podrás realizar nuevos progresos.

Quería explicar esto porque no es solo una forma de viajar que puedes practicar aquí; también es la que usan la mayoría de los alienígenas para visitar la Tierra. Si quisieras visitar un lugar situado a cincuenta mil millones de años luz de distancia, incluso a la velocidad de la luz tardarías cincuenta mil millones de años en llegar. No es muy práctico. No obstante, cuando dominas el arte del transporte mental, no tardas nada de tiempo en recorrer esos cincuenta mil millones de años luz.

GARY: De modo que eso explicaría las velocidades y maniobras aparentemente imposibles de los ovnis. Los alienígenas usan la mente para viajar y no dependen de las leyes físicas. De hecho, las trascienden.

PURSAH: Sí, y el *Curso* dice que eso es posible, pero lo pone en la perspectiva de la santidad: «Tu santidad invierte todas las leyes del mundo. Está más allá de cualquier restricción de tiempo, espacio, distancia, así como de cualquier clase de límite».[4] Ahora bien, para esta excursión vamos a recurrir al viaje astral. Esto se debe a que es el más común que la gente experimenta durante el periodo «entre vidas». Muchas personas creen que el cuerpo astral es el alma. Ignoran que el concepto de alma individual es una idea de separación, mientras que el espíritu real es total, indiviso y no tiene identidad personal.

Vamos a darte un breve paseo por lo que puedes ver durante tu periodo «entre vidas». Como dicen tanto el *Curso* como los budistas: «el nacimiento no fue el principio y que la muerte no es el final».[5] Cuanto más te acerques a tu última vida, tanto más la vida entre vidas se parecerá al universo actual. Si no estás muy avanzado espiritualmente, entonces verás todo tipo de cosas salvajes, como en esa película que te gustó: *Más allá de los sueños*.

Unos pocos días después de que J resucitara a Lázaro de entre los muertos, algunos soldados romanos llegaron hasta él con la orden de matarlo. Pilatos no quería a ninguna persona que hubiera estado muerta paseando por ahí. Los soldados le preguntaron:

—¿Cómo es el otro lado?

Lázaro respondió:

—Es como este.

Él estaba muy avanzado espiritualmente. Entonces, los soldados lo mataron; en esa vida murió dos veces.

La vida entre vidas puede mostrarte muchos tipos de imágenes diferentes, y no es nuestra intención hacer que nada de esto sea real. Pero *parecerá* real. ¿Estás preparado?

GARY: Ah, no.

NOTA: En ese momento sentí como si estuviera abandonando el cuerpo. Fue asombroso, como si, de repente, no hubiera impedimento físico. Seguía pareciendo que yo estaba contenido dentro de un espacio con límites como un cuerpo, pero no había sensación física. Sí una especie de sensación mental. Podía sentir que Arten y Pursah estaban conmigo, pero no los veía. Entonces, de repente, oí hablar a Arten por medio de la telepatía.

ARTEN: Ahora mismo, te parece que estás dentro de cierto espacio limitado. Es el pensamiento de separación. Tanto si se trata de tiempo como de espacio, de cuerpos, de cuerpos astrales o de cualquier otra cosa, todo ello se basa en la idea de separación. En el estado en el que te encuentras no hay dolor físico. Esto puede ser muy vivificante, sobre todo al principio. No obstante, aún cabe la posibilidad de sentir dolor psicológico, y ya llegaremos a ello.

GARY: No puedo esperar. Oye, me puedo comunicar, pero me resulta muy extraño. No estoy hablando. ¡No hay labios! ¡Y no respiro! ¡Esto es desenfrenado!

ARTEN: La creencia de que tienes que respirar cuando estás en un cuerpo humano es solo eso: una creencia. Y lo mismo ocurre con la muerte misma: solo es una creencia. Todo está en la mente. De hecho, aún experimentas, incluso cuando pareces abandonar tu cuerpo físico, que ves con los ojos. Pero no es así. «Ves» con la mente. El cuerpo, sea humano, astral o de otro tipo, en realidad, no está allí, porque forma parte de la proyección. Como J nos dice en el *Curso*: «No hay ni un solo instante en el que el cuerpo exista en absoluto».[6] A medida que vayamos avanzando, es posible que tu cuerpo astral parezca desaparecer y sentirás que ves todo con la mente. Pero ese es un estado muy avanzado.

NOTA: Entonces experimenté que me elevaba más y más. Empecé a ver la curvatura de la Tierra. No hacía frío ni calor, solo la sensación de flotar de forma muy ligera y efímera. Parecía cada vez más conectado con el espacio que me rodeaba, como si me uniera con él. Pude ver distintos continentes, algunos parcialmente cubiertos de nubes, y después salí disparado hacia el espacio. Abandonaba el color de la atmósfera terrestre y me dirigía hacia la oscuridad, aunque aún podía ver el planeta azul que pensaba que era mi hogar.

De repente, como si se tratara de una carrera, iba cada vez más rápido. Volé más allá de la Luna, hacia Marte, un planeta sobre el que Arten y Pursah me habían dicho una vez que había albergado vida en el pasado, vida que finalmente emigró a la Tierra. Mientras contemplaba el planeta, el sentimiento era asombroso. Después pasé rápidamente y vi algunos otros planetas reconocibles antes de catapultarme fuera del sistema solar.

¡Entonces las cosas empezaron a parecer realmente extrañas! Sentí que mi mente era el poder que estaba detrás del movimiento, no el cuerpo astral. Era divertido. Pero algunas de las cosas que veía no me resultaban familiares. Mientras viajaba más y más lejos en el universo, a una velocidad que parecía increíble, experimenté un sentimiento inesperado de conflicto. Entonces vi lo que parecían ser dos galaxias. Daban la impresión de estar enfrentadas entre ellas.

ARTEN: Aquí ves un ejemplo del pensamiento interno de conflicto al que se le está dando forma en un lugar que parece ser externo. Cuando el *Curso* dice que lo que ves es la imagen externa de una condición interna,[7] el significado es literal. Hay un agujero negro en una de las galaxias y está disparando una corriente de radiación y energía contra la otra.

GARY: ¿Dices que estas galaxias están luchando? ¡Estás de broma!

ARTEN: En absoluto. Una galaxia pasa a la otra, y esta segunda ataca a la primera lanzándole una violenta irradiación de partículas. Tal vez te cueste creerlo, pero la separación se representa por doquier en la proyección de tiempo y espacio.

GARY: De modo que no solo es la gente.

PURSAH: Correcto. Y ahora vas a ver algo realmente diferente. Recuerda: en un sueño es posible mostrarte cualquier cosa que desees, y tú puedes proyectar lo que quieras. Solo es cuestión de retirar las barreras que te impiden tener completo acceso al poder de la mente.

NOTA: A distancia vi lo que parecía una nave espacial. Se hacía cada vez mayor. Y, entonces, se volvió gigantesca, lo que me produjo una sensación de asombro. Volví a dirigirme a Arten, aunque no podía verlo.

GARY: ¿Qué leches es eso?

ARTEN: Es una nave espacial pleyadiana. Está en una simple misión de patrulla de su propia galaxia. Pero puede ir donde quiera, incluso a la Tierra, en un instante.

GARY: Pensaba que esa raza de seres era del pasado.

ARTEN: No. Aún siguen por aquí. Son un grupo agradable. Muy avanzado. Y, a medida que más de ellos se iluminan, son menos los que parecen estar aquí. Hemos dicho que la mente continúa dividiéndose y mostrándose en este lugar en forma de imágenes. Pero, cuando una raza como los pleyadianos empieza a iluminarse, cada vez son más los que dejan el holograma y se van a casa en Dios. Los iluminados no regresan, y la población disminuye. Al final, son más los seres iluminados que abandonan la ilusión que los que nacen. Entonces, la raza desaparece, pero en el buen sentido. Vuelven al hogar en Dios. ¿Quieres subir a bordo?

GARY: Me estás tomando el pelo.

PURSAH: Vamos, vaquero.

NOTA: Un segundo después me encontré dentro de una nave espacial, en un área tan enorme que parecía imposible. ¿Cómo podría alguien hacer algo de semejante tamaño? Entonces, dos seres aparecieron de la nada y se presentaron frente a mí. Tenían aspecto humano, pero eran más grandes. Su pelo era rubio.

PURSAH: Los pleyadianos pueden tener un aspecto humano para ti, pero son más atractivos, incluso para los humanos. Este es su aspecto nórdico. También tienen una apariencia alternativa que no han elegido mostrarte.

GARY: ¿Por qué no? Puedo sobrellevarlo.

PURSAH: No podemos interferir en la decisión de una raza.

GARY: Oh, lo entiendo. La norma esencial, ¿cierto?

PURSAH: Algo así. ¿Quieres plantearles una pregunta?

Eran dos hombres, y yo les pregunté:

—¿Cómo controláis una nave tan enorme?

Uno de ellos respondió:

—Del mismo modo en que fue construida, por medio de la mente. Podemos ir a cualquier lugar que queramos sin tener que atravesar el espacio. Estamos allí en un abrir y cerrar de ojos. La raza humana llegará a ser capaz de hacerlo, pero tenéis mucho camino que recorrer.

Curiosamente —continuó el ser—, es posible que un humano viva su siguiente vida como miembro de una raza alienígena, incluso como pleyadiano.

—¡Asombroso!

Pero, antes de que pudiera continuar, el ser dijo:

—Eso está determinado por tu manera de pensar. Nos gustaría hablar más contigo, pero sentimos que tienes que concluir tu pequeño viaje. Deseamos que estés bien.

Entonces, pareció que estábamos fuera de la nave gigantesca y despegamos de nuevo a gran velocidad. Pasamos cerca de lo que una voz en mi mente me dijo que era Sirio, y después Orión. Mi mente estaba empezando a dar vueltas cuando disminuimos la velocidad hasta detenernos.

PURSAH: Mira allí. ¿Qué ves?

GARY: No estoy seguro. Parece una especie de túnel.

PURSAH: Es un agujero de gusano. Muchos de vuestros científicos creen que contienen las mejores posibilidades de viajar de una parte del universo a otra, y a veces pueden usarse para eso. Incluso puedes viajar a través del tiempo. Así es como la mayoría de las razas lo hacen al principio, pero el transporte mental sigue siendo la mejor alternativa para desplazarse.

GARY: Oye, si estoy en la denominada vida entre vidas, ¿por qué veo tantas cosas que parecen estar en tiempo real?

PURSAH: Es simple, Gary. ¡Se debe a que nada de ello es

real! De modo que, durante la fase intermedia, la gente verá lo que esté preparada para ver. Y eso puede variar mucho.

A continuación, salimos aceleradamente siguiendo la dirección aproximada en la que habíamos venido. Intuí que nos dirigíamos hacia la Tierra, pero de camino había cosas que no entendía.

PURSAH: Ahí ves materia que está siendo destruida por antimateria. Viene de estrellas despedazadas por estrellas de neutrones y agujeros negros.

GARY: No sabía de que el universo fuera de nuestro sistema solar era tan violento.

PURSAH: En realidad, el universo no se basa en la idea de unidad. La única razón por la que llega a mantenerse de una pieza es que todo él es parte de la misma proyección, y solo hay una proyección. Así, nunca puede desmembrarse realmente. Sin embargo, parece que se descompone, se divide y subdivide muchas veces.

A medida que continuábamos, vi un sol, que supuse que era el nuestro. Podía ver las líneas de los campos magnéticos y las ondas que parecían recorrerlo.

ARTEN: Son oleadas solares. Llevan la energía del Sol en todas las direcciones. Son un componente importante del sistema electromagnético que regula el movimiento de tu sistema solar, junto con la gravedad. A medida que se extienden por el universo, se conectan por doquier con acciones similares.

Mientras me desplazaba aceleradamente hacia el Sol, volví a ver los planetas de mi sistema solar, y la Tierra se aproximaba con rapidez. Volvimos a entrar en la atmósfera y nos dirigimos hacia Norteamérica. Nos concentramos en una parte concreta del país. Sabía que no era la zona donde yo vivía. Una ciudad se acercó más y más. Puesto que había estado en Chicago, reconocí su posición sobre el lago Míchigan. El perfil de los edificios de la ciudad era más grande que el que yo recordaba y, a medida que nos acercábamos, distinguí más edificios individuales y después uno que se asemejaba a un hospital, porque tenía lo que parecía ser una entrada de emergencia. Sin embargo, los edificios eran diferentes de aquellos a los que yo estaba acostumbrado. Eran más futuristas.

Entonces, de repente, estaba dentro de lo que parecía una sala de operaciones. Una mujer estaba a punto de dar a luz.

En realidad, el universo no se basa en la idea de unidad.

GARY: ¿Quién es?

PURSAH: Nuestra madre.

GARY: ¿Qué?

PURSAH: Ella es nuestra madre, y yo estoy a punto de nacer en tu siguiente vida. Cuando hayas completado tu vida entre vidas, serás guiado automáticamente a este lugar y a este tiempo en el holograma, donde parecerá que naces como yo.

GARY: Ahora sí que la situación se está poniendo extraña. ¿Quieres decir que yo estoy en el vientre de esa mujer, y que este es el comienzo de nuestra última vida?

PURSAH: Sí. Queríamos mostrarte que acabas volviendo a empezar y que tienes otra oportunidad de aprender las lecciones que no has aprendido. Ahora bien, en tu caso, esas lecciones serán pocas. Es posible que no siempre hayas sido el practicante más regular del perdón cuando eras Gary, pero tu perseverancia lo compensó.

Vamos a un reino superior, te lo has ganado. Te lo has ganado por practicar el verdadero perdón desde la causa y no desde el efecto, y el resultado ha sido una verdadera curación por parte del Espíritu Santo. La conciencia que estás a punto de experimentar te mostrará la cualidad de la vida entre vidas que vas a tener antes de que parezca que te encarnas como Pursah. Nos hemos saltado esa parte, que habría venido primero en tu experiencia entre vidas, porque queríamos mostrártela separadamente. Pero, cuando vuelvas a vivir tu vida entre vidas, cuando dejes atrás el cuerpo de Gary, lo primero que te encontrarás será lo que ahora vamos a enseñarte. A continuación, después de eso y de todo lo demás que has visto, parecerá que entras dentro del cuerpecito de ese bebé, aunque, en realidad, nunca estás dentro de un cuerpo. Ven con nosotros, hermano.

NOTA: Entonces, estábamos en un lugar completamente distinto. A mi alrededor había un precioso brillo blanquecino. Esta luz producía una sensación cálida y curativa; cosquilleante, invitadora y orgásmica. Sentí una dicha que solo ha venido a mí en el estado de revelación, esas pocas veces en las que realmente me he sentido unido a Dios.

Entonces, recordé un pasaje maravilloso de esa parte de *Un curso de milagros* llamada «El canto de la oración», porque captaba lo que yo sentía. No había memorizado el *Curso* palabra por palabra, aunque había muchas partes de él que eran tan destacadas para mí que podía recordarlas fácilmente y recitarlas de memoria. Esta era una de ellas, y pensé mentalmente en esas preciosas palabras. Después me quedé en silencio. Sabía que Arten y Pursah estaban allí conmigo, pero también sentía como si todo el mundo me acompañara. Sentí gratitud por poder experimentar realmente lo que dice «El canto de la oración»:

Esto es lo que debiera ser la muerte: una elección tranquila, que se lleva a cabo felizmente y con una sensación de paz, pues el cuerpo se ha usado con bondad para ayudar al Hijo de Dios en el camino que lo lleva a su Padre. Le damos gracias al cuerpo por el servicio que nos ha prestado. Pero nos sentimos agradecidos también de que no haya necesidad de seguir transitando por el mundo de las limitaciones, ni de alcanzar al Cristo en formas borrosas y, a lo sumo, poder verlo claramente en amorosos destellos. Ahora podemos contemplarle sin velos, en la luz que hemos aprendido a ver nuevamente.

Llamamos a eso muerte, pero es libertad. No se presenta en formas que parecen imponerse con dolor a una carne renuente, sino como una dulce bienvenida a la liberación. Si ha habido una verdadera curación, esa puede ser la forma en que la muerte llegue cuando sea el momento de descansar por un rato de una labor gustosamente realizada y gustosamente concluida. Ahora nos dirigimos en paz a una atmósfera más despejada y a climas más suaves, donde no es difícil ver que los regalos que dimos nos fueron salvaguardados. Cristo nos resulta más claro ahora; Su visión es más sostenida en nosotros, y Su Voz, la Palabra de Dios, más claramente la nuestra.[8]

Este estado pareció durar un rato, pero no supe cuánto. Dejé de pensar temporalmente. No había cuerpo, y la mente era invisible. De haber continuado así eternamente, no me habría quejado, pero al final empecé a sentirme incómodo. ¿Qué era esto? Sentía como si hubiera algo equivocado, incluso como si yo hubiera hecho algo erróneo. No entendía y quería alejarme de ese sentimiento. Entonces, de repente, estaba de vuelta en mi lugar, sentado frente a mis dos visitantes ascendidos. Estaba demasiado anonadado para hablar, pero lleno de preguntas.

GARY: ¡Ha sido increíble! No sabía que podía sentirme tan libre. Aunque la mayor parte del viaje que me habéis mostrado no ha sido tan buena como el sentimiento del final de ser uno con mi Fuente. Pero hay un par de cosas que no comprendo. Veamos, oigo todas esas historias que la gente cuenta de la otra vida y parecen muy diferentes y detalladas. Por ejemplo, ven todo tipo de castillos de cristal y escenas asombrosas con preciosas visiones que los incluyen a ellos, también dicen que crean cosas con sus pensamientos y todo eso. ¿Cómo encaja todo esto?

PURSAH: Por eso hemos dicho antes que la gente verá lo que está preparada para ver.

ARTEN: Una persona solo puede ver aquello que está preparada para ver. Y cuando decimos *ver*, siempre nos referimos a ver con la mente. *Ver*, en realidad, significa tu manera de pensar. La visión espiritual tiene lugar a nivel de la mente, y no se relaciona en absoluto con lo que el cuerpo parece contemplar. ¡De todos modos, el cuerpo no puede ver ni hacer nada! Pero la mente siempre puede elegir usarlo al servicio del Espíritu Santo en lugar de al del ego.

GARY: De acuerdo, supongamos por un minuto que yo no estoy completamente fuera de ello y que todo lo que acabo de ver es parte del universo de tiempo y espacio que todos parecemos compartir. ¿Decís que la experiencia de la vida entre vidas de la gente varía mucho en función de lo que creen y de lo que están dispuestos a experimentar?

PURSAH: Por supuesto. Tú estabas practicando el perdón y continuarás practicándolo en esta vida ilusoria. Esto dará como resultado una buena experiencia para ti cuando parezca que haces tu transición. Lo que aparentemente acaba de ocurrir ha sido una experiencia excelente en comparación con lo que otras personas vivirán. La gente suele empezar viendo lo que espera ver, desde parientes que perdieron hace mucho tiempo hasta hermosos colores que están casi más allá de cualquier descripción, o un largo túnel y lo que parece luz. Incluso tienen visiones preciosas que los dejan asombrados por la supuesta maravilla del universo que está más allá de lo que llaman la vida en un cuerpo.

Pero eso no dura y después experimentan la incomodidad que tú empezaste a sentir, solo que, a menudo, es mucho peor. Es un dolor psicológico del que desean alejarse. Es la repetición de la ocasión original en la que se produjo la aparente separación de su Fuente y de la culpa que sintieron como resultado de ello. De modo que escapan escondiéndose en un cuerpo y acaban tal como tú parecías estar en ese hospital: siendo una pequeña víctima impotente, un bebé que, según suponen, no puede ser responsable de *nada*. Pero, por supuesto, la verdad es que eres responsable de *todo*, y después lo olvidas.

Por eso, insistimos en lo importante que es para ti aprovechar tus oportunidades de perdonar ahora. Cuanto más aprendas a aplicarlo, mejor será tu experiencia futura, tanto si pareces estar en la Tierra como si no.

La visión espiritual tiene lugar a nivel de la mente.

GARY: De modo que tengo que perdonarlo todo, tanto las cosas pequeñas como las grandes. Debo entender que, en realidad, no hay nadie ahí fuera que venda más libros que yo, nadie con quien intentar tener un encuentro. Ya sabes, como cuando se usa la ley de atracción, pero con una persona.

ARTEN: Bueno, durante los últimos dos años te has enfocado en Shakira.

GARY: Oye, algunos lo llaman acecho; yo lo llamo amor.

PURSAH: De todos modos, la ley de atracción no funciona para la mayoría de la gente, y enseguida veremos por qué. Si la gente quiere una versión mejor de *La ley de atracción* y *El secreto*, podrían leer el clásico de Napoleon Hill *Piense y hágase rico*. Fue publicado por primera vez en los años treinta. Hoy en día, la gente suele decir cosas como: «Da Vinci usó El secreto» o «Edison usó *El secreto*», pero olvidan uno de los aspectos más importantes. ¡Esos tipos trabajaron hasta la extenuación! Y hay algo más eminente que la gente no enseña porque no lo conoce. Lo veremos después.

ARTEN: Se ha dicho que el éxito es un diez por ciento de inspiración y un noventa por ciento de transpiración. Muchas veces es cierto. Por ejemplo, tú tienes fama de ser más bien perezoso, sobre todo por algunas cosas que los tres dijimos en el primer libro. Pero has trabajado muy duro en los últimos años. A veces, eso es lo que hace falta. Tú afrontas un grado de dificultad superior al de la mayoría de los maestros espirituales, porque no te limitas a decir a quienes te escuchan solo lo que desean oír. Considerando lo que el *Curso* enseña y lo que tú dices en tus talleres, a ti, a tus libros y a tus CD os está yendo muy bien, incluso mejor de lo esperable. Pero tuviste que trabajar muy duro para ayudar a que esto ocurriera.

GARY: Y el resto está en manos del Espíritu Santo.

PURSAH: Exactamente, y funciona. Pero tal vez sea sabio que desaceleres, al menos un poco. ¿Por qué no te tomas al menos un fin de semana libre al mes? Eso te daría más tiempo para escribir y, aun así, trabajarías más que suficiente para extender el mensaje.

GARY: Creo que podría hacerlo. Tal vez el próximo año, porque este ya lo tengo programado. ¿Así que creéis que debería reservar más tiempo para mí?

PURSAH: Sí, y hay otra razón. Has escrito dos libros, lo cual está bien, pero queremos que empieces a escribir más. La gente no puede escuchar este tipo de enseñanzas con la frecuencia suficiente, y tú no solo ayudas a reforzar el *Curso* para la gente, también encuentras nuevos estudiantes.

GARY: Tal vez necesite más de un fin de semana al mes si voy a escribir más libros.

ARTEN: Muy bien. Suficientes consejos profesionales. ¿Cómo dirías que va tu matrimonio?

GARY: Bueno, ha sido difícil, y no es que no lo hayamos intentado. Llevamos casados mucho tiempo. Parece que no podemos hacer que funcione, pero también hemos tenido buenas temporadas. Creo que cuando yo empecé a viajar mucho hace unos años, eso supuso el golpe de gracia. No creo que dure. Simplemente, no estamos en la misma longitud de onda. Karen es una buena persona, siempre lo ha sido, pero seguimos direcciones distintas.

Por ejemplo, hace poco tenía que renovar el carné de conducir. ¿Por qué no hacen carnés de casado como los de conducir? Podrían valer para cinco años, o el tiempo que fuera. Y si uno de los cónyuges no quiere renovar la licencia cuando expira, ¡hasta ahí han llegado!

ARTEN: Gracias, Gary. Estoy seguro de que hablo por Pursah y por mí mismo, así como por toda la comunidad espiritual, cuando digo que nos sentimos refrescados y animados por tu singular punto de vista.

PURSAH: ¿Tienes algo cuerdo que decir?

GARY: En serio, no sé qué hacer.

PURSAH: Especialmente durante el próximo mes, pero también más adelante, vas a afrontar desafíos en muchos frentes distintos. Ya te hemos dicho que no te contaremos gran cosa para que puedas tener tus propias experiencias y perdonarlas, pero te vas a sentir abrumado.

GARY: ¿De nuevo?

PURSAH: Sí. Pero recuerda que siempre estamos contigo, observándolo todo. Y J también. Como manifestaciones del Espíritu Santo y maestros de maestros, no hay nadie de quien no seamos conscientes.[9]

GARY: Gracias, esto significa mucho para mí.

ARTEN: Hasta nuestra próxima visita, procura profundizar en la sensación de no necesitar nada. Si precisas algo, significa que vives en un lugar de escasez. Por ejemplo, si quieres dinero para un proyecto, piensa en el dinero como una herramienta que puedes usar para extender el amor. No importa que lo estés extendiendo dentro de una ilusión. Lo importante es el amor, que es real, y la sensación de abundancia que proviene de no necesitar nada. A continuación, también puedes extender esa abundancia. Como dice el *Curso*: «Por lo tanto, comparte tu abundancia libremente y enseña a tus hermanos a conocer la suya».[10]

GARY: Eso también ocurre en las relaciones. Uno no debería ir detrás de otra persona porque la necesita. Si precisas de alguien, eres carente. Pero si no la necesitas, puedes unirte a esa persona a partir de una conciencia mutua de abundancia.

PURSAH: Sí. Esto es aplicable a las relaciones, al dinero, a cualquier cosa. Lo que importa es que actúes con el amor del Espíritu Santo, y no para la glorificación del ego. No es lo que haces, sino con quién lo haces. ¿Con el ego o con el Espíritu Santo?

ARTEN: Mucha gente piensa que lo importante es lo que hace, y lo usa como una manera sutil de glorificarse y de glorificar su inteligencia. Sin embargo, lo que realmente importa es el amor. Si vienes de un lugar de amor, entonces, lo que haces puede estar guiado por el espíritu.

GARY: Sí. Es como cuando descubrieron cómo desintegrar el átomo y vino la era nuclear. ¿Qué fue lo primero que hicieron con ello? ¡Construir una bomba! Es posible que eso haya requerido inteligencia, pero no requirió amor.

ARTEN: Por eso Einstein planteó una pregunta seria: ¿es buena la especie humana?

GARY: Teniendo en cuenta la naturaleza del ego, es una pregunta legítima. Bajo el dominio del ego, la especie humana está, en el mejor de los casos, dividida entre el bien y el mal, y eso en un buen día. Solo si la mente está dominada por los pensamientos del Espíritu Santo —algo que tenemos que elegir por nosotros mismos—, los humanos nos hacemos cada vez mejores y al fin retornamos a lo divino.

ARTEN: Bien dicho.

GARY: Me gusta lo que has manifestado de que la inteligencia sin amor no es nada.

ARTEN: En algunos encuentros de los grupos de *Un curso de milagros* en los que has participado, has conocido a alguien que «lo sabía todo» sobre el *Curso* y pretendía tener razón en todo, sin aceptar el desacuerdo. Por otra parte, en tus viajes has conocido a mucha gente de la que el mundo diría que son retrasados mentales. ¿No te parece interesante que muchos de estos hombres y mujeres parecen ver a las demás personas con amor? Ahora bien, como te hemos dicho en el pasado, tal como veas al otro te verás a ti mismo. Por lo tanto, el retrasado mental que ve a los demás con amor está haciendo más progresos espirituales en este ciclo que el intelectual que prefiere tener razón a ser feliz.

PURSAH: Tu manera de usar la mente depende de ti. Como dijo Erich Fromm, el amor es la respuesta al problema de la existencia humana; también es el camino a casa. Por supuesto, el verdadero perdón acelera la experiencia del amor, y esta es la razón por la que siempre volvemos a él. Pero recuerda: en el *Curso*, la palabra amor representa un sistema de pensamiento completo, el sistema de pensamiento del Espíritu Santo. Y la palabra miedo, en el *Curso*, también representa un sistema de pensamiento completo, el del ego. Los dos sistemas son mutuamente excluyentes y nunca podrán ser reconciliados. Tienes que elegir uno o el otro, porque de otro modo tu mente se dividirá. En el cielo no hay opuestos, y, para volver a entrar en el reino de los cielos, en tu mente no debe haber lealtad a los opuestos.

GARY: A medida que permito al Espíritu Santo tomar una parte cada vez mayor de mi mente —lo cual no me da miedo, porque, de todos modos, el Espíritu Santo es lo que yo realmente soy—, tengo la impresión de que ya no necesito preocuparme por cosas que antes me preocupaban. Por ejemplo, el último par de años he notado que ya no estoy tan interesado por la política como en el pasado. Creo que he perdonado tanto a los políticos que salen por la tele que ya no me afectan.

PURSAH: Excelente. Y eso no significa que no puedas votar si deseas hacerlo, o que no puedas prestar un poco de atención. Pero no estás en un estado de reacción con respecto a eso y, por tanto, tienes mucha más paz.

GARY: Sí, y parece que ya no me preocupa tanto tener suficiente dinero para retirarme o hacer cosas. Es como si supiera que mis necesidades están siendo atendidas y siempre lo estarán.

PURSAH: Muy bien. Como enseña la sección de «Psicoterapia» del *Curso* —a propósito, esa sección usa mucho la palabra terapeuta, pero podrías sustituirla por sanador o maestro, o cualquiera que fuera tu trabajo, y significaría lo mismo—: «Incluso un terapeuta avanzado tiene algunas necesidades terrenales mientras está aquí. Si necesita dinero, se le dará, no como pago, sino para ayudarlo a desempeñar mejor su función dentro del plan. El dinero no es malo. El dinero no es nada. Pero nadie aquí puede vivir sin ilusiones, pues aún debe esforzarse por lograr que la última ilusión sea aceptada por todo el mundo y en todas partes. Tiene una magna función en este único propósito, para la cual vino. Permanece aquí solo para eso. Y mientras esté aquí, se le dará todo lo que pueda necesitar».[11]

En el cielo no hay opuestos.

GARY: ¡Eso es genial! Y no importa cómo venga el dinero simplemente llegará si tiene que hacerlo. Algunas personas creen que es importante cómo viene. Tengo un amigo que dice: «Conseguí mi dinero a la antigua».

ARTEN: Ah, una herencia.

PURSAH: A propósito, en el original, esa cita decía: «Él no permanece aquí sino para eso». El *Curso* usa mucho la construcción «no… sino» porque, como hemos comentado, está escrito en lenguaje shakespeariano. Pero alguien como tú, que no conoce bien la obra de Shakespeare, puede sustituirla por «solo» a lo largo del *Curso* para leerlo con más fluidez.

GARY: Bien. Me gustan las pequeñas claves de este tipo. ¿Alguna más?

PURSAH: Sí, pero no es una clave pequeña. Recuerda para qué es todo, pase lo que pase durante este próximo mes. Por eso, esta enseñanza es tan consistente e importante: siempre sabes para qué es todo. Es para perdonar. En lugar de dar realidad a tus ilusiones, puedes entregarlas a la verdad.[12] El *Curso* es muy claro es sus explicaciones sobre esto. Por ejemplo:

> El mundo es una ilusión. Aquellos que eligen venir a él andan buscando un lugar donde poder ser ilusiones y así escapar de su propia realidad. Mas cuando se dan cuenta de que su realidad se encuentra incluso aquí, entonces se hacen a un lado y dejan que esta les muestre el camino. ¿Qué otra alternativa tienen realmente?[13]

GARY: Dice: «Aquellos que eligen venir a él». Pero habéis dicho que la dirección que sigue la mente es automática dependiendo de si aplicas el perdón. Esa cita parece querer decir que tomamos la decisión de venir aquí entre vidas.

PURSAH: No, es una metáfora, como buena parte del *Curso*. Elegiste venir aquí en el instante original en el que optaste por el ego en lugar del Espíritu Santo, y el universo de tiempo y espacio fue fabricado. A partir de ese instante, elegiste quedarte aquí al no practicar el perdón, y eliges ir a casa al no aceptar la interpretación que hace el ego de las relaciones, situaciones y sucesos. La cita de la que hablamos es una metáfora porque el tiempo es holográfico, aunque las elecciones que haces aquí parecen lineales. Esta es la paradoja del tiempo. En el holograma, ya ha ocurrido, pero, en tu experiencia lineal, aún tienes que vivirlo.

Lo que tu has de hacer es negarte a tomarte en serio la naturaleza lineal del tiempo y realizar la única elección real posible, que es simple. Esa elección pasa por alto la loca ilusión del tiempo. Como dice el *Curso* en la misma página:

> Esta es la sencilla elección que hoy llevaremos a cabo. La demente ilusión permanecerá de manifiesto por un tiempo para ser contemplada por aquellos que eligieron venir y que

aún no han experimentado el regocijo de descubrir que se equivocaron al decidir. Ellos no pueden aprender directamente de la verdad, puesto que la han negado. Y así, tienen necesidad de un Maestro que pueda percibir su demencia, pero que pueda ver también más allá de la ilusión la simple verdad que mora en ellos.

Si la verdad exigiese que renunciasen al mundo, les parecería como si se les estuviese pidiendo que sacrificasen algo que es real. Muchos han elegido renunciar al mundo cuando todavía creían que era real. Y como resultado de ello se han visto abatidos por una sensación de pérdida, y, consecuentemente, no se han liberado. Otros no han elegido otra cosa que el mundo, y su sensación de pérdida ha sido aún mayor, lo cual no han sido capaces de entender.

Entre estas dos sendas hay un camino que conduce más allá de cualquier clase de pérdida, pues tanto el sacrificio como la privación se abandonan de inmediato. Este es el camino que se te pide recorrer ahora. [14]

PURSAH: Y, así, tu camino es no estar apegado al mundo. Está bien que vivas tu vida. Pero crees cada vez menos en su realidad, a medida que continúas eligiendo la santidad. Al mantener la realidad de la santidad en el fondo de tu mente, mientras cumples tus funciones mundanas, la experiencia de la realidad del falso mundo se deshace poco a poco. Y, a medida que se deshace, es reemplazada de manera natural por la experiencia de tu verdadera naturaleza, que es eterna.

ARTEN: Estamos contentos contigo, hermano. No dudes en llamarnos mentalmente cuando te sientas en dificultades y hablaremos. También volveremos a verte cuando sea el momento.

GARY: Me siento agradecido a vosotros dos. ¡Y gracias por el viaje!

PURSAH: Ha sido un placer. Estás a punto de emprender otro. ¡Disfruta de las ilusiones de Miami!

NOTA: Arten y Pursah desaparecieron a la vez de forma instantáneamente, como de costumbre. Esa semana hice un viaje a Miami para impartir un taller en la iglesia de la Unidad, sobre la Bahía. La mayor parte de la congregación y de los participantes en el taller hablaban español, y yo iba a usar un intérprete por segunda vez. Hay dos tipos de traducciones orales: consecutiva y simultánea. En la consecutiva dices una frase o dos y después te paras para que el traductor repita lo que acabas de decir. Así es como se suele hacer si no dispones de un equipo para la traducción simultánea. En la consecutiva, mientras haces la pausa y esperas a que acabe el traductor, tienes que recordar lo que acabas de decir y seguir desde allí. No es tan divertido como perderte en el Espíritu Santo.

En la traducción simultánea, el traductor habla a un micrófono que no es audible para todo el grupo, y la traducción llega a quienes se ponen los audífonos para oírla. El traductor trata de seguir tu discurso. A la mayoría de los oradores les es más fácil hablar de esta manera, porque no tienen que alterar su estilo. Pueden ser ellos mismos, pero generalmente van un poco más lento de lo habitual para ayudar al traductor. Después de todo, hacen falta más palabras para decir algo en español, italiano, francés y muchas otras lenguas que en inglés.

Iba a tener una traducción simultánea en Miami. El nombre de mi traductor era Jesús. Jesús era un hombre listo y bondadoso. Hizo un trabajo estupendo al interpretar lo que yo decía, y el taller fue muy bien. Posteriormente, recurrí a profesionales para otra traducción simultánea en México, con un resultado similar. Mi primer libro había sido publicado en español y los traductores me dijeron que la traducción era muy buena. Esto me puso muy contento porque sabía que *Un curso de milagros* crecía más rápido en español que en cualquier otra lengua.

Después del taller, Jesús se ofreció para acompañarme a dar un paseo por la ciudad. Para mí, Miami era South Beach y el perfil de los edificios urbanos, que a veces veía por televisión. Pero Jesús estaba a punto de hacerme cambiar esta falsa impresión. Varios de los participantes en el taller decidieron venir con nosotros. Jesús nos explicaba los distintos parajes que visitábamos. A veces hacíamos el chiste de que «seguíamos a Jesús».

Poco antes de que yo fuera a Miami, un fanático político estadounidense había visitado la ciudad y había dicho que era «como un país del Tercer Mundo». Por lo que yo veía, ese comentario solo podía ser resultado del racismo. De hecho, luego leí un estudio en que se clasificaba a Miami como la ciudad más limpia de Estados Unidos. Para ver tercermundismo en Estados Unidos, es mejor ir a los aeropuertos La Guardia o Kennedy en Nueva York. Estoy seguro de que muchas de las personas que visitan por primera vez Estados Unidos se sienten impactadas por lo que ven. Me refiero al estado de estos aeropuertos envejecidos. El de Miami, por contra, tenía un aspecto estupendo.

Jesús tenía una gran voz y hablaba su idioma de manera muy bella. El español me sonaba casi como música. Es mucho más colorista e interesante que el inglés. Nunca he tenido mucho talento para los idiomas. No es uno de mis dones en esta vida. Pero me encantó escuchar a Jesús hablar con sus amigos en español. A continuación, me repetía las mismas cosas en inglés, para que yo entendiera lo que veía durante su generoso paseo.

Jesús nos llevó por la ciudad, conduciendo por algunas de las playas e islas que yo había visto antes. Después, pasamos por sitios nuevos y desconocidos. Visitamos vecindarios preciosos, como Coral Gables y Coconut Grove. Las palmeras, los ocasionales canales de agua, los paisajes bien conservados y las hermosas casas hacían que estas áreas fueran muy atractivas. Y después fuimos a la Pequeña Habana. Visitamos una fábrica de puros cubanos, en cuya parte de atrás, según los rumores, se podían comprar puros habanos ilegales. También nos detuvimos en un popular restaurante cubano, y Jesús me ofreció una bebida llamada mojito. Sabía dulce, pero no tardé mucho en darme cuenta de que también era muy fuerte. Por suerte, tuve la lucidez de recordar que tenía que volver a dar otra charla al día siguiente, y decidí no tomar otro. La calidez y cercanía de mis nuevos amigos latinos me pareció muy gratificante. Sabía que me gustaría volver a Miami. Además, me había hecho muy amigo de un tipo llamado Gene Bogart y de su esposa, Helen, que vivían cuarenta minutos al norte, en Boca Ratón, cerca de Fort Lauderdale. Cuando nos conocimos, Gene me pidió que hiciera una grabación para iPod con él. Para mostrar lo avanzado que estoy a nivel técnico, ni siquiera sabía lo que son las grabaciones para iPod. Así lanzamos las grabaciones de Gary Renard para iPod, con Gene como presentador y productor. Me sorprendió la cantidad de gente de todo el mundo que respondió, favorablemente. Pronto estuvimos entre los diez primeros de las listas en la categoría espiritual de iTunes.

Gene y yo llevábamos vidas paralelas. Teníamos la misma edad y habíamos sido guitarristas profesionales durante veinte años. Ambos entendíamos *Un curso de milagros*, sobre todo debido a mis maestros y *La desaparición*, y pensábamos lo mismo sobre muchos temas. Ahora podía ver que el área de Miami-Fort Lauderdale sería muy atractiva para mí en el futuro, especialmente en «temporada alta», como solía decir Frank Sinatra en el hotel Fontainebleau. Y entonces, de repente, recordé algo que mis profesores y el *Curso* me habían preguntado más de una vez: «¿Para qué es?».

Un curso de milagros no se centra en perdonar las cosas buenas. No es ahí donde reside tu culpa inconsciente y donde puede salir a la superficie. El *Curso* se enfoca en las ocasiones en las que puedes sentir enfado, incluso enojo. De hecho, enseña que un sentimiento incómodo es igual que cualquier otro sentimiento incómodo, ya sean grandes o pequeños, porque no es paz.

La belleza que veía en el mundo, aún que sabía que era subjetiva, no me quitaba la paz. De modo que me di cuenta de que no era un problema. Sabía que J nunca querría que me sintiera culpable, y el *Curso* no parecía estar muy preocupado por perdonar hermosos atardeceres u obras de arte, pues el propio *Curso* es una de ellas. De modo que decidí recordar con más frecuencia que la belleza que veía fuera de mí era un símbolo de la belleza y la abundancia que tenía dentro. No era real, de modo que no había que sentirse culpable por disfrutar de ella. De hecho, era posible que «fuera para» darme cuenta de que no soy culpable, en especial si vengo desde un lugar de amor cuando disfruto de las cosas.

Y en cuanto a las cosas de este mundo que no son hermosas, me mantenían muy ocupado aplicando el perdón.

A la semana siguiente Karen y yo fuimos a Hawái. Tenía que hacer dos talleres: uno en la asombrosa isla de Kauai, y otro, a la semana siguiente, en la hermosa isla de Oahu, conocida como «el lugar de reunión». También íbamos a aprovechar para pasar la mayor parte de las dos semanas que estaríamos allí de vacaciones. Estas «vacaciones» fueron cualquier cosa menos reparadoras.

Kauai es un vórtice de energía. La gente dice que allí ocurren cosas extrañas, sobre todo las noches de luna nueva. A pesar de que era muy consciente de que la energía no es real, como nada que pueda cambiar o transformarse, seguía interesándome cómo este tipo de cosas se correlacionan con el guión que parecemos representar en el tiempo y el espacio. Mis profesores me habían dicho hace años que la astrología a menudo coincide con el guión establecido al comienzo del tiempo. En la gran proyección, todo está conectado, cada suceso predestinado.

La primera noche de nuestra estancia en Kauai, un lector de mis libros que estaba de visita procedente de Arabia Saudí decidió organizar una fiesta para mí en una casa de la Orilla Norte. Mi agente, Jan, asistiría junto con algunos amigos que había hecho durante los tres años que llevaba visitando las islas. La fiesta se convirtió en un asunto muy tumultuoso. Recuerdo que compartí con los aproximadamente cuarenta asistentes un brindis que había aprendido de una mujer irlandesa que conocía. Decía así: «No soy un gran bebedor; uno o como mucho dos. Con tres, estoy debajo de la mesa. Y con cuatro, debajo del anfitrión». Aunque hubo risas, seguro que algunos de los presentes se quedaron sorprendidos por su naturaleza terrenal. Para muchos estudiantes espirituales, la espiritualidad es incompatible con pasarlo bien.

Un sentimiento incómodo es igual que cualquier otro sentimiento incómodo.

La noche avanzaba y mi anfitrión presentó la actuación de un par de excelentes bailarinas de la danza del vientre. Parece que había leído sobre algunas de mis preferencias y, por supuesto, consideré una obligación cultural observar a estas bailarinas de cerca. En un momento dado, un estudiante que aún no estaba familiarizado con *Un curso de milagros* se acercó para preguntarme: «¿Son todas las fiestas del *Curso* así de salvajes?». Le dije que casi nunca, pero que no me quejaba.

A Karen no le sentó bien cómo se desarrollaba la fiesta. Me dijo que miraba fijamente a las bailarinas e incluso bailaba con ellas de cerca, y probablemente tenía razón. Al final de la noche, tuvimos una discusión y ella se fue sin mí. Pasé la noche en la casa donde se había celebrado la fiesta. Después me enteré de que mi anfitrión y la mujer con la que vivía también habían discutido aquella noche y se habían separado. No culpo de esto a nada, excepto al hecho de que las cosas pasan cuando tienen que pasar. No obstante, la sincronía con la que ocurren es asombrosa.

Karen y yo volvimos a juntarnos al día siguiente y decidimos continuar con las vacaciones. Estábamos tan acostumbrados a estar el uno con el otro que era difícil soltar. Fue doloroso y el resto del viaje fue un desastre; como una tortura, pero sin la diversión.

Nunca dejé que mi vida personal afectara a mi docencia. Dos días después, mi taller en Kauai fue muy bien, e incluso hice tres nuevos amigos que habían venido desde California y que iban a intervenir cada vez más en mi vida en los meses siguientes.

El resto de la semana que pasé con Karen en Kauai fue una maravilla de la dualidad: tanta belleza y paz y, al mismo tiempo, tanta desdicha. Karen y yo no podíamos llevarnos bien. Me costó recordar el verdadero propósito de esto, pero lo intenté. Recuerdo que leí varias veces un pasaje del *Curso* y que entregaba la situación a Dios:

> Llevar el ego ante Dios no es sino llevar el error ante la verdad, donde queda corregido por ser lo opuesto a aquello con lo que se encuentra. Allí queda disuelto porque la contradicción no puede seguir en pie. ¿Por cuánto tiempo puede seguir en pie la contradicción una vez que se ha expuesto su absoluta imposibilidad? Lo que desaparece en la luz no es atacado. Simplemente desaparece porque no es verdad. La idea de que hay diferentes realidades no tiene sentido, pues la realidad es una sola. La realidad no cambia con el tiempo, el estado de ánimo o la ocasión. Su naturaleza inmutable es lo que hace que sea real. Esto no se puede deshacer. El proceso de des-hacimiento solo es aplicable a la irrealidad. Y eso es lo que la realidad hará por ti.[15]

En Oahu, dimos la vuelta a la isla y absorbimos su belleza. Estuvimos alojados justo al lado de la playa, en la preciosa ciudad de Kailua. Nadamos con los delfines. Pero ni siquiera eso parecía mejorar la situación. Una noche, mientras trabajaba en mi ordenador, escribiendo lo que acabaría siendo este libro, de repente, Karen empezó a quejarse desde la cama de que hacía mucho ruido al teclear. No me lo podía creer. Pensé: «¿Con qué estamos pagando nuestra estancia aquí?». Esto rompió mi cadena de pensamientos y reforzó la sensación sombría que imperaba. También pensé: «Puedo responsabilizarme de todo esto, pero sigue siendo difícil de entender. Tal vez se deba a que el mundo del ego no siempre es comprensible. Por cada bien hay un mal, y la única manera que tengo de entenderlo es que ninguno de ellos es cierto. Hay verdadera felicidad más allá de ambos, el bien y el mal. Pero esa felicidad no depende de lo que parece estar ocurriendo en el universo de tiempo y espacio».

En medio de este ambiente extraño, me reconfortó el apoyo que estaba recibiendo, ya no solo en Estados Unidos, sino en todo el mundo. Mi primer libro había sido publicado en dieciocho idiomas, y recibía apoyos de múltiples fuentes. En Estados Unidos conocía estudiantes espirituales cada semana, y esa ha sido una de las experiencias más felices de mi vida. Podía ver en sus rostros que mis libros y discursos marcaban la diferencia. «La desaparición» era muy elogiada en las publicaciones impresas. El carácter positivo de muchos comentarios en Internet me resultaba muy estimulante, porque, cuando el libro fue publicado por primera vez, algunos supuestos estudiantes del *Curso*, lo despedazaron y su principal queja era que estaba bastante de acuerdo con las enseñanzas de Ken Wapnick, a quien Arten y Pursah habían descrito como «el mejor maestro del *Curso*». El libro también contenía sus propias aportaciones que los críticos ignoraron. Pero quienes apoyaban el libro parecían compartir una razón, expresada de manera muy precisa por una estudiante del *Curso* llamada Rachel Azorre:

Habiendo sido buscadora espiritual durante mucho tiempo, y siendo también una estudiante experimentada y profesora de *Un curso de milagros*, debo decir que este es, con diferencia, el mejor libro que se ha escrito nunca sobre el *Curso*. Hay una prueba que lo dice todo. La gente ha estado leyendo otros libros sobre el *Curso* durante treinta años. Después vuelven a leer y a estudiar el *Curso* por sí mismos o en sus grupos de estudio, y siguen sin entenderlo. Lo sé. Los he visto y he sido una de ellos. Pero después viene este libro, y la gente se siente animada y revitalizada con respecto al *Curso*, porque, después de leerlo, vuelven a leer el *Curso* o vuelven a los grupos de estudio, ¡y lo entienden perfectamente! Esto no había ocurrido nunca anteriormente. Además, los estudiantes nuevos están viniendo al *Curso* muy animados y entendiéndolo. Gracias, Gary Renard, quienes quiera que seáis tú y tus maestros . Con *La desaparición del universo*, *UCDM* es algo completamente nuevo. ¡Y mucho más divertido!

Mi taller en Oahu, en la iglesia de la Unidad en Cabeza de Diamante, fue especialmente gratificante no solo por la gente, que era estupenda, sino por el lugar exquisito. Me empapé del ambiente y de la unión que pude sentir entre los asistentes. Después de nuestro segundo fin de semana en Hawái, Karen voló de vuelta a Maine, donde tenía que retomar su trabajo, y yo partí hacia mi siguiente aventura en San Francisco, donde estaba a punto de celebrarse una gran conferencia de *Un curso de milagros*.

No tenía ni idea de qué me esperaría a continuación, cuando volviera a Maine. Pero sabía una cosa. No sería real. Mientras me alejaba de Cabeza de Diamante y me dirigía hacia la Costa Oeste de Estados Unidos, me sentía más decidido que nunca a recordar que solo hay una cosa importante, e hice voto de estar atento a ella. Como dice J en su *Curso* implacable:

«Su Reino no tiene límites ni fin, ni hay nada en Él que no sea perfecto y eterno. *Tú* eres todo esto, y no hay nada aparte de esto que pueda *ser* lo que tú eres».[16]

3. EL GUIÓN ESTÁ ESCRITO, PERO NO ESTÁ GRABADO EN PIEDRA: LA NATURALEZA DE LAS DIMENSIONES

El propósito de este libro es que aprendas a conocerte a ti mismo. Has enseñado lo que eres, pero no has permitido que lo que eres te enseñe a ti.[1]

Después de haber estado viajando algunos años de viajar por las principales ciudades de Norteamérica, había llegado a la conclusión de que dos de ellas eran las más hermosas. Por supuesto, esto es una opinión personal y cualquiera puede pensar diferente. Había estado en San Francisco dos veces antes: en una ocasión para dirigir un taller en Muir Woods para mis anfitriones, The Community Miracles Center, y en otra para dar una charla con mi primer editor, D. Patrick Miller, gracias a cuya editorial, Fearless Books, *La desaparición del universo* estaba en el mapa. Patrick y yo habíamos colaborado para conseguir mucha publicidad gratuita en Internet, visitando las página de espiritualidad, de modo que cuando un editor más grande, Hay House, retomó el proyecto, el libro ya estaba en cada librería de la cadena Barnes & Noble en Estados Unidos.

En mi segunda visita al área de la bahía, Patrick tuvo la amabilidad de enseñarme San Francisco. También me llevó a las colinas de Berkeley, que ofrecían unas vistas panorámicas sobresalientes. Mi nuevo amigo de aquella época, Gene Bogart

—que había trabajado con Patrick recitando hábilmente uno de sus libros para hacer un CD de audio— y su esposa Helen, también estaban con nosotros. Mientras explorábamos la zona, tanto por tierra como por mar, comencé a apreciar algunas de las razones por las que a la gente le encanta la ciudad junto a la bahía.

La otra ciudad de Norteamérica que considero hermosísima es Vancouver, en la Columbia Británica, Canadá. Aunque no conozco todas las ciudades, Vancouver rompe los moldes por su belleza. Recuerdo que hice mi primer taller allí en 2004. Ebrio por la hermosura de las vistas, caminé con un nuevo amigo hasta un restaurante para ir a comer. Luego, cuando estábamos a punto de salir del restaurante para volver al taller, mi amigo dijo:

—Oye, Eckhart Tolle está ahí atrás. ¿Quieres conocerlo?

—¡Claro! ¿Por qué no?

Mi nuevo amigo, que conocía a Eckhart, me lo presentó. Hablamos un poco sobre nuestros libros y me di cuenta de que era un hombre muy llano y humilde. No vi nada que me hiciera pensar que no fuera auténtico.

Más tarde pensé que era notable la forma en la que se había producido el encuentro. ¿Qué probabilidades tenía yo de salir a comer en una ciudad de un millón de habitantes y encontrarme «accidentalmente» con Eckhart Tolle? Recordé que los accidentes no existen. En el plazo de un año, a ambos nos habían filmado para aparecer en una película titulada *Luminarias vivientes*. No fue un gran éxito de taquilla, pero la vieron cientos de miles de personas y ayudó a difundir mi trabajo. Luego, me entrevistaron para más películas, que fueron saliendo a la luz a lo largo de los dos años siguientes. Una cosa lleva a la otra. Y yo quería volver a Vancouver solo para ver la ciudad tanto si daba una conferencia como si no.

En San Francisco me trataron como a una estrella del rock. Me preguntaba si los artículos negativos que los otros tres autores del *Curso* habían escrito sobre mí habrían tenido algún efecto en lo que la gente pensaba de mi persona. No tardé mucho en averiguarlo. En el congreso, solo tres autores conseguimos hablar ante todo el público asistente. ¡Yo fui uno de ellos, y los otros dos fueron dos de los tres autores que habían escrito artículos negativos con respecto a mí! Ellos nunca mencionaron los artículos, y yo tampoco. De los tres oradores, el primero prácticamente durmió a los asistentes. A continuación llegó mi turno. La estrepitosa ovación que recibí, con el público puesto en pie incluso antes de que empezara a hablar, me indicó que la gente basaba su experiencia de mí en su experiencia de mis libros. Aunque la mitad de ellos me conocía personalmente por mis viajes por el país durante los años anteriores, la otra mitad solo me conocía por mis escritos.

A veces pido a las personas que levanten la mano para ver cuántas han leído *La desaparición*, porque eso me ayuda a tener una idea de con quién estoy hablando. Aquel día, el noventa por ciento levantó la mano para indicar que habían leído mi primer libro. Hablé durante una hora y quince minutos, todo el tiempo que se me permitió. Habría podido hablar durante cinco horas. Incluí mi humor de «sabelotodo»; siempre me gusta hacerlo en mis enseñanzas sobre el *Curso*. Las reacciones del público al final de la charla y los saludos en los pasillos, en las comidas y durante la firma de libros confirmaron mis sospechas. La experiencia de amor entre la mayoría de los estudiantes del *Curso* y yo no podía ser afectada por las opiniones de terceros. A medida que transcurría el fin de semana, la conferencia se fue convirtiendo en una fiesta de amor. Estudiantes del *Curso* que habían estado enfrentados durante años, por problemas legales o por desacuerdos con respecto al significado del trabajo, ahora se abrazaban.

Entonces sentí un impacto: allí había un gran grupo de estudiantes de *UCDM* que no siempre coincidían en su interpretación del *Curso*, ¡pero eso no importaba! Si eres estudiante del *Curso* y sigues con él el tiempo suficiente, al final te das cuenta de que lo importante es perdonar. Y el perdón es lo único que hace falta para que se produzca una fiesta de amor. El amor sigue al perdón de manera tan natural como, parafraseando a nuestro amigo Shakespeare, la noche sigue al día.

Lo que veía me animó: era un triunfo de la experiencia sobre la teología. Como el *Curso* nos enseñó a todos en el congreso: «Una teología universal es imposible, mientras que una experiencia universal no solo es posible, sino necesaria».[2] Y esto era lo que veía ocurrir ante mis ojos.

No solo me emocionó la experiencia de amor en San Francisco (me había perdido el verano del amor en 1967), sino que también me di cuenta de que la sabiduría contenida en *Un curso de milagros* es exactamente eso: sabiduría. Funciona siempre que la gente recuerda que lo importante es perdonar. Y esa es la única manera en la que puede funcionar.

Iba a hacer una parada en Portland, Oregón, al fin de la semana siguiente, y después volvería a casa, en Maine, para mi cumpleaños, y tendría un par de días libres antes de salir para The Crossings en Austin, Texas. Pero, justo antes de salir hacia Portland, mis profesores favoritos volvieron a visitarme, y parecían disfrutar de usar cuerpos para enseñarme que ni los suyos ni ningún otro cuerpo son reales. Comenzaba el mes de marzo de 2007. Mi preciosa Pursah habló primero.

PURSAH: Eh, figura. ¡Felicidades! ¡Les has dado un buen repaso! ¡Les has vivificado!

ARTEN: Sí, por más que deteste admitirlo, lo has hecho decentemente.

GARY: Vale, Arten, no te pongas tan sentimental conmigo.

ARTEN: De acuerdo, entonces hablemos de tu matrimonio. ¿Qué pasa con eso?

GARY: Sabía que eras cruel, aunque lo seas de una manera encantadora.

ARTEN: Solo afronto lo evidente, querido hermano.

GARY: De acuerdo. Ya os lo dije; no sé qué hacer. Sigo ahí,

y lo mismo le ocurre a Karen. Pero no funciona. ¿Tenéis algo que decir que me pueda ayudar?

ARTEN: Sí. Ve a casa cuando sea el momento, y retoma la situación desde allí.

GARY: Te odio. ¿Por qué no te vas a dar una vuelta y me dejas acercarme a Pursah?

ARTEN: Sé que no me odias, pero ¿verdad que no te importaría insinuarte a Pursah?

PURSAH: Gary, ya sabes que, como maestra ascendida, en realidad no me interesa ese tipo de intimidad física. No es que haya nada malo en ello. Pero mi amante es Dios.

GARY: Vamos, Pursah. Acabará en un minuto y tú no sentirás nada.

PURSAH: Por algún motivo, lo dudo. Pero, solo como hipótesis, ¿qué me dirías si realmente trataras de conquistarme a nivel romántico?

GARY: Te diría que, si tú fueras yo y yo fuera tú, te amaría más a ti de lo que me amo a mí mismo. Pero, si yo fuera el universo y tú fueras una galaxia, te consumiría y digeriría tu esencia con los intestinos de mi ser.

PURSAH: Apuesto a que eso se lo dices a todas las chicas.

ARTEN: A pesar de tus resistencias, vamos a dejarte que vuelvas a casa con Karen y lo retomes desde allí. Y Pursah tenía razón. Tu trabajo está yendo bien. Si estás dispuesto, hay un tema que hoy nos gustaría comentar contigo.

GARY: Soléis tener cosas interesantes que contar. ¿De qué se trata? Y esto no significa que haya renunciado a ti, Pursah.

ARTEN: ¿Recuerdas aquella vez que te dijimos que habías practicado el perdón lo suficiente como para evitar un accidente automovilístico?

GARY: ¡Sí! Estaba en el cine. Había elegido una película pésima y pensé que había tomado una mala decisión. Pero después me dijisteis que, de no haber practicado el perdón, habría elegido otra película y habría salido del cine a otra hora, con graves consecuencias. Gracias al perdón, hubo una lección que ya no tuve que aprender. Mi aprendizaje hizo que la lección dolorosa fuera innecesaria, y me llevó a otro tipo de escenario. Es algo parecido a lo que se dice al principio del *Curso*: se mencionan las dimensiones temporales y se dice que el milagro, que es el tipo de perdón que viene desde la causa y no desde el efecto, opera en todas las dimensiones temporales.[3]

ARTEN: Bien, ¿qué pasaría si yo te dijera que no solo las personas pueden hacer eso a nivel individual, sino que la raza humana como un todo también puede hacerlo?

GARY: ¡Jesús! Nunca había pensado en eso. ¿Significa eso que todo podría alterarse en función de lo que la raza humana piense como colectivo? Y, cuando digo alterarse, no quiero decir que el guión pueda cambiar, porque no puede. Hay algo más que ocurre cuando hablamos de cambiar las dimensiones temporales.

> **El amor sigue al perdón de manera natural.**

ARTEN: Exactamente, Gary. Por ejemplo, todas las predicciones que hicimos con respecto al futuro en nuestras primeras dos series de visitas, además de todo lo que digamos aquí, podría quedar anulado y sin efecto si la raza humana cambiara a otra dimensión temporal. Si una cantidad suficiente de gente practicara el perdón, podríais cambiar de escenario. Y también sería posible que el Espíritu Santo borrara la vieja cinta. Así como el Espíritu Santo colapsa el tiempo para un individuo y hace que esa persona avance en el esquema general de las cosas, lo mismo puede hacer por el mundo en su totalidad.

PURSAH: ¿Sabes que a veces alquilas un DVD que contiene finales alternativos? También puedes elegir otro final para esta película que estás viendo.

GARY: ¡Sí! No me gustan los finales alternativos, porque

prefiero que las películas sean obras de arte acabadas. Pero no me importaría que la raza humana contemplara algo mejor.

PURSAH: Bien, recuerda esto: aunque elijas ver ese final alternativo, ¡ya ha sido filmado! De modo que, en realidad, no estás cambiando el guión; estás viendo otra parte de él y la parte anterior está siendo borrada. No fabricas el nuevo desenlace sobre la marcha; ya está allí.

GARY: Ya entiendo. Como dice el *Curso*, solo revisas mentalmente algo que ya ha ocurrido. Este aspecto del proceso no cambia nunca.

PURSAH: Así es.

GARY: De modo que, volviendo al escenario que me mostrasteis antes: un dispositivo nuclear —no dijisteis qué tipo de dispositivo nuclear y, por lo que yo sé, podría ser una bomba sucia— podría estallar en una gran ciudad. Mencionasteis que hay cuatro ciudades que son las que mayor riesgo corren de sufrir algún ataque: Nueva York, Los Ángeles, Londres y Tel Aviv. ¿Pero ahora decís que sería posible evitar ese ataque?

PURSAH: Correcto. Pero date cuenta de que no hemos dicho que lo evitaréis. Hemos dicho que es posible evitarlo cambiando a un escenario diferente. Los individuos, y la raza humana en su conjunto, siempre determinan mediante sus elecciones las experiencias que van a tener.

ARTEN: Ahora queremos advertirte de algo: practicar el perdón no garantiza que siempre vayas a tener un resultado agradable. Y tú no determinas si cambias de dimensión temporal. Solo el Espíritu Santo puede hacerlo, porque el Espíritu Santo puede ver desde una perspectiva más amplia, y tú no. A Jesús no le dieron a experimentar cosas agradables al final de su aventura terrenal, pero el Espíritu Santo sabía que podía sobrellevarlas. Su perdón estaba tan avanzado que fue curado de toda culpa, y por tanto no podía sentir ningún dolor.

De modo que no esperes que siempre ocurran cosas buenas. Tu trabajo es perdonar pase lo que pase, y, a medida que avances, tienes que aprender a confiar en el Espíritu Santo. Estás haciéndolo y debes continuar. La raza humana en su totalidad debe hacer lo mismo. Hay algunos problemas importantes con los que lidiar a nivel de la forma. No son reales, y nosotros no estamos aquí para darles realidad, pero podemos proporcionar algunos consejos con respecto a cómo perdonar estas cosas.

GARY: Cuando dices «estas cosas», parece que están ocurriendo muchas. Están el cambio climático y el terrorismo, y mucha gente pensó que el 21 de diciembre de 2012 será el fin del mundo.* De modo que plantearé la pregunta evidente. ¿Qué hay de lo relacionado con 2012?

ARTEN: El mundo no va a acabar en 2012. Eso sería demasiado simple para el ego. El ego quiere que el juego continúe. Desde que se escribió el libro del Apocalipsis, en cada siglo ha habido varias ocasiones en las que la gente, a veces mucha gente, ha pensado que el mundo se acabaría. Nunca es así. Como te hemos indicado antes, 2012 es el comienzo de un nuevo ciclo. Los ciclos se repiten de distintas formas. Como todo se ha hecho más grande y rápido, parecerá diferente, pero en realidad no lo es. Difiere la forma, pero no el contenido.

En cuanto a la forma, parecerá que Estados Unidos empieza a cooperar mejor con el resto del mundo para resolver los problemas globales, como el cambio climático. Sin embargo, será difícil, porque se ha perdido mucho tiempo, y el país más poderoso del mundo ha sido parte del problema en lugar de ser parte de la solución. China e India también son parte del problema. Y está claro que el clima del mundo está cada vez más alterado.

GARY: ¡No es broma!

ARTEN: Pero antes de ir mucho más lejos, cuéntanos un chiste. El tema que viene es bastante pesado, y estaría bien aligerar un poco.

---

* Debido al tiempo transcurrido entre el comienzo y la finalización de la obra, este párrafo esta redactado en tiempo presente, aunque los hechos están ya en el pasado. (N. del E.).

GARY: De acuerdo. Un tipo lee un anuncio en el periódico que dice: «Vendo un perro que habla por cien euros». El tipo siente curiosidad, de modo que llama al número y le dan indicaciones para llegar a la casa donde está el perro. Cuando llega, el dueño del perro le dice:

—El perro está en otra habitación. Puedes ir allí y hablar con él si quieres. De modo que el tipo va a la otra habitación, y comprueba que es cierto: ¡el perro puede hablar! El perro le cuenta que antes estaba en la CIA y que lo enviaban a espiar, porque nadie sospechaba que un perro podía ser un espía. Había estado en el Kremlin espiando a los rusos y había proporcionado información de alto secreto a la CIA, y había hecho todo tipo de trabajos especiales. La agencia lo consideraba un héroe y consiguió retirarse a la misma edad que se retiran los humanos, pero en la equivalencia temporal de los perros. La agencia le había otorgado una pensión y ahora estaba pensando en escribir sus memorias.

El tipo estaba asombrado. Fue al dueño y le dijo:

—¡Ese perro habla de verdad! ¿No sabes lo que tienes aquí? Podrías conseguir un millón de euros. ¿Por qué lo vendes por cien euros?

Y el dueño le dice:

—Ese perro es un mentiroso. Nunca hizo esas cosas.

PURSAH: Muy bueno.

GARY: Es una historia verdadera.

ARTEN: Estabas empezando a hablar sobre el clima.

GARY: Ah, sí. Lo noté por primera vez durante la tormenta de hielo que hubo aquí hace nueve años. ¡La temperatura se mantuvo por debajo de los quince grados* durante días! Eso indica que todo está fatal. Se tuvieron que reemplazar la totalidad de los postes telefónicos del estado. Literalmente, se partieron. Ocurrió en enero de 1998. Tuvieron que venir trabajadores de

____

* Fahrenheit -9°C (N. del T.).

todo el país para cambiar los postes. Hicieron el trabajo en un mes, y se los trató como héroes. Fue la primera vez que me di cuenta de lo revuelto que está el tiempo. Se cortó la electricidad en medio del invierno durante veintitrés días. Gracias a Dios, los padres de Karen tenían una estufa de leña, pero nos jugamos la vida para llegar hasta allí. Y, desde entonces, ha habido años en los que hemos tenido nevadas récord. Pero el año pasado, el invierno de 2006-2007, ¡no nevó en absoluto! La gente de la estación de esquí alucinó. Al mismo tiempo, la ciudad de Nueva York tuvo la mayor nevada en un solo día de su historia. ¡Y en Oahu llovió durante cuarenta y cuatro días seguidos! Eso no había ocurrido nunca antes. ¡La cosa está que arde ahí fuera, tío!

Los ciclos se repiten de distintas formas.

PURSAH: Hablando de tiempo extraño, este año nevará en Bagdad por primera vez en la historia. Londres tendrá su primer tornado. California recibirá solo cinco litros de lluvia por metro cuadrado en todo el año. Habrá sequía tanto en el sureste como en el suroeste, y el año que viene habrá inundaciones terribles en el Medio Oeste. Es como si siempre pasara lo mismo. Hay demasiada lluvia o demasiado poca. Hay demasiada nieve o no la suficiente. Hace demasiado frío o un calor insoportable. Todo son extremos. El tiempo «normal» está desapareciendo. Las tormentas serán mayores y más dañinas.

GARY: ¿Y dices que el mundo hará un verdadero esfuerzo, con la cooperación de Estados Unidos, para arreglar el problema?

PURSAH: Correcto, pero se va a llegar cerca de una catástrofe climática. China no cooperará. Oh, a propósito, a *La desaparición* le irá bien en la China continental.

GARY: ¿Estás de broma? Ni siquiera la dejan entrar en la China continental. No les gustan los libros que hablan mucho de Dios.

PURSAH: Eso es cierto, pero lo que el gobierno comunista chino realmente teme son las posibles amenazas al Partido Comunista, y este no es tu caso. De modo que, al final, dejarán entrar tu libro.

GARY: ¡Genial! Tal vez pueda ir allí alguna vez.

PURSAH: Tal vez . Pero no olvides consultar con nosotros y con el Espíritu Santo, que es lo mismo, antes de decidir ir a cualquier parte. Tú nunca sabes cuándo es el momento adecuado o un momento seguro para visitar un país, a menos que lo preguntes. Planeas hablar en los cincuenta estados?

GARY: Sí, este año llegaré a los cuarenta.

PURSAH: Muy bien, pero no te olvides de tomarte descansos y de ser bueno contigo mismo. Además, aunque en el pasado te aconsejamos que respondieras a las preguntas de tus críticos, eso no significa que siempre vayas a tener que hacerlo en el futuro.

NOTA: Yo había escrito un artículo en respuesta a los ataques que se habían publicado en mi contra y había respondido a las preguntas planteadas. Después de eso, el doctor Michael Mirdad, un conocido y respetado maestro del *Curso*, escribió una respuesta independiente a todos los artículos. El título era: «Un curso de meganecios», e incluía este párrafo:

En su mayor parte, Gary ha ofrecido recientemente a sus detractores, y a todos los interesados, una brillante defensa punto por punto que expone muchas inconsistencias y falsas verdades. Esta defensa ha salido impresa en la revista *Miracles*. En un tribunal humano, Renard ganaría sin lugar a dudas. Pero merece la pena mencionar aquí que podría haber tomado el camino elevado (como hizo Ken Wapnick) e ignorar a los que lo atacan. No obstante, su elección de responder también puede producir un bien mayor al exponer las hipocresías que se han infiltrado en la comunidad de *Un curso de milagros* (principalmente entre algunos de sus facilitadores), y que han alejado a muchos de estudiar el *Curso*.

Me di cuenta de que Michael tenía razón cuando decía que yo podría haber tomado el camino elevado e ignorar a la gente que, aunque vivía en casas de cristal, elegía tirar piedras. Pero la guía recibida de Arten y Pursah era la de responder; hasta entonces su guía, en general, me había servido de mucho. No obstante, pensé que la opción de pasar por alto a los que me atacaban podría muy bien ser mi guía para el futuro. Después de todo, ya había respondido a todas las preguntas en público, y más de una vez. Tal vez había llegado el momento de relajarme. Esta idea me daba mucha paz, y lo que Pursah acababa de decir me lo confirmaba.

GARY: Bien. Yo mismo me había planteado esa línea, pero gracias por decirlo. A propósito, he estado pensando en una de las predicciones que hicisteis en *La desaparición* en los años noventa. Mucha gente no se da cuenta de que hicieron falta nueve años para hacer ese libro, puesto que las visitas fueron muy numerosas y a menudo estaban muy espaciadas, sobre todo hacia el final. Hicisteis una previsión asombrosa para aquel tiempo. A pesar de que la economía en Estados Unidos estaba en buena forma durante la presidencia de Clinton, y nos iba muy bien, dijisteis que el país iría a peor y que Europa ganaría poder político y económico. No puedo creer cuánto ha caído el dólar desde que se publicó el primer libro. A algunas personas no les gustó lo que dijisteis, pero teníais razón. Tal vez sea el momento de repensar algunas de nuestras políticas.

PURSAH: Europa también va a tener sus dificultades, pero luego recuperará fuerza. El problema es que las políticas estadounidenses no son políticas, sino cálculos. Están diseñadas para que unos pocos hagan mucho dinero, y los demás se pueden ir al infierno. ¡Y dices que no entiendes por qué no funcionan las cosas ! En el caso de Estados Unidos, no es una cuestión de repensar. Es una cuestión de ponerse a pensar desde cero. No se ha pensado en el bien mayor… Pero basta de política. Tienes por delante un par de elecciones históricas que se producirán pronto y no queremos que este libro salga hasta después de ellas.

GARY: ¿Por qué? ¿Vais a hacer una predicción? ¿No contradice eso lo que habéis dicho sobre escribir más libros?

PURSAH: No. Habrá más libros después de eso. Pero nos vamos a guardar nuestras otras razones, de momento. Entre tanto, recuerda siempre que tu trabajo es perdonar tu mundo, con la ayuda del Espíritu Santo. Dios no te trajo aquí, pero el Espíritu Santo cuidará de ti mientras estés en él.

GARY: De acuerdo, digamos que la raza humana continua como hasta ahora, sin practicar mucho más el perdón. ¿Qué ocurrirá en el sueño? Ya sé que todo sirve para perdonar y también que estas son las lecciones que el Espíritu Santo quiere que aprenda. Pero aun así sigue siendo interesante tener un vislumbre de lo que se avecina.

ARTEN: Si no aumenta la cantidad de gente que practica el perdón, estas son algunas de las cosas que ocurrirán. Habrá acontecimientos y procesos positivos y negativos, como siempre. La principal diferencia es que, si más gente practicara el perdón, algunas de las cosas más terribles no ocurrirían. Muchas dimensiones temporales son muy similares. Las diferencias pueden ser escasas, pero importantes en cuanto a esas pocas cosas.

GARY: Como que yo no tuviera ese accidente automovilístico, solo que a una escala mayor.

ARTEN: Exactamente. Tú estás en todas esas dimensiones temporales ahora mismo. Vives vidas simultáneas. No puedes verlo porque estás detrás de una barrera mental causada por la idea de separación. Como hemos dicho, eres no espacial y no lineal. Estás por doquier, incluso en la ilusión. Pero dentro del marco lineal y espacial, solo experimentas un poco cada vez.

GARY: Ya experimentó más de lo que puedo gestionar.

ARTEN: Oye,te lo montas muy bien: conoces lugares estupendos, te alojas en buenos hoteles, comes en restaurantes con clase. Recibes mucha atención de las mujeres. A propósito, ¿cómo explicas eso?

GARY: Es fácil. Creen que soy gay.

ARTEN: Sí, eso nunca hace daño. Y ahora que viajas tanto por el mundo, ¿dónde dirías que se encuentran las mujeres más hermosas?

GARY: Eso es fácil, en los aeropuertos.

ARTEN: Muy observador.

PURSAH: ¡Hombres! ¿Podríais actuar como adultos durante unos pocos minutos?

GARY: De acuerdo. Pero, ya que hemos tocado este tema, os voy a contar cómo piensan los hombres.

PURSAH: Eso está bien. ¿Cómo piensan los hombres, Gary?

GARY: Es simple: si no te lo puedes follar, hazlo estallar.

PURSAH: Eso explica muchas cosas. Bien, ¿qué hay de esas predicciones, Arten?

ARTEN: Sí, teniendo en cuenta todo lo que hemos dicho, durante este siglo habrá muchas formas de energía nuevas. Algunas ya se usan de manera limitada y seguirán desarrollándose. El viento es un buen ejemplo. Estará más presente. Asimismo, la tecnología para convertir el carbón en gasolina barata, que ya existe, avanzará y será posible aplicarla sin añadir más polución a la atmósfera. El carbón es la causa de los mayores problemas climáticos, no los coches. Pero, cuando se encuentre el modo de quemar carbón sin contaminar la atmósfera, Estados Unidos, que tiene suficientes reservas para los próximos doscientos cincuenta años, de repente se convertirá en la Arabia Saudí del mundo. Por supuesto, tendrá que diseñar una política energética que vaya más allá del propósito de enriquecer a unos pocos. Hay que desarrollar formas inteligentes de fabricar energía, en lugar de perder el tiempo construyendo más plantas nucleares, como algunos proponen.

En este siglo, se crearán turbinas subacuáticas, impulsadas por corrientes como la del Golfo, para producir energía limpia e ilimitada.

GARY: ¡Vaya! ¿No sería divertido que alguien desarrollara eso y que después la corriente del Golfo dejara de fluir a causa del calentamiento global?

ARTEN: Más adelante, en este siglo, los viajes en metro de alta velocidad revolucionarán el transporte.

GARY: ¿Qué demonios es eso?

ARTEN: Te vamos a dejar experimentarlo. Aunque tú, que viajas tanto, desearías tenerlo ya.

PURSAH: En Estados Unidos, donde la industria automovilística ha entrado en un profundo declive, los híbridos serán la gran novedad. El coche eléctrico será mejorado y llegará a ser popular, sobre todo en las partes occidentales del país. Incluso tendréis coches que funcionarán con aire comprimido.

GARY: Espero que no nos quedemos sin aire. ¿Y qué hay del etanol?

ARTEN: Oh, sí. ¡Solo en un mundo donde millones de personas mueren de hambre usarías el maíz para convertirlo en combustible! No es algo necesario, pero es lo bastante estúpido para contar con el favor de vuestro gobierno. Entre tanto, hay un modo de producir energía ilimitada de forma gratuita, pero ha sido reprimido durante el último siglo. En una dimensión del tiempo está revelado, en otra no lo está. El modo en que la gente use su mente determinará lo que experimente.

GARY: ¿Energía gratuita? ¡Madre mía! A propósito, en una ocasión dijisteis que los coches impulsados por hidrógeno se pondrían de moda.

ARTEN: Sí, pero dijimos que primero ocurriría en Europa.

Estados Unidos está muy lejos de eso, y esto trae a colación uno de los escenarios. Si suficientes personas avanzaran espiritualmente, las formas de energía que ya hemos mencionado serían suficientes para poner el país en muy buena forma. Depende de vosotros. Si decidís hacer que estas cosas funcionen, no necesitaréis ninguna otra fuente de energía.

El Espíritu Santo cuidará de ti mientras estés en este mundo.

Entre tanto, habrá una tendencia hacia la diversificación. Veréis muchos tipos de coches distintos. Es como vuestra actual industria de la comunicación. La gente pasa de los canales de televisión a Internet y otras formas de entretenimiento, como los diversos tipos de dispositivos electrónicos que están surgiendo. Las cosas no volverán a ser tan simples como antes.

GARY: De verdad no podéis decir nada seguro con respecto al terrorismo nuclear?

PURSAH: No estaría bien. Además, no olvides que no solo hay que tener en cuenta el terrorismo nuclear. La amenaza nuclear global no ha concluido, incluyendo a Rusia y sus vecinos, y a Estados Unidos. Después tienes a Corea del Norte, y sus dianas potenciales: Corea del Sur y Japón, por no hablar de Hawái y la parte occidental de Estados Unidos. Y después está China. El panorama se complica con la carrera armamentística entre India y Pakistán, y con la intervención de China, además de Israel e Irán: es una proyección salvaje, querido hermano.

ARTEN: En menos de un año, empezará un nuevo ciclo de actividad de las manchas solares. Durará cinco años y alcanzará su momento álgido en 2013. Causará efectos en ámbitos muy variados, desde el tiempo atmosférico hasta los acontecimientos humanos. Vuestra atmósfera no es lo único que influye. Hay muchas cosas que no puedes ver y que ayudan a mantener el espectáculo en marcha y, por supuesto, todo ello simboliza algo más profundo: una culpa inconsciente a nivel de la mente, que se remonta hasta la separación de Dios, que genera culpa y temor masivo.

PURSAH: Se descubrirán restos de agua en la Luna y de hielo en Marte, lo que significa que hay agua, pero en gran cantidad. Finalmente, como hemos dicho en el pasado, se hallarán pruebas sólidas de que antiguamente hubo una civilización inteligente en Marte, aunque al principio no se sabrá que eran vuestros ancestros. Empezaréis a colonizar Marte. Los científicos acabarán descubriendo que vuestro ADN no podría haberse originado solo en vuestro planeta. Las guerras se harán cada vez más con drones en el cielo y con robots en tierra, que se enfrentarán a las personas, y esto dará una gran ventaja al bando con la tecnología más avanzada. Los miembros del ejército serán entrenados en campos de entrenamiento virtuales.

En la actualidad, os preocupa el petróleo. Pero lo que realmente debería preocuparos es el agua. La falta de agua potable y de agua para riego se convertirá en un grave problema, un problema cuyo solución deberíais planificar ahora.

ARTEN: La idea de universos paralelos y múltiples dimensiones temporales existe en diversas teorías científicas. Los metafísicos y las personas preocupadas por la espiritualidad no son los únicos que creen en su existencia. Pero los científicos no conocen la naturaleza de las dimensiones, porque, cuando se aprenden las lecciones y esas dimensiones se vuelven innecesarias, el Espíritu Santo las borra y nunca se las vuelve a ver. Muchos creen que vuestro universo es infinito, pero no lo es. Como enseña el *Curso*, a través del Espíritu Santo se pusieron límites a vuestra capacidad de crear falsamente.[4] Y todos acabarán aceptando la verdad. Como J enseña: «El que todos acepten la Expiación es solo cuestión de tiempo. Tal vez parezca que esto contradice su libre albedrío, dada la inevitabilidad de la decisión final, pero en realidad no es así».[5]

GARY: De modo que el único libre albedrío que tenemos como prisioneros de la ilusión es la capacidad de elegir al Espíritu Santo, que nos libera, en lugar de al ego, que nos aprisiona. Si elegimos quedarnos aquí, el resultado siempre será la muerte. Pero, si elegimos ir a casa, el resultado será la vida eterna.

PURSAH: Excelente. Asimismo, en el futuro, los científicos serán capaces de generar órganos compatibles con vuestro cuerpo e inmunes al rechazo, y podrán hacer que un corazón que parecía muerto durante mucho tiempo vuelva a latir. Y los científicos, así como otros, empezarán a pensar cada vez más no solo en la Tierra, sino en la totalidad del universo, como en un organismo vivo. Verán como los embriones dan a luz estrellas, y comprenderán que muchas entidades están tan «vivas» como los humanos, aunque no respiren oxígeno.

Y, por si todo esto fuera poco, en este siglo se reconocerán los contactos con extraterrestres. Ya se han producido, pero los científicos no los han confirmado públicamente.

ARTEN: A propósito, cometiste un error en el último libro. ¿Recuerdas que te mostramos tus miles de cuerpos diferentes y al final esperabas ver el aspecto que tiene Arten en esta vida?

PURSAH: Bueno, no te dejamos ver a esa persona. Después quisiste volver atrás y ver el aspecto que tenían Tomás y Tadeo. Para conseguirlo, en el libro dices: «¿Puedes volver atrás una vida más? Por supuesto que sabíamos lo que querías, porque podemos leer tu mente, y te mostramos a Tomás y Tadeo. Pero, si solo hubiéramos retrocedido una vida, no los habrías visto. Tuviste como otras veinte vidas entre ellos, incluyendo esa en la que fuiste un indio americano en compañía de Gran Sol, la que fuiste Roger Sherman, y aquella en la que moriste en El Álamo.

NOTA: A partir de mis visiones, recuerdos, sueños y con la ayuda de reconocidos videntes, he aprendido que, en una vida anterior, fui un hombre llamado William Harrison, de Ohio, que murió en El Álamo. También fui Roger Sherman, uno de los firmantes de la Declaración de Independencia y un congresista por Connecticut muy respetado que ayudó a fundar el gobierno estadounidense. El renombrado médium, Kevin Ryerson, que actúa en trance, el mismo al que Shirley MacLaine hizo famoso en su libro y película *Lo que sé de mí*, confirmó por medio de su guía espiritual, el maestro ascendido Ahtun Re, que en otras vidas yo había sido Roger Sherman y santo Tomás.

GARY: Sí, como podría decir uno de esos políticos, me equivoqué con las palabras.

ARTEN: Ahora te vamos a decir algo que te resultará difícil asumir. Ya se ha especulado sobre ello, de modo que no es una idea completamente nueva. Pero la mayoría de la gente no lo sabe y, aunque lo hayan oído ignoran si es cierto; de modo que tenemos que decirte la verdad.

GARY: De acuerdo. Parecéis muy serios.

ARTEN: Sectores del gobierno de Estados Unidos estuvieron activamente involucrados en el secuestro de los cuatro aviones y los ataques al World Trade Center y al Pentágono que provocaron la muerte de casi tres mil personas, estadounidenses y de otros países, el 11 de septiembre de 2001.

GARY: Dime que no has dicho lo que creo que has dicho.

ARTEN: Sí, lo siento. Hay abundantes pruebas de ello. Las Torres Gemelas no colapsaron por los impactos de los aviones ni por el fuego. Ningún rascacielos ha colapsado nunca así debido al fuego. Los edificios fueron implosionados desde dentro, como cuando derriban un hotel en Las Vegas. Los secuestradores fueron engañados para que pensaran que actuaban bajo las órdenes de su organización terrorista, cuando en realidad eran usados por la CIA. Hicieron exactamente lo que la CIA quería que hicieran. Desempeñaron su papel pensando que respondían a sus propios líderes. Como las comunicaciones eran muy arriesgadas, no resultó difícil manipularlos de esta manera. Además, los secuestradores no fueron las personas que el gobierno identificó como tales. Y los aviones que chocaron contra el World Trade Center no fueron los aviones secuestrados. Eran aviones vacíos guiados por control remoto.

Al-Qaeda no organizó los ataques, y tampoco Osama Bin Laden, aunque se alegró de que se los atribuyeran. Era el asesino perfecto para que el gobierno lo eligiera como cabeza de turco.

Investiga un poco. Escucha lo que miles de físicos e ingenieros dicen sobre lo ocurrido en el World Trade Center, el World Trade Center 7 y el Pentágono. No escuches a las organizaciones. La verdad es que miembros de vuestro propio gobierno, vinculados en particular al vicepresidente —que por cierto estaba al cargo de la defensa aérea en torno a Washington D. C. aquella mañana—, querían que se produjera un «Pearl Harbor» para que el gobierno adquiriera poder sobre su propia gente y pudiera campar a sus anchas en el mundo. Ya has visto algunos de los resultados, que incluye el uso de las secuelas como una excusa para incrementar todavía más la vigilancia sobre los ciudadanos estadounidenses y un gran paso hacia el fascismo.

Al presidente Bush no se le dijo nada, puesto que los organizadores querían que él también jugase su papel. Las personas que cometieron estos grandes crímenes contra la humanidad, que se creían inteligentes, pensaban que la de Iraq sería una victoria fácil. Se equivocaron. Y también se equivocan al pensar que las pruebas no acabarán convenciendo a la gente de la verdad. Esto, no obstante, aún está muy lejos.

Hay personas que ya saben la verdad, pero la mayor parte de los estadounidenses son ovejas que creen lo que les cuentan los noticiarios, que están en manos de las corporaciones. A su vez, las corporaciones y los gobiernos nacionales están controlados por los poderes bancarios, como la Junta de la Reserva Federal y los bancos centrales, propiedades de las familias más poderosas de la Tierra. Estos son los individuos que quieren el dominio global.

El verdadero talón de Aquiles de la ilusión del 11 de septiembre es el edificio 7. Fue implosionado más tarde ese mismo día. Ningún avión había chocado contra él, que estaba a la distancia de un campo de fútbol del World Trade Center, y era la sede de la CIA en la ciudad de Nueva York. Las pruebas de que la CIA estaba involucrada tenían que ser destruidas; no obstante, las supertermitas usadas para implosionar el edificio no fueron completamente eliminadas. En la escena se encontraron restos de ellas. Y después del atentado se midieron el calor y la energía desarrollados por estas supertermitas. Había mucha más energía en la escena del crimen de la que podría haber sido generada por el escenario presentado por el gobierno y sobre el que la investigación del Congreso estampó su sello de aprobación.

Si elegimos quedarnos aquí, el resultado siempre será la muerte.

GARY: ¿Por qué no me habíais contado esto antes?

ARTEN: Piensa, Gary. No estabas preparado. Nuestra última visita de la primera serie se produjo poco después del 11 de septiembre. Tenías mucho que hacer durante el año y medio siguiente solo para conseguir publicar el primer libro. Estabas en estado de *shock*, como el resto del país. En ese momento, no te habríamos hecho ningún favor publicando un libro que acusara a tu propio gobierno de planear y participar en los atentados del 11 de septiembre. Se habrían burlado de ti, y la atención de la gente se habría desviado del mensaje del libro.

GARY: ¿Cómo consiguieron los animales que hicieron eso llevarlo a cabo sin que la gente se enterara?

ARTEN: Cuatro agentes de la CIA, que actuaban como personal de mantenimiento solo necesitaron unas pocas semanas para plantar las termitas, que fueron detonadas por una señal de radio. Las supertermitas del tipo que se usaron no son muy voluminosas. Son más pequeñas, más avanzadas y mucho más poderosas que otras.

Siéntate y contempla todo esto, y luego trata de perdonarlo. Sigue siendo la misma proyección que siempre fue, Gary. Procura ver más allá de ella; procura ver la realidad del espíritu.

GARY: De acuerdo, pero esto es duro. Hace unos pocos años no habría estado preparado para oír esto, ni siquiera sé si lo estoy ahora.

PURSAH: Recuerda: no lo hagas real. Solo regístralo y después perdónalo, como si estuvieras viendo un videojuego de realidad virtual, sin nadie más en la habitación, solo tú. En realidad, no hay nadie más que tú, excepto el Espíritu Santo, y tampoco hay nadie en la pantalla. Lo que ves no es verdad.

Y con esto desapareceremos por un tiempo. Te queremos, Gary. Mantén la frente alta y sigue perdonando. Nos honras. Elige el milagro del perdón. Porque, como te enseña J: «A la realidad le corresponde estar únicamente en el espíritu, y el milagro reconoce únicamente la verdad».[6]

4. CURACIÓN CORPORAL PARA LA MENTE ILUMINADA

Dios no creó el cuerpo, porque el cuerpo es destructible, y, por consiguiente, no forma parte del Reino. El cuerpo es el símbolo de lo que crees ser. Es a todas luces un mecanismo de separación y, por lo tanto, no existe. El Espíritu Santo, como siempre, se vale de lo que tú has hecho y lo transforma en un recurso de aprendizaje.

Una vez más, y como siempre, reinterpreta lo que el ego utiliza como un razonamiento a favor de la separación, y lo convierte en una demostración contra esta. Si la mente puede curar al cuerpo, pero el cuerpo no puede curar a la mente, entonces la mente tiene que ser más fuerte que el cuerpo. Todo milagro es una demostración de esto.[1]

Quería hablar más con Arten y Pursah sobre el tema de la curación. Mi comprensión era que, cuando practicaba el perdón, hacía una curación. Pero no sabía si siempre necesitaba tener la intención específica de curar un problema particular en una persona o si era mejor mantener un planteamiento general. He tenido cierto éxito a la hora de curar mi propio dolor de espalda. Hace ya varios años que no me duele y espero que no me vuelva a doler. Desarrollé un proceso de pensamiento específico para lidiar con mi dolor de espalda, e incluso lo adapté hace unos meses para curarme el nervio radial del brazo derecho y la mano. Funcionó muy bien, y quería hablar con mis profesores sobre él.

Sabía que no hay nada malo en usar lo que *Un curso de milagros* denomina la «magia». Hacer magia es tratar de curar una ilusión con otras ilusiones: por ejemplo, intentar sanar el dolor con medicinas o cirugía. Estos métodos a menudo son necesarios para que la gente se cure. Si se curaran sin recurrir a la magia, sus egos tendrían demasiado miedo y encontrarían un modo todavía peor de hacerles daño. No hay nada malo en lanzar un hueso al ego de vez en cuando, sobre todo si eres consciente de que lo haces. Además, en la ilusión todas las cosas son magia. El agua es magia. El oxígeno es magia. Eso no significa que no los uses mientras parezca que estás aquí.

El primer día de la primavera de 2007, sentí que había llegado el momento. Arten y Pursah se me estaban apareciendo cada mes, y yo siempre tenía muchas ganas de verlos. Eso no significaba que siempre se fueran a presentar mensualmente en el futuro, pero sentí que estaban a punto de hacerlo.

Cuando volví a casa del congreso de San Francisco, el día antes de mi cumpleaños, las cosas entre Karen y yo fueron de mal en peor. Probablemente fue el peor cumpleaños de mi vida. A Karen siempre le habían importado mucho este tipo de celebraciones, pero estaba claro que las mías ya no le interesaban. Sentí que nuestro matrimonio había acabado, pero estaba tan ocupado que no tenía tiempo de pensar cuándo podría hacer algo al respecto. Decidí que cuando Arten y Pursah volvieran a presentarse hablaría con ellos sobre el cuerpo y la curación; quería concentrarme en este tema. Se sintieron contentos de seguir mi sugerencia.

PURSAH: De modo que has estado reflexionando sobre el proceso de pensamiento que desarrollaste y usaste, con la guía del Espíritu Santo, para curarte la espalda y que hace poco has adaptado para curarte la mano. ¿Por qué no nos hablas primero del proceso de la espalda? Algunos lectores podrían usarlo para ayudarse a sí mismos. Después pasaremos a la mano y a cómo es posible transferir pensamientos similares a casi cualquier problema de salud.

GARY: Me gusta cuando abordas la cuestión directamente. Este proceso de pensamiento se basa en el *Curso,* así como en un par de cosas que vosotros dijisteis en el capítulo de *La desaparición del universo* titulado «Curar a los enfermos». Os voy a hablar como si fuerais vosotros los que sintierais dolor. De esta manera, los lectores podrán utilizar el proceso, si lo desean. Creo que puede ayudar a aliviar cualquier dolor crónico. Por supuesto, cada persona es única a nivel de la forma, por lo que diferentes ideas de la mente correcta funcionan mejor para distintas personas.

El método ha de aplicarse al irse a la cama por la noche. Situará tu mente en una modalidad curativa. Seguidamente, mientras duermas, tu mente trabajará en la curación del cuerpo. El Espíritu Santo desempeña el papel más importante; debes pensar en Él y unirte a Él justo antes de hacer este proceso. Vuelve a pensar en el Espíritu Santo antes de desconectar. No sientas pesadez al hacerlo, solo invítalo a unirse a ti.

En primer lugar, cuando te tumbes, piensa en la zona dolorida y recuérdate que el dolor, así como el propio cuerpo, es un proceso mental. El dolor no es un proceso físico. Tú eres quien está pensando este dolor en tu sueño. No es verdadero dolor, es un dolor onírico, y tú eres el soñador. El dolor está en tu mente, como el resto de la totalidad del sueño. Y, si está en tu mente, puedes cambiar de opinión al respecto. Cuando tengas muy claro que es un proceso mental, dite lo mismo que dice el *Curso:* «La mente que está libre de culpa no puede sufrir».[2] Transcurridos un par de minutos, cuando lo hayas asumido, dite a ti mismo: «Soy inocente, y Dios me ama incondicionalmente. Lo único que Dios quiere hacer es cuidar de mí para siempre, porque Dios sabe que soy tan inocente como Él mismo». Imagínate uniéndote a Dios y extendiéndote hacia el infinito. Eres ilimitado, estás libre del cuerpo, y Dios cuida de ti por completo.

Ahora, visualiza la preciosa y prístina luz blanca del Espíritu Santo que viene hacia ti y te rodea. En un minuto o dos, esta luz curativa no solo te rodea, sino que también te atraviesa por completo. El amor del Espíritu Santo está absolviéndote de cualquier culpa inconsciente que desconozcas, y puedes confiar en que vas a ser curado. No estás solo en esto. El Espíritu Santo te ha declarado inocente. A continuación, cuando estés preparado, puedes irte a dormir en el amor curativo del espíritu.

Haz esto durante treinta noches y mantente abierto a la posibilidad de que toda enfermedad y dolor sean de la mente y no tengan nada que ver con el cuerpo.[3]

ARTEN: Muy bien. Pensaste en tu espalda cuando empleaste por primera vez este proceso y funcionó; hace unos meses, pensaste en tu mano, más específicamente en los nervios que van desde el cuello y el hombro hasta el brazo y la mano. Y volvió a funcionar.

GARY: Sí, está muy bien, ¿verdad?

ARTEN: No está mal para un estudiante del *Curso*. ¿Has tratado de curar a alguien más últimamente?

GARY: Sé que otras dos personas se curaron, una en la ciudad de Nueva York y la otra en Phoenix. Una lo dijo abiertamente y la otra no estuvo dispuesta a admitirlo. Por supuesto, no fui yo quien las curó. Siempre es la mente del paciente la que decide ponerse bien, generalmente el inconsciente.

Una joven que vino a uno de mis talleres no podía sentarse y parar quieta. Durante el descanso, me di cuenta de que caminaba muy deprisa. De hecho, lo hacía todo apresuradamente. Creo que tenía algún tipo de conducta hiperactiva. En cualquier caso, me uní a ella a nivel de la mente, le dije que era inocente y practiqué el perdón con ella.

PURSAH: ¿Funcionó?

GARY: No lo sé. Aún seguía moviéndose muy deprisa al acabar. Pero eso no significa que no pueda haber funcionado poco después del taller, ¿verdad?

PURSAH: Eso es cierto. Y, además, después de practicar la curación y el perdón, debes dejar la situación en manos del Espíritu Santo y soltarla. No debes tener apego al resultado, como a nada de este mundo.

GARY: Creo que, si quiero hacer bien el *Curso* , lo único que tengo que hacer es renunciar al mundo, o al menos al apego psicológico a todo lo de aquí.

PURSAH: Correcto. ¿Estás preparado?

GARY: Me gustaría pensar que sí.

PURSAH: No te preocupes. Sigue practicando. Lo estás haciendo bien, y creo que ayudaste a esa chica del taller.

GARY: Así lo espero. Oye, imagina que tienes una conducta obsesivo-compulsiva y un desorden por déficit de atención al mismo tiempo. Apuesto a que es un engorro.

PURSAH: Vamos a señalarte algunas cosas que puedes practicar para ayudar a tu ego a mejorar tu salud.

GARY: ¿Sugieres que use la magia?

ARTEN: Piensa en estas cosas como preferencias. Mientras parezca que estás en un cuerpo, vas a hacer las cosas que los cuerpos parecen hacer. El mero hecho de ser un estudiante del *Curso* no significa que no hagas ejercicio o que no te laves los dientes. De modo que vamos a darte algunas sugerencias para ayudar a tu ego a mejorar tu salud. Siempre que estas cosas no te obsesionen, pueden ser divertidas.

PURSAH: Esto es divertido especialmente para las parejas. Arten y yo lo practicábamos tanto por diversión como por razones de salud. Es muy relajante.

GARY: Suena bien.

PURSAH: Hay cinco áreas del cuerpo que suelen estar descuidadas, pero que contienen muchas terminaciones nerviosas.

La estimulación de dichos nervios favorece el bienestar corporal en general. Hay que frotarlas y masajearlas. Si no tienes a nadie que te lo haga, puedes hacértelo tú mismo.

GARY: Fetichista. ¿Por dónde empiezo? Por supuesto, preferiría que tú me lo hicieras.

PURSAH: Empieza por el número 1: *el cuero cabelludo*. Ahí hay tantos nervios que, si te lo masajean, a veces sentirás sensaciones en distintas partes del cuerpo. Asegúrate de trabajar todo el cuero cabelludo. Es una buena manera de conservar la salud física. El movimiento que haces cuando te lavas el pelo no es suficiente: masajea con los dedos y las palmas.

La segunda zona que has de estimular son *las orejas*. Los sanadores y masajistas suelen ignorar esta área, al igual que el cuero cabelludo; sin embargo, también ahí tienes una acumulación de terminaciones nerviosas. Además, un masaje de orejas, sobre todo de las partes internas, produce muy *buenas sensaciones*.

Y después tenemos la zona número 3: *el corazón*.

GARY: El corazón. ¡Qué interesante! También es divertido, porque he leído que, a veces, los médicos masajean el corazón de alguien *después* de que deje de latir. Pero dices que sería buena idea masajearlo *antes* de eso.

PURSAH: Es muy importante. El corazón se ha descuidado mucho. Sin embargo, masajearlo y estimularlo lo ayuda a curarse a sí mismo. La sangre circula mejor y las arterias se mantienen más limpias. Como las enfermedades coronarias son la primera causa de muerte a nivel de la forma, seguir nuestro consejo marca una gran diferencia.

GARY: Tiene sentido. ¿Qué es lo siguiente?

PURSAH: Esto te va a gustar. La cuarta zona es *el ombligo*. En el ombligo también hay numerosas terminaciones nerviosas que conectan con la parte media del cuerpo, desde el pecho hasta las partes privadas. Y el ombligo suele ser un lugar muy descuidado.

GARY: ¡Cuéntamelo a mí!

PURSAH: Y si disfrutas de estas formas de tratamiento mientras te curas, no te sientas culpable. Todo lo cual nos lleva a la quinta y última parte del cuerpo, que también es muy importante masajear y estimular: *los pies.*

GARY: En una ocasión me hicieron reflexología en el centro *The Crossings* ¡y fue genial! Me dolió en ciertos lugares, pero la mayor parte de las sensaciones fueron maravillosas.

PURSAH: En todos estas zonas puede haber ciertas áreas que duelan un poco al ser estimuladas. Básicamente, se trata de reflexología para todo el cuerpo, no solo para los pies. Pero has de incluir los pies. Y como en la reflexología, si continúas con ello, el dolor acabará desapareciendo. Duele porque algo está mal en la parte del cuerpo a la que corresponden esas terminaciones nerviosas. Pero la estimulación de los nervios poco a poco cura esa área, de manera parecida a la acupuntura. Después, con el tiempo y la estimulación continuada, el dolor se esfuma. Eso significa que la parte correspondiente del cuerpo está curada. Como se enseña en la sección de «Psicoterapia» del *Curso*, al mismo tiempo que haces esto, debes practicar el perdón: tal vez no cada segundo, pero sí de vez en cuando.

GARY: Genial. ¿Y qué pasa si no hay dolor?

PURSAH: Entonces, disfruta. Más vale prevenir que curar.

GARY: ¡Gracias! Voy a aplicarlo. ¿Alguna otra indicación?

ARTEN: Sí, no te olvides de lo básico. Tal vez pienses: *«¿Por qué habría de importar que haga cosas saludables cuando son mis pensamientos los que lo dirigen todo?».* La respuesta es simple. Estás tratando de educar a tu ego. Él quiere que pienses que eres un cuerpo. Tú quieres deshacer tu ego para poder ir a casa, a lo que realmente eres. Para ayudar a que el ego se relaje y poder deshacerlo, haces algunas cosas con el cuerpo mientras parece que estás aquí. Y ¿sabes qué? ¡Tendrías que hacerlas de todos modos! Aunque te limitaras a sentarte en el banco del parque y meditar el resto de tu vida, tendrías que comer. Incluso J comía, tenía relaciones normales y se comunicaba con la gente.

El fondo de la cuestión es que, durante tu aparente existencia aquí, deberías hacer cosas que tengan sentido. Al final llegarás a un punto de tu camino espiritual en el que no habrá ninguna diferencia, porque, al pensar con la mente recta, estarás totalmente en contacto con la experiencia del espíritu en todo momento. Pero es un proceso, permítete vivirlo.

GARY: De modo que, a lo largo del camino, mientras practico el perdón y mi ego se deshace, debo cuidar de mí mismo. ¿Y eso dará como resultado un cuerpo saludable?

ARTEN: Tal vez.

GARY: ¿Tal vez?

ARTEN: Recuerda: el objetivo de esto es ayudarte a vivir bien mientras parece que estás aquí, y ayudarte a deshacer tu ego al mismo tiempo. Pero no puedes estar apegado a los resultados, o harás que todo sea real. La gente asigna un valor a todas las cosas, incluso a los cuerpos, y no se da cuenta de que todo es subjetivo. Si están en un camino espiritual, entonces asumen que es más espiritual tener un cuerpo saludable que un cuerpo enfermo. Pero, ¿lo es? Hay atletas que tienen los cuerpos más saludables del mundo, pero no por eso tienen madurez espiritual. Por otra parte, hay personas muy espirituales con cuerpos enfermos. Lo cierto es que el momento de enfermar, como todo lo demás, ya quedó determinado antes de que pareciera que venías aquí.

GARY: Entonces, ¿cómo puedo juzgar lo que es espiritual?

ARTEN: Exactamente.

PURSAH: Hay una puerta estrecha que puedes atravesar, si estás dispuesto a hacerlo, y es esta: una actitud verdaderamente espiritual es que no hay ninguna diferencia entre tener un cuerpo sano y tener un cuerpo enfermo. ¿Por qué? Porque ninguno de ellos es verdad.

GARY: Entonces, ¿por qué debería tratar de tener un cuerpo saludable?

ARTEN: La respuesta es: ¿por qué no? Recuerda: he dicho que esto es una preferencia, no una regla. Os apegáis a las reglas y a las religiones. Pero, en el caso de las preferencias, no tenéis que apegaros a un resultado. Es una elección que puedes hacer. Pero no es algo en lo que tengas que poner un celo extremo. Puedes aligerarte y disfrutar de la vida, y estar preparado para perdonar al margen de lo que parezca ocurrir.

GARY: La gente formula juicios de valor muy variados, como que es mejor tener salud que estar enfermo, o tener un cuerpo hermoso que uno considerado menos bello. Pero, ¿quién dice lo que es hermoso? Todo es una fabricación. Por ejemplo, la gente asume que un cuerpo humano debe ser más valioso que un cuerpo animal, sobre todo porque los comemos o, al menos, muchos de nosotros lo hacemos; y los demás comemos plantas, que también están vivas y pueden responder a nuestros pensamientos y palabras. Pero en los últimos tiempos he visto muchas pruebas, sobre todo en vídeos, de que los animales tienen una capacidad de pensar mucho mayor de lo que creíamos. Entonces, ¿se puede decir que un animal mira con amor? Yo veía amor, sentimientos e inteligencia en los ojos de mi perra. Si lo que dice J es cierto, que te verás a ti mismo como veas a los demás… ¿no significaría eso que mi perra hacía progresos espirituales?

PURSAH: Sí, los hacía. Y ella estará en el cielo contigo, como todos los demás; no como cuerpo, sino como lo que realmente es: lo mismo que tú, espíritu. Sentirás su presencia en la unicidad y no la echarás de menos, porque experimentarás que todas las personas y cosas están allí, y esto incluye, por definición, a cada persona y animal que hayas amado alguna vez.

Los valores de la gente están enraizados en el mundo, pero el verdadero valor que todos tienen no es de este mundo. El Espíritu Santo también trabaja con los animales, que tienen su propia manera de pensar en función de la especie a la que pertenecen. Como las personas, ellos realizan progresos espirituales, o no, en cada ciclo de vida. Y, como las personas, se dirigen al mismo lugar que tú. La cristiandad no cree que los animales tengan alma, pero lo cierto es que la mente es mente y la apariencia de lo que la contiene no tiene importancia.

> **Mientras parezca que estás en un cuerpo, vas a hacer las cosas que los cuerpos parecen hacer.**

GARY: Sí, y me gusta lo que has dicho sobre que no tiene importancia estar sano o enfermo, porque ninguno de los dos estados es verdad. Supongo que lo mismo sería aplicable al dinero. Recuerdo que mis padres se sentían muy culpables porque no tenían dinero. Y desde que se han publicado mis libros, he conocido a mucha gente que se siente muy culpable por tener mucho dinero. No se puede ganar: la gente se siente culpable por no tener dinero y también por tener demasiado. ¡Se sienten culpables por cualquier razón! Tenemos que tomarnos un respiro. Tenemos que darnos cuenta de que no importa si somos ricos s pobres, porque ninguna de estas cosas es verdad, por lo tanto, una no puede ser más espiritual que la otra.

PURSAH: ¡Bravo ! Hoy está muy de moda pensar que es espiritual ser rico. De modo que, si tienes mil millones de euros, piensas que es porque has usado tu mente para atraerlos, cuando lo cierto es que era tu turno. Habría ocurrido de todos modos, porque el guión estaba escrito así y tu manera de pensar y todo lo demás que parecía ocurrir formaba parte del guión. ¿Sabes?, hace cien años se consideraba muy espiritual ser pobre. ¡Incluso algunas personas hacían voto de pobreza! Por eso decimos que todo es subjetivo. Las modas vienen y van, pero la verdadera espiritualidad permanece igual. La idea correcta consiste en tener un tipo de espiritualidad que te permita ser feliz y estar en paz al margen de lo que se presente en tu camino. Eso es libertad, y eso es auténtica espiritualidad.

ARTEN: Volviendo a la tarea de ejercitar ciertas preferencias mientras parece que estás aquí y practicar el perdón al mismo tiempo, te voy a dar una simple lista de cosas que puedes hacer para mantener tu mente egotista ocupada mientras te deslizas hacia los pensamientos de la mente recta:

Número 1. *Camina.* Puedes empezar con treinta minutos al día, unos dos kilómetros y medio. La persona media anda a cinco kilómetros por hora. Poco a poco debe llegar a caminar una hora, lo que equivale a cinco kilómetros al día. Está bien tomarte dos días libres por semana si lo deseas, pero no es necesario. En cualquier caso, cinco días por semana es suficiente.

GARY: Sí. Recuerdo haber leído que John Travolta empezó a caminar una hora al día y al cabo de tres años había perdido catorce kilos, o algo así. Y, a diferencia de muchas de las dietas, si continúas caminando, no vuelves a recuperar el peso perdido.

ARTEN: Correcto. Solías sacar a pasear a tu perra muchas veces, ¿estoy en lo cierto?

GARY: Creo que era ella la que me sacaba a mí. Pero sí, ¡he engordado unos siete kilos desde que ella hizo su transición!

ARTEN: Todo es cuestión de hábito, lo mismo que los milagros. Te acostumbras tanto a hacer algo que lo echas de menos si dejas de hacerlo. Aparte de caminar, también deberías hacer lo siguiente:

Número 2. *Respirar profundamente*. Es vital. Cuando te acuerdes, toma una inspiración profunda. Y también espira profundo. Que el aire usado salga de tu diafragma para que pueda entrar aire nuevo. Descubrirás que, cuando estás cansado, si respiras hondo un rato, te sientes con más energía.

Número 3. *Estiramientos*. Estira las piernas, la espalda y los brazos. Mantente suelto.

GARY: Mejor ser elástico que de plástico.

ARTEN: Número 4. *Bebe mucha agua*. El cáncer es menos frecuente entre la gente que bebe mucha agua. Esto es importante tanto para los hombres como para las mujeres. En las mujeres, a veces ayuda a prevenir el cáncer de mama. Por supuesto, es la mente la que decide enfermar o ponerse bien. Pero, como en gran medida tu cuerpo es agua, esto le impide densificarse. Tomar suficiente agua también ayuda a prevenir los dolores de cabeza.

Número 5. *Ayuna un día al mes*. Ese día puedes tomar zumos, pero no comas, ni bebas alcohol ni tomes drogas.

GARY: ¿No tomar drogas? Olvídalo.

ARTEN: En serio, las estadísticas muestran que las personas que ayunan un día al mes sufren un número significativamente inferior de ataques al corazón, por la razón que sea. Para algunos mormones, esto forma parte de su religión y, aunque esta no es la razón por la que lo hacen, los estudios han demostrado que también es beneficioso para la salud.

Número 6. *Come miel*. No tienes que tomarla cada día, pero la miel es una de las maravillas que más se han pasado por alto a nivel de la forma. En algunas excavaciones egipcias, los arqueólogos han descubierto miel que tiene miles de años, ¡y sigue fresca! La miel es lo más parecido en el nivel de la forma a algo al mismo tiempo orgánico y prácticamente indestructible. Si te cuesta conciliar el sueño, en lugar de tomar una píldora, tómate dos cucharadas de miel antes de ir a dormir, o la mayor cantidad posible sin rebasar esta dosis. El resultado podría sorprenderte. Has leído sobre personas que murieron porque, desesperados por dormir, combinaron diversos medicamentos. Si hubieran conocido las propiedades curativas de la miel, eso no habría ocurrido.

Si tienes acidez de estómago, toma miel media hora antes de cenar o antes de salir a comer. Y vuelve a hacerlo antes de irte a dormir. Mantén el hábito y es muy probable que funcione.

Pero tienes que recordar varias cosas: no hay nada que funcione para todo el mundo, porque el ego es muy complicado a nivel del inconsciente. Sin embargo, todas estas cosas tienen muchas probabilidades de ser buenas para la mayoría de la gente. Por otro lado, nunca des miel a los niños menores de tres años. Sus cuerpos aún no están bastante desarrollados para tomarla. Y además, si tienes alergias, consume miel de la zona donde vives.

> **Una actitud verdaderamente espiritual sería que no hay ninguna diferencia entre tener un cuerpo sano y tener un cuerpo enfermo.**

Número 7. *Bebe zumo de noni*. No tiene muy buen sabor, pero no está tan malo si lo enfrías, e igualmente tienes que ponerlo en el frigorífico una vez que lo abres. Se extrae de la planta noni, que crece sobre todo en Tahití, y tiene muchas propiedades curativas.¿Has tenido recuerdos de haber sido un kahuna en Hawái, verdad?

GARY: ¡Sí! Especialmente en sueños. Enseñaba y practicaba la religión ahuna, realizaba curaciones y daba diferentes usos a la planta noni, como curar heridas externas. También empleaba su zumo para sanar problemas internos. Pasé algunas buenas vidas en las islas de Hawái, esta fue una de ellas. Tendría que volver a hacer algunas de estas cosas, aunque solo sea por diversión.

ARTEN: Número 8. *Bebe zumos*. Pueden ser de naranja, de tomate, de uva, de pomelo, de zanahoria, o néctares ; todos son buenos. Si alguien no puede pagar o soportar el zumo de noni, puede sustituirlo por otros. Si te propones tomar uno o dos vasos de zumo de fruta cada día, esto puede marcar la diferencia a nivel del cuerpo. Por supuesto, una dieta decente también ayuda. No evites las verduras. Es mejor comer las pocas verduras que te gustan que no comer ninguna. En los restaurantes, en lugar de pan, toma una ensalada. Los pequeños hábitos ayudan.

Número 9. *Toma el sol veinte minutos al día, y toma vitamina D3*. La combinación de estas dos cosas te ayudará a prevenir muchos problemas, incluso las depresiones, aunque sabemos que, en realidad, los pensamientos son los causantes de esos estados. Pero estas sugerencias te ayudarán a sentirte bien y, si te sientes bien, es más probable que te acuerdes de aplicar los pensamientos rectos. Cuanto mejor pienses, mejor te sentirás. Y cuanto mejor te sientas, mejor pensarás, sobre todo si te dejas guiar por una disciplina como la de *Un curso de milagros*.

Número 10. *Ríete*. Alquila comedias o mira los momentos destacados de las mejores comedias en televisión. Mira películas divertidas o obras de teatro. La risa es mejor que cualquier otra medicina.

Número 11. *Si quieres mantenerte joven, procura alargar tu vida*. Esta es la ola del futuro: encontrar productos naturales que puedan estimular la capacidad de tu cuerpo de curarse a sí mismo y mantenerse joven. Al final, pondrás a disposición de la gente un producto para alargar la vida llamado MaxOne. Hazlo solo con ese producto. No queremos que vendas cosas que no estén directamente relacionadas con el *Curso*, pero en este caso haremos una excepción. Forma parte de la ola del futuro de la que estoy hablando, y es muy fácil de usar.

Los suplementos vitamínicos, y en especial la vitamina C, te han ayudado. Continúa con ellos, Gary. También hay suplementos que previenen la inflamación. Esto es muy importante. La mayoría de los estadounidenses tienen algunas arterias obturadas debido al consumo de grasas y azúcares, pero esto no suele causar daño, a menos que haya inflamación. La inflamación constriñe las arterias y ayuda a que se bloqueen. Como has investigado las vitaminas durante treinta años, te dejaremos que encuentres por tu cuenta el suplemento adecuado para impedir la inflamación.

En algunas partes del mundo se están usando dosis intravenosas de vitamina C para curar la mayoría de los tipos de cáncer. En Estados Unidos es muy difícil encontrar sitios donde se aplique este método, porque la industria médica no permite la mayoría de las cosas que funcionan. No ganan dinero curando a la gente; ganan dinero tratando a gente enferma. Depende de los individuos hacer su propia investigación y responsabilizarse de su salud.

Número 12. *Oxigena tu cuerpo*. Aplicar este último consejo no siempre es fácil y requiere disciplina, de modo que la mayoría de la gente no lo seguirá. Tienes que hacerlo bien y seguir las instrucciones. Es esencial que te des cuenta de que la falta de oxígeno es el problema del cuerpo humano que más se pasa por alto. Las células cancerígenas no pueden vivir en presencia del oxígeno. Si pudieras oxigenar de forma adecuada todas las células del cuerpo, prevendrías la mayoría de las enfermedades o las curarías.

La mejor manera de oxigenar el cuerpo es ingerir peróxido de hidrógeno al treinta y cinco por ciento en grado alimenticio. No hay que confundirlo con el material disuelto al tres por ciento que usan los dentistas y médicos, cuya ingesta es dañina. Es posible seguir un régimen para oxigenar el cuerpo de forma adecuada con peróxido de hidrógeno al treinta y cinco por ciento en grado alimenticio. La mejor información al respecto está en un librito llamado *The One Minute Cure*, de Madison Cavanaugh. Hay que seguir las instrucciones al pie de la letra, y la mayoría de la gente no lo hace por falta de disciplina. Pero, bien hecho, es una de las cosas más poderosas que puedes hacer por tu salud a nivel de la forma. No tomes demasiado. Se toma poniendo gotas en el agua. Sigue las instrucciones.

Esto es todo, colega. No es nada extenuante. De hecho, la mayoría de estas cosas son divertidas y fáciles . Pero, como el *Curso*, no pueden funcionar si no las practicas.

GARY: Mucha gente me ha dicho que debería hacer yoga, pero eso se interpondría en mi camino hacia la cerveza.

PURSAH: Si te gusta el yoga y quieres seguir con él, ¡genial! Pero a ti no te gusta mucho la disciplina física, de modo que caminar podría convenirte más. La disciplina del *Curso* es algo que practicas mientas vas viviendo tu supuesta vida, y es ideal para ti. Dejaremos el yoga y otras decisiones en tus manos para que las tomes con el Espíritu Santo. No hay duda de que el yoga y muchas otras prácticas son fuerzas muy positivas para mucha gente, aunque den realidad al cuerpo.

ARTEN: Te hemos mostrado algunas preferencias. Pursah y yo hicimos estas cosas en nuestra última vida juntos, en la que alcanzamos la iluminación. Estas no son las razones por las cuales nos iluminamos. Lo conseguimos aplicando la disciplina del sistema de pensamiento del Espíritu Santo. Pero estas prácticas son divertidas y útiles. Disfrútalas!

GARY: Gracias, Arten. Sabes que no eres un mal tipo para ser un hombre alto, guapo, de piel oscura y aspecto griego.

ARTEN: Sabía que era por eso por lo que yo no te gustaba. Me alegra ver que lo estás perdonando.

GARY: ¿Algo más?

PURSAH: En tu caso, no estaría mal que descansaras. Tienes que recordar que está bien decir no. Eres tan entusiasta a la hora de compartir nuestro mensaje que no te tomas suficiente tiempo para ti mismo. Aprende de Edgar Cayce. ¡Se mató trabajando! Se sentía responsable de ayudar a todas las personas que llamaban a su puerta.

Necesitas detenerte a oler las flores. Si no puedes decir «no» a las peticiones de otros, aún no has superado el egocentrismo. Lo haces real. Dices: «Este es un cuerpo real, con un problema real, y yo tengo que ayudar». Eso está completamente fuera de lugar. Ellos no son cuerpos, no tienen un problema real y no están allí. Ellos son espíritu, igual que Dios, y eso no puede cambiar nunca.

Como enseña el *Curso*, el cuerpo ni siquiera está vivo: «Todo se logra con la vida, y la vida forma parte del ámbito de la mente y se encuentra en la mente. El cuerpo ni vive ni muere porque no puede contenerte a ti que eres vida».[4]

Y también dice: «Pues no es el cuerpo el que es como el Creador del Hijo. Y lo que carece de vida no puede ser el Hijo de la Vida».[5]

GARY: Oye, eso me recuerda la primera pegatina que vi cuando visité California. Estaba en un coche fúnebre. Decía: «Veo muertos».

ARTEN: Procura recordar las distinciones inflexibles que J establece en su *Curso*. Dice: «Fuera del Cielo no hay vida. La vida se encuentra allí donde Dios la creó».[6]

Antes de dejarte, vamos a recitar una cita del *Curso* en la que queremos que pienses un rato. Puedes mirarla después, la encontrarás con facilidad.

GARY: ¿Os acordáis del primer libro? Tuve que encontrar todas las citas en el *Curso* por mi cuenta. ¡Ni siquiera tenía la *Concordancia*!* Actualmente, todos se limitan a escribir una cita en la versión electrónica del *Curso* que tienen en el ordenador, y pueden encontrarla al instante.

PURSAH: La manera en que lo hiciste te resultó útil para aprender el *Curso*. Cuando te sientas mal por la situación de tu relación personal, piensa en nosotros y en J, y perdona al mundo tal como nosotros hicimos. La cita en la que queremos que pienses es la siguiente:

> El ego se vale del cuerpo para conspirar contra tu mente, y puesto que el ego se da cuenta de que su «enemigo» puede acabar con él y con el cuerpo reconociendo simplemente que no forman parte de él, y el cuerpo se unen para llevar a cabo un ataque conjunto. Tal vez sea esta la más extraña de todas

---

* Libro publicado por la Fundación para la Paz Interior, permite buscar frases del Curso. (N. del T.)

las percepciones, si te detienes a considerar lo que ello realmente implica. El ego, que no es real, trata de persuadir a la mente, que sí *es* real, de que ella es su recurso de aprendizaje; y, lo que es más, de que el cuerpo es más real que ella. Nadie que esté en su mente recta podría creer semejante cosa, y nadie que está en su mente recta lo cree.

Escucha, pues, la única respuesta del Espíritu Santo a todas las preguntas que el ego plantea: eres una criatura de Dios, una parte de Su Reino de inestimable valor que Él creó como parte de Sí Mismo. Eso es lo único que existe y lo único que es real. Has elegido un sueño en el que has tenido pesadillas, pero el sueño no es real y Dios te exhorta a despertar. Cuando le oigas no quedará ni rastro de tu sueño porque despertarás. Tus sueños contienen muchos de los símbolos del ego y estos te han confundido. Eso se debe, no obstante, a que estabas dormido y no te dabas cuenta de ello. Cuando despiertes, verás la verdad a tu alrededor y dentro de ti, y ya no creerás en los sueños porque estos dejarán de ser reales para ti. El Reino, en cambio, y todo lo que allí has creado, será sumamente real para ti porque es hermoso y verdadero.[7]

> **Ellos son espíritu, al igual que Dios, y eso no puede cambiar nunca.**

5. LAS LECCIONES DE TOMÁS Y TADEO

Se me ha llamado correctamente «el cordero de Dios que quita los pecados del mundo», mas quienes representan al cordero manchado de sangre no entienden el significado del símbolo. Si se entiende correctamente, es un símbolo muy simple que habla de mi inocencia. El león y el cordero tendidos uno junto al otro simbolizan que la fuerza y la inocencia no están en conflicto, sino que viven naturalmente en paz. «Bienaventurados los puros de corazón porque ellos verán a Dios» es otra forma de decir lo mismo. Una mente pura conoce la verdad y en eso radica su fuerza. No confunde la destrucción con la inocencia porque asocia la inocencia con la fuerza, y no con la debilidad.[1]

Desde que Arten y Pursah completaron su primera serie de visitas a finales de 2001, he tenido algunos recuerdos de mis vidas anteriores, así como vislumbres de mi futura y última vida. Estos recuerdos vienen de distintas formas. La mayoría de mis experiencias místicas han sido muy visuales y se producen en cualquier momento del día. Mientras meditaba, a veces veía imágenes o tenía visiones. Pero, en mi caso, las visiones con mensajes tienen lugar sobre todo cuando estoy en lo que llamo la «zona intermedia», ese punto en el que aún estoy despierto en la cama por la noche, pero a punto de quedarme dormido.

En esos pocos momentos en los que no estaba del todo dormido ni despierto por completo, con frecuencia veía imágenes que podían tomar muchas formas y a veces no eran inmóviles. En ocasiones eran escenas completas de otros tiempos y lugares, a menudo con sonido. Era muy parecido a ver una película. A medida que pasaron los años, las imágenes se fueron haciendo más claras y nítidas. Aunque también podía tener este tipo de experiencias en la fase del sueño profundo, las visiones más precisas y las más fáciles de recordar se producían en ese punto en el que la mente inconsciente sale a la superficie y se encuentra con una mente consciente relajada. La información de la mente inconsciente es la más fiable. A medida que aflora, pueden verla con más precisión quienes ya han aprendido a retirar la mente consciente.

En mi caso lo conseguía quedándome medio dormido. En cambio, Edgar Cayce se dormía completamente y su mente inconsciente hablaba a través de él; por eso lo llamaban el Profeta Durmiente. Los mejores canalizadores, videntes y médiums de la historia han sido los que han encontrado la manera de limitar la capacidad de su mente consciente de interferir con el inconsciente. La mente consciente actúa como un filtro, que permite que el ego interprete la información. Cuanta menos mente consciente filtre la información, mejor será la calidad del mensaje.

Un ejemplo es el de Jane Roberts, que canalizó a Seth. Soltaba por completo su mente consciente y dejaba que otro ser se expresara con libertad a través de ella. El mejor médium que he visto nunca es George Anderson, que mantiene su mente consciente ocupada garabateando en un cuaderno. La precisión de la información que llega a través de su inconsciente es asombrosa. No tiene que plantear preguntas como hacen la mayoría de los videntes y médiums. Simplemente ofrece a sus clientes una corriente continua de información que los deja asombrados.

Yo suelo apartar mi mente consciente practicando la meditación o quedándome casi dormido. Sí, a veces tengo visiones mientras estoy bien despierto, y siempre lo estoy cuando veo a Arten y Pursah. Pero la información que viene de ellos no procede solo de mi mente inconsciente, sino también de estas manifestaciones del Espíritu Santo, tal como la Voz del *Curso* es una manifestación del Espíritu Santo.

Con referencia a mis recuerdos de vidas pasadas, me di cuenta de que esas vidas eran sueños en serie, y que el único valor real que tenían era el de aprender a usarlas para perdonar, sobre todo porque esas mismas lecciones de perdón se me estaban presentando en esta vida. La forma puede ser distinta, pero la lección y el significado son los mismos.

A medida que vamos aprendiendo estas lecciones, es conveniente recordar que incluso la reencarnación es una ilusión, porque en realidad nunca reencarnamos en un cuerpo. Nuestra experiencia es lo que Einstein denominó «una ilusión óptica de la conciencia». Sí, nos sentimos como si estuviéramos en un cuerpo, pero esto es un truco del ego, una falsa experiencia. El cuerpo no es real; forma parte de la misma proyección que el resto del universo.

Y en cuanto a cómo recordé estas vidas oníricas, la mayoría de estos recuerdos me llegaron mientras estaba en la cama. Estos recuerdos se produjeron hasta la quinta de esta serie de visitas de que me hicieron mis profesores.

NOTA: Para los que no están familiarizados con las diferencias, un vidente generalmente trata con mentes que parecen estar encarnadas, aunque no siempre, mientras que un médium solo lidia con mentes que han realizado la transición «al otro lado». Los canalizadores permiten que otros seres hablen a través de ellos. Helen Schucman fue probablemente una de las mejores canalizadoras que han existido, por la calidad de la información que ofreció, y era única en el sentido de que no tenía que alterar su conciencia para que Jesús se comunicara a través de ella. Su mente consciente se distraía «viendo» las palabras que Jesús le decía y escribiéndolas en el tipo particular de taquigrafía que ella usaba. El problema fue que, como se dio a conocer que ella «oía» la voz de Jesús, se puso en marcha una oleada de imitadores que pretendían canalizar a Jesús sin llegar a entender la cantidad de cosas que filtraban.

Por esta razón, la calidad y la consistencia de la información de Helen, procedente de Jesús, es mucho mejor que otras. Aunque otros canalizadores a menudo piensan que están diciendo «lo mismo» que *Un curso de milagros*, raras veces comprenden todas las distinciones y tampoco pueden ver dónde se han desviado del mensaje, y han incluido información que forma parte de sus creencias personales. Muchos de ellos crearon sus propias versiones del *Curso*, creyendo que lo mejoraban o continuaban, cuando lo cierto es que habrían hecho bien en dedicarse a aprender el original en lugar de fabricar otro. Sus egos filtraban la información canalizada. ¿Por qué no quedarse con la versión verdadera?

En los años anteriores había tenido recuerdos nítidos de una vida en la que había sido miembro de la familia de un faraón en el antiguo Egipto, así como de otra vida en la que fui Judas Tomás Dídimo, ahora llamado santo Tomás. Y como ya he dicho, también experimenté vidas anteriores en las que había sido: un nativo americano de Cahokia, conocido del extraordinario maestro Gran Sol; uno de los firmantes de la Declaración de la Independencia de Estados Unidos, Roger Sherman, y un hombre de Ohio, William Harrison que murió en El Álamo. Asimismo, vi mi vida futura, en la que seré uno de mis profesores. También tuve numerosos recuerdos y visiones de otras vidas, aunque a menudo no podía identificar los nombres de las personas que había sido ni la gente a la que había conocido.

Un martes, a primera hora de la tarde, volví a ver a mis amigos ascendidos. Por lo general sus visitas no eran previsibles, si bien en ocasiones tenía una sensación visceral de que iban a venir. Algunas veces se pasaban meses sin aparecer, y así me daban tiempo para integrar y practicar sus palabras en mi vida cotidiana. En esta ocasión, Pursah comenzó la conversación:

PURSAH: Hola, Gary. ¿Cómo te trata la vida?

GARY: No está mal. Me lo pasé bien el Lake Charles. ¡Me agradecieron tanto que hubiera ido! No van muchos maestros por allí. Todo el mundo va a Houston o a Nueva Orleans. Eché un vistazo al barrio francés de esta última ciudad. En Nueva Orleans hay un ambiente triste desde el Katrina. Mucha gente se ha ido. Por supuesto, Bourbon Street, la parte de la ciudad que todo el mundo pensaba que sería destruida por Dios, ni siquiera fue tocada por las inundaciones. Los franceses fueron lo suficientemente listos para construir a siete metros por encima del nivel del mar. En cualquier caso, conseguí verlo e ir a un buen restaurante, aunque no tenía mucho tiempo.

Y Montreal fue fantástico. Me encantó ir al viejo Montreal y probar la comida. Mi editor francés, Marc, nos llevó a un gran restaurante de Oriente Medio después del taller. Las bailarinas eran estupendas. Al final, muchos miembros del público nos pusimos de pie y bailamos y cantamos en una lengua que yo no entendía… ¡Pero fue divertido!

PURSAH: A medida que avance la ilusión del tiempo, vamos a entrar más en tus relaciones personales. En conexión con eso, hoy tenemos algo un poco distinto para ti. ¿Qué te parecería hablar con santo Tomás?

GARY: ¿Perdona…?

PURSAH: Tomás Dídimo, Tomás *el Gemelo*, está disponible para aparecer ante ti aquí mismo y hablar contigo ahora. Lo verás exactamente con el aspecto y la edad que tenía en el momento de la crucifixión. Te hablará en inglés, en lugar de hacerlo en arameo, para que puedas entenderlo. Tendrá un aspecto como el de J. Como sabes, a Tomás a menudo lo confundían con J porque se parecían mucho.

GARY: ¡Sí! He tenido recuerdos y he soñado con ellos, y parecían iguales.

ARTEN: Bien, ahora lo vas a ver en cuerpo físico, por así decirlo. Pregúntale lo que desees. Y recuerda: no tienes que sentirte nervioso ni intimidado por nada. Estás hablando contigo mismo. Tú fuiste Tomás y serás Pursah. Ambos te aman y lo único que tienes que hacer es ser tú mismo y amarlos.

GARY: Llevo años tratando de amar a Pursah. Pero, está bien. Traed a ese tipo.

Me di cuenta de que esos ciclos de vida eran sueños en serie.

NOTA: De vez en cuando, mis profesores me dejaban perplejo y maravillado. Pero esto era otra cosa. En ese instante, Arten desapareció y Pursah se metamorfoseó en una persona totalmente distinta. Lo reconocí de inmediato como un hombre presente en mis visiones. Su aspecto se parecía mucho —aunque no era exactamente igual— al del Jesús que recuerdo. Entonces, el nombre de J era Yoshua. Hoy, la mayoría de la gente pone el acento en la primera sílaba del nombre[*], pero debería colocarse en la segunda. Por supuesto, mis profesores simplemente lo llamaban J. Pero el hombre al que miraba ahora no era J, sino Tomás, o Dídimo, *el Gemelo*, al que se podía confundir fácilmente con J. Anonadado y cautivado, me senté cuando empezó a hablar.

TOMÁS: Hola, hermano. Parece como si hubieras visto un fantasma.

---

[*] En el idioma inglés (N. del T.).

GARY: No me lo creo. De acuerdo, sí me lo creo. Ya no me sorprende nada, pero esto es asombroso. Tienes el mismo aspecto que tú mismo y J tenéis en mis sueños y visiones.

TOMÁS: ¿Qué esperabas, un impostor?

GARY: No, no lo decía en ese sentido. Para empezar, dime de dónde has venido. Esto siempre ha sido un poco nebuloso para mí, incluso en el caso de Arten y Pursah.

TOMÁS: Has visto cambiar a Pursah y convertirse en mí. Míralo de esta manera: yo no estoy apareciendo ante ti desde el pasado, como Pursah tampoco aparece ante ti desde el futuro, sino desde fuera del sistema, desde fuera del espacio y el tiempo. Ahora soy una manifestación del Espíritu Santo. Pursah se iluminará en el futuro, como dentro de cien años. Cuando te iluminas y dejas tu cuerpo a un lado por última vez, no eres diferente de Dios o J, o del Espíritu Santo. A nivel del espíritu, todo es lo mismo. Las distinciones solo son significativas en las ilusiones, pero en el cielo no hay ilusiones.

GARY: Entonces, ¿cómo te presentas aquí, si tú no reconoces las ilusiones?

TOMÁS: Esa es una excelente pregunta. Técnicamente, la respuesta es que yo, Tomás, no estoy aquí.

GARY: ¡Venga ya! Te estoy viendo ahora mismo.

TOMÁS: En realidad, ves al Espíritu Santo que se muestra en tu sueño de un modo que puedes aceptar y comprender. El Espíritu Santo reconoce tus ilusiones, pero no cree en ellas, y aparece ante ti del modo que mejor funcione para ti en ese momento. Él es amor, perfecto amor, como Dios. Pero el amor se muestra ante ti como una forma, porque esa es la única manera en la que puedes escucharlo. ¿Recuerdas lo que Arten, Pursah y tú hablasteis en una ocasión con respecto a la realidad del Espíritu Santo?

GARY: Claro. Me recordaron una cita del *Curso*: «Su Voz es la Voz de Dios, y, por lo tanto, ha adquirido forma. Dicha forma no es Su realidad...».[2]

TOMÁS: Sí, y la realidad del Espíritu Santo es espíritu, que es amor, verdadero amor, omniabarcante.

GARY: Entonces, ¿quién eres tú, amor o Tomás?

TOMÁS: Amor. Cualquiera que haya hecho su transición, iluminado o no, puede mostrarse en el sueño como una manifestación del Espíritu Santo. Pero, cuando lo haces, no eres tú: se trata de una imagen de ti. Una vez que tu cuerpo fallece, estás fuera de aquí y nunca vuelves como esa forma particular, a menos que sea para una revisión de esa vida.

GARY: ¿Una revisión?

TOMÁS: Sí. Es posible volver y repetir la misma vida. Si aprendes tus lecciones mejor que antes, puedes ser capaz de cambiar de dimensión temporal y de experimentar un resultado diferente. Como han dicho Arten y Pursah, no cambias el guión, solo ves una dimensión diferente del mismo que no habías visto antes.

GARY: Estoy familiarizado con esa experiencia, aunque, por lo general, no sabes que has cambiado de dimensión temporal cuando ocurre. Solo te sientes diferente, como si alguna circunstancia fuera distinta o alguien que conoces hubiera cambiado. Quizá las cosas parezcan más fáciles.

Quiero hablar contigo de la vida con J hace dos mil años. Pero antes te preguntaré otra cosa. He oído hablar de ciertas divisiones que se producen cuando varios individuos tienen el recuerdo de haber sido la misma persona en una vida anterior.

TOMÁS: Correcto. Tendría que ser así, por definición.

GARY: ¿Por qué?

TOMÁS: ¿Recuerdas la analogía de la mente con las células que se dividen bajo un microscopio?

GARY: Claro. Se divide una y otra vez. Empiezas con dos personas, como los míticos Adán y Eva, y cinco mil años después tienes seis mil millones. La única manera en la que la reencarnación parecería posible sería si un ser que cree estar aquí continuara dividiéndose. Entonces, cada mente aparentemente separada, lo que muchos llamarían un alma, parece manifestarse en el mundo o en el universo como algún tipo de cuerpo. Podría ser un cuerpo humano, pero en realidad no tiene por qué. Un cuerpo es un cuerpo. Cualquier cosa que tenga bordes o límites, incluso un piano, es un cuerpo. La mente aparece como una forma simbólica a través del dispositivo de la separación, y de la proyección de ese pensamiento de separación.

TOMÁS: Muy bien. Pero piensa un minuto. Si la mente se sigue dividiendo, en algún punto del recorrido habrá varias personas escindidas de una misma mente aparentemente individual y separada. Eso significa que tendrán los mismos recuerdos de vidas pasadas que las otras personas que eran esa mente. Por supuesto, hablamos de un modelo lineal y, por tanto, ilusorio. En realidad todo ocurrió de una vez, y parece, y lo sientes, como que ocurre ahora. En el modelo lineal, varios sujetos tendrán recuerdos legítimos de haber sido la misma persona.

GARY: Entonces, si una persona dice que fue san Pablo hace dos mil años y puede recordar esa encarnación, y otra persona afirma lo mismo, ¿es posible que las dos digan la verdad?

TOMÁS: Sí, absolutamente. Y esto también es aplicable a ti. Hay más de una persona actualmente en el planeta que fue santo Tomás hace dos mil años y, a veces, tendrá recuerdos legítimos de esa vida.

GARY: Esto es extraño, ¡hay alguien más, ahí fuera que tiene los mismos recuerdos que yo en su mente inconsciente, porque en una ocasión fuimos la misma mente!

TOMÁS: Es una idea espeluznante. Sin embargo, tienes la misma mente, aunque no lo parezca, porque estás en un sueño de separación.

Bueno, ahora dime: ¿qué quieres saber sobre J?

GARY: Me gustaría saber si mis recuerdos, sueños y visiones son precisos. Por ejemplo, en el estado mental de tener una visión, lo he visto casado con María Magdalena, y ella era preciosa.

NOTA: Hubo unos pocos lectores que creyeron que *La desaparición del universo* copiaba a *El código Da Vinci* al afirmar que J y María estaban casados. En realidad, las primeras ediciones de *La desaparición* y de *El código Da Vinci* fueron publicadas al mismo tiempo, en la primavera de 2003, y no podrían haberse copiado una a la otra.

TOMÁS: María era mucho más que preciosa. Estaba iluminada, lo mismo que J, y los discípulos sentían celos de ella por muchas razones.

GARY: ¿Por qué?

TOMÁS: En primer lugar, él solía besarla en público, y esto nos molestaba a algunos. Ese tipo de comportamiento no era muy habitual en aquel tiempo. En segundo lugar, ella estaba iluminada como J, y nosotros no. Además, era una gran profesora. Yo era escriba y entendía la enseñanza mejor que la mayoría, pero no quería ponerme de pie y hablar a la gente. Tú has tenido las mismas reservas con respecto a hablar en público durante esta vida, pero las superaste gracias al perdón. Te respeto por eso. Pero María no solo era una buena oradora: era un genio espiritual.

GARY: ¿Estás diciendo que yo no lo soy?

TOMÁS: Creo que el término genio no te es aplicable.

GARY: Entones, ¿crees que soy estúpido?

TOMÁS: No, diría que lo haces lo mejor que puedes con tus recursos limitados.

GARY: Y pensaba que Arten era malo.

TOMÁS: ¡Es una broma, hermano! Como ya te he dicho, te respeto.

GARY: ¡Oye! ¿Recuerdas la última cena?

TOMÁS: Claro, la recuerdo.

GARY: Eso fue asombroso.

TOMÁS: Muchos ignoran que durante la Última Cena hubo mucha risa entre los discípulos, J y María. Por lo general, ellos parecían una pareja normal. No eran pretenciosos. Ese famoso cuadro de Leonardo de la última cena, aunque no es perfecto, es una buena representación de ellos juntos esa noche. Y sobre la risa, lee el Salmo de David. Se suele leer en los funerales, aunque no tiene nada que ver con la muerte. Habla de un modo de vivir, de vivir sin temor. Puedes aprender a reírte de la muerte. Tanto a J como a María les encantaba esa parte de las escrituras. Dice: «Aunque camino por el valle de las sombras de la muerte, no temeré ningún mal, porque tú estás conmigo». ¡Por supuesto!

Durante la crucifixión, uno de los soldados romanos atravesó con un clavo la muñeca de Jesús. Él no sintió ni mostró ningún dolor. El soldado estaba indignado. Le gritó y le preguntó: «¿Por qué no sientes dolor?». J lo miró con calma y le dijo: «Si no tienes culpa en tu mente, no puedes sufrir». El soldado se enrabietó por su incapacidad de infligir dolor a J y le clavó una lanza en el costado, lo que no le hizo ningún bien al soldado ni tuvo efecto alguno en J.

En un momento dado, J, clavado en la cruz y con su sangre fluyendo, miró amorosamente a María y ella lo miró a él. Cuando sus ojos se encontraron, una delicada sonrisa se dibujó en sus rostros. Supieron que él había superado la muerte. Él no era un cuerpo en su mente. Lo que él era no podía ser asesinado por el mundo. ¡El mundo ni siquiera podía herirlo! El espíritu que en verdad él era, que no es diferente de Dios, seguiría adelante eternamente. Ella experimentaba lo mismo que J y no había nada que nadie en el mundo pudiera hacer para alterar la verdad que estaba dentro de ellos.

Ese es el mensaje de la crucifixión, o, como J dijo más tarde en el *Curso*: «... *Enseña solamente amor, pues eso es lo que eres.* Si interpretas la crucifixión de cualquier otra forma, la estarás usando como un arma de ataque en vez de como la llamada a la paz para la que se concibió».[3]

GARY: De modo que J superó la muerte. Recuerdo algunas de las cosas que cuentas tal como ocurrieron. Después de la crucifixión se apareció ante nosotros. Pero dices que, en realidad, era el Espíritu Santo quien se apareció como una imagen de J, aunque se veía tan real como cualquier otro cuerpo, como tú, Arten y Pursah os aparecéis ante mí, ¿correcto?

TOMÁS: Lo has entendido. Quiero proponerte que consideres algo más.

GARY: Siempre estoy abierto a sugerencias. No las escucho, pero siempre estoy abierto a ellas.

TOMÁS: Imagínate la situación. Habían crucificado a J. Los romanos nos buscaban. La mayoría de nosotros, sobre todo Pedro, estábamos desmoralizados. Incluso Tadeo y yo lo pasamos mal. Entendíamos el mensaje de J, como también lo entendían María, Felipe, Esteban y algunos otros. Pero, aun así, aquella fue una época durísima para nosotros. ¿Teníamos fe? ¿Había J superado realmente la muerte? Ninguno de nosotros tenía la disposición mental adecuada para salir y declarar ante la gente que lo había conseguido.

> **La mente es mente apareciendo como una forma simbólica.**

Aquí es donde tienes que sumar dos y dos. No habría sido posible que los discípulos hubiéramos salido al mundo a intentar enseñar el significado de lo que J nos decía de no haber sido por un hecho: después de la crucifixión se nos apareció como un cuerpo, tan real, o irreal, como cualquier otro cuerpo. Cualquiera que dude de que J superó la muerte tiene que considerar este punto con cuidado. ¿De qué otro modo podría explicarse la conducta de sus discípulos a menos que realmente resucitara? Nuestro entusiasmo no tendría una explicación lógica. Sí, sus enseñanzas y su ejemplo antes de morir fueron extraordinarios e inspiradores, pero el Espíritu Santo sabía que estábamos preparados para ver una demostración que nos infundiera ánimos. A veces, el Espíritu Santo trabajará contigo de un modo que te ayudará a avanzar en tu camino. Recibimos los ánimos que necesitábamos.

El mundo acabó cambiando el mensaje espiritual de J por un mensaje religioso. Pero, en aquel tiempo, eso no nos importaba. La cristiandad no existía como tal. Entendimos y creímos que J había vuelto a Dios.

GARY: Pero a ti te retrataron como el que dudaba.

TOMÁS: Son tonterías. Querer tocar a alguien que se aparece ante ti procedente de otro mundo no implica falta de fe. ¿No es la curiosidad una razón suficiente para intentar tocarlo? ¿Acaso no quisiste tocar a Pursah?

GARY: Sí, aunque es probable que tuviera más de una razón.

TOMÁS: La Iglesia inventó algunas cosas con respecto a mí; y, ya puesta, borró toda la historia de María, redujo el papel de Esteban a la insignificancia y prácticamente no dijo nada sobre Tadeo. No podía eliminarme de la historia porque yo era muy conocido. Había viajado por numerosos países y, en aquel tiempo, mucha gente era consciente de que yo había muerto en Chennai, India, también llamada Madrás, a manos de un jefe tribal bastante confundido. En el lugar donde me mataron ahora está la catedral de San Thome, como me llaman allí.

GARY: ¿Es cierto que tus huesos están allí?

TOMÁS: Sí, pero eso no soy yo. De modo que no les des mucha importancia. Lo importante son las enseñanzas.

GARY: Bien, hablando de enseñanzas, ¿puedes darme un ejemplo de cómo J enseñaba las mismas cosas hace dos mil años que ahora a través de la Voz de *Un curso de milagros*?

TOMÁS: Claro. Mira la respuesta que dio en el Nuevo Testamento a los rabinos más ancianos que le preguntaron: «¿Cuál es el mayor de los mandamientos?». Yo estaba allí en aquel momento. Su respuesta fue increíble. Ignoró las creencias de los ancianos rabinos y sus escrituras. Ni siquiera reconoció la ley de Moisés. En lugar de eso, ¡les dio dos nuevos mandamientos, pensados para reemplazar a los antiguos!

GARY: Los tenía grandes.

TOMÁS: Tenía la verdad. Dijo: «De estos dos mandamientos, cuelgan toda la ley y los profetas. Amarás al Señor tu Dios con todo tu corazón, con toda tu alma y con toda tu mente». Y añadió: «Y al prójimo como a ti mismo».

GARY: Esto me recuerda algo. Thomas Jefferson publicó su propia edición de la Biblia, ahora llamada la biblia de Jefferson, de la que Arten y Pursah me hablaron hace mucho tiempo. Entonces no era fácil de conseguir, pero ahora sí. En su edición, Jefferson también ignoró por completo el Antiguo Testamento, incluso la Ley de Moisés. Las partes que rescató tienen que ver con cómo mirar el mundo y la vida. ¡Es exactamente lo mismo que hizo J en su respuesta a los rabinos!

TOMÁS: Muy interesante, ¿no te parece? A J le importaba la vida, la verdadera vida, que es el amor de Dios. Esa vida está viva, por eso también dijo a los maestros : «Dios no es el Dios de los muertos, sino el de los vivos».

No hay verdadera vida excepto en Dios, Gary. Esa vida, que experimentarás para siempre en el cielo cuando alcances la iluminación, es la vida eterna, que no tiene opuesto. A veces puedes experimentar la verdadera vida incluso mientras aparentas estar aquí, en un cuerpo. Pero, al final, volverás a la vida sobre una base permanente por medio del verdadero perdón, que te permite deshacer el ego y regresar a tu hogar en Dios. Cualquier espiritualidad que no te enseñe a hacerlo, te llevará mucho tiempo. Si deshaces el ego, sabrás que el aparente opuesto de la vida es la muerte, pero que esta solo es una creencia que se despliega en las ilusiones.

El Evangelio de Tomás no es sino una muestra de algunas de las cosas dichas por J que anoté. Ya sabes que la versión que se descubrió en Nag Hammadi no era la original. Se le fueron añadiendo cosas a lo largo de trescientos años. Por eso Pursah dio la versión correcta del Evangelio en tu segundo libro. En ella elimina cuarenta y cuatro dichos corruptos, además de corregir algunas otras citas, e incluso une un par de ellas. La versión de Pursah tiene mucho más sentido que la de Nag Hammadi porque es consistente, no como esta segunda, que se contradice abiertamente en algunas ocasiones. En la versión consistente puedes comprobar que las enseñanzas no han cambiado. Oyes la Voz de *Un curso de milagros* tal como se enseñó en nuestra cultura hace dos mil años.

La mayor parte de lo que anoté sobre las enseñanzas de J fue destruido por la Iglesia. Pero en los otros Evangelios figuran muchas de las cosas que J dijo. Cuando aprendes el *Curso*, puedes distinguir por ti mismo cuáles son suyas y cuáles no. Cuanto más tengas al Espíritu en mente, mejor distinguirás lo que viene del Espíritu de lo que proviene del ego.

Quiero contarte las dos mayores lecciones de perdón que aprendí en aquella vida. La mayoría de las vidas tienen un par de experiencias duras. Incluso cuando aprendes que no hay grados de dificultad en los milagros, siguen siendo duras. Las personas no deberían pretender que son inmunes a sus sentimientos. Experimenta tus sentimientos y practica el perdón. Con el tiempo, el sentimiento será de paz.

Una de las lecciones más duras se produjo cuando me enamoré de una mujer preciosa e inteligente llamada Isaah. Éramos perfectos el uno para el otro a nivel de la forma, excepto por una cosa: ella era árabe. Una relación entre un judío y una árabe en aquel tiempo y lugar, en aquella cultura, era tabú. Me casé con ella de todos modos.

Estar con ella era una alegría. Era una excelente danzarina del vientre y solía seducirme con ello. En parte, aún te gusta ese tipo de danza porque la recuerdas de aquella vida. Tenía sentido del humor, que es un excelente indicador del avance espiritual. Ella ya no tenía parientes cercanos vivos, de modo que nuestro matrimonio no era muy problemático por su parte. Pero, de mi lado, era un inconveniente significativo. Yo había sido bien recibido en Nazaret, la ciudad de J, junto con Tadeo. Tadeo era mi mejor amigo. Los dos empezamos a seguir a J a la vez. Cuando Isaah se presentó en mi vida, ella también accedió a las enseñanzas. Se hizo amiga de María, a la que yo ya conocía, y los cinco nos juntábamos de vez en cuando para divertirnos.

Gracias a que pasamos mucho tiempo con J y María, pudimos escucharlos explicar las cosas más detenidamente. Empezamos a entender lo que ellos enseñaban a un nivel más profundo que la mayoría. Tadeo, Isaah y yo nos sentíamos muy afortunados de tenernos mutuamente. Eran algo más que relaciones especiales. Cada uno entendía quiénes eran los otros. J y María tenían su relación especial. Eran normales y amaban sus respectivos cuerpos. Salían y se lo pasaban bien. Pero, al fin y al cabo, sabían quién era realmente el otro.

GARY: ¿Quieres decir que, en algún momento, pasaban por alto el cuerpo y pensaban cada uno en el otro no como parte de ello, sino como la totalidad de ello: inocentes por completo y exactamente lo mismo que Dios?

TOMÁS: Exactamente. Y *así* fue como entraron en contacto con su divinidad, al verla cada uno en el otro y en cada una de las personas con las que se encontraban. Tadeo, Isaah y yo hicimos grandes progresos hacia el objetivo en esa vida. Pero no llegamos al final.

Como la comunidad nos había condenado al ostracismo por ser una pareja entre un judío y una árabe, a Isaah y a mí no nos invitaban a ninguna boda. Esto era algo importante en la época. Las bodas eran eventos sociales muy significativos. La gente viajaba cientos de kilómetros para reunirse con familiares que no habían visto en años y, en algunos casos, conocer a nuevos miembros de su familia. Mis parientes no podían tolerar que Isaah asistiera a sus bodas, y dejaron de invitarme. De hecho, fui borrado de la comunidad y la mayor parte de mi familia me olvidó. Me dolió. Acabé perdonándolo después de la crucifixión. Pude ver como J seguía viviendo las enseñanzas a pesar de lo que le pasaba. Casi lo pude oír reírse de mi situación y decir: «¿Y te sientes mal por *eso*?».

Una de las cosas que me hacía la vida más fácil cuando J estaba vivo era que nosotros cinco —las dos parejas y Tadeo— éramos íntimos y nos apoyábamos mucho unos a otros. Felipe y Esteban también eran amigos cercanos. Gracias a estas amistades, Isaah y yo teníamos con quien hablar.

GARY: ¿Llegó Tadeo a casarse alguna vez?

TOMÁS: Dejaré que seas tú quien se lo pregunte. Pronto estará aquí.

GARY: ¡Oh, Dios!

TOMÁS: Te unirás a Dios cuando estés preparado, aunque, en realidad, ya estás allí. De hecho, nunca te fuiste. Otra lección de perdón para mí fue cuando Pedro y el hermano de J, Jaime, no lo entendieron. Siempre pensé que llegarían a entenderlo, pero no. Y nunca conocí a Saulo, o san Pablo. Él vino después, cuando Jaime y Pedro habían empezado pequeñas iglesias por la zona, incluso un par en otros países. Al principio, Pedro y Jaime no se fiaban de Pablo, sobre todo porque no había conocido a J. Pero, cuando leyeron algunas de las hermosas e inspiradoras cartas que había escrito a las iglesias, cambiaron de opinión. Él agradaba a las masas y a las iglesias les encantaba el tema del sufrimiento y el sacrificio. Además, a Jaime y a Pedro les gustaba la teología de Pablo que, al final, constituyó la base del cristianismo, no las enseñanzas de J.

Pablo era tan buen orador que se convirtió en su líder, la persona que los primeros cristianos, y los posteriores, tuvieron como referencia. Esto fue trescientos años antes de que se estableciera la religión oficial. Constantino, su esposa y su consejo fueron quienes decidieron qué entraba en el canon y qué se quedaba fuera. Lo que quedó fuera fue destruido, por eso la mayoría de la gente ignora que fui muy prolífico.

A J le importaba la vida, la verdadera vida, que es el amor de Dios.

Pero no lo olvides: la historia solo es un cuento. No te preocupes por tu aspecto. Si te importa, lo haces real. ¿Por qué el aspecto es siempre lo importante? ¿Qué pasaría si el aspecto no se valorara? Vive tu propia experiencia, no la de otros.

Y perdona a cualquiera que parezca que te trata de un modo injusto. Yo lo tuve que aprender por los desprecios de mis parientes a causa de Isaah. Como una continuación de mí, tú tienes que acabar de aprenderlo de esas personas que han tratado de arruinarte. A nivel de la forma, tienes razón. Te han jodido. Lo que el reverendo Larry dijo era verdad.

NOTA: Cuando cierto autor del *Curso* (el instigador de los intentos de arruinarme) amenazó con boicotear en 2007 la conferencia de *Un curso de milagros* en San Francisco si me permitían hablar, uno de los patrocinadores, el reverendo Larry Bedini, me dijo: «Gary, lo que tratan de hacerte está mal».

TOMÁS: Entonces es cuando tienes que ser como J. Recuerda lo que dice en su enseñanza más reciente, que es lo mismo en cuanto al significado, si bien no siempre en cuanto a la forma, que lo que enseñó hace dos mil años. En su *Curso* dice:

«Cuídate de la tentación de percibirte a ti mismo como que se te está tratando injustamente. Desde este punto de vista, tratas de encontrar inocencia únicamente en ti y no en ellos, a expensas de la culpabilidad de otro. ¿Puedes acaso comprar la inocencia descargando la culpabilidad sobre otro?».[4]

En realidad, ellos son espíritu inocente, más allá del velo. Pero, si percibes que has sido tratado de un modo injusto, lo haces todo real, y se hace real en tu mente todo el sistema de pensamiento egotista de la culpa. El único modo de encontrar tu inocencia es entender que no es real y perdonar a los demás por lo que en realidad no han hecho. Como nunca ocurrió, son inocentes. Si piensas así, consigues la inocencia para ti. Nunca lo olvides. Es el único camino de salida.

Yo lo aprendí de mis familiares y de otros. Tú puedes aprender de los que proyectan su culpa inconsciente sobre ti. Sí, yo tuve otras lecciones que aprender y tú también, pero hice un progreso sustancial y tú también lo estás haciendo. ¡Solo te queda una vida más!

GARY: ¿Sería posible para mí perdonar tanto en esta vida que no tuviera que regresar y revisar esa última vida como Pursah?

TOMÁS: Esa es una buena pregunta y demuestra que quieres ir a casa. Técnicamente, podrías hacerlo. Dispones de libre albedrío para escoger el verdadero perdón del Espíritu Santo en lugar de la proyección de la culpa que el ego anhela en cualquier momento que lo desees. Pero el guión del Espíritu Santo de deshacer el ego pide que estés aquí una vez más. Recuerda: tú no vas a ser el único que parezca estar aquí. Serás una influencia positiva para algunas otras personas, y eso, a su vez, las ayudará a practicar el perdón y a acelerar su viaje a casa. Todo está conectado.

GARY: Bien, al menos conseguiré ser una chica guapa. Debe ser interesante.

TOMÁS: Cualquier cosa que parezcas ser, no la hagas real. Negarte a hacerla real te mantendrá en el buen camino. No hagas concesiones con respecto al *Curso*. Has hecho un buen trabajo; sigue así.

La cristiandad puso palabras en boca de J. En el Nuevo Testamento, una de las últimas cosas que se le hace decir a J es: «Padre, ¿por qué me has abandonado?». J nunca habría dicho eso. Si te remontas al Antiguo Testamento, al Libro de los Salmos, justo al comienzo del salmo 22 se lee: «Dios mío, Dios mío, ¿por qué me has abandonado?». Este es un buen ejemplo de cómo el autor de las escrituras intentó, por un lado, que J pareciera ser el único hijo de Dios y, por el otro, tomar las antiguas enseñanzas y superponerlas a las de J, para construir un puente entre el judaísmo y la religión emergente. No lo compres.

Después de la crucifixión, Tadeo, Isaah y yo viajamos mucho juntos. Egipto, Siria, Grecia, Persia y finalmente India. Cuando recorríamos India, nos topamos con un señor de la guerra que decidió ejecutarme. No quería que la gente de nuestra parte del mundo, que para él era Occidente, fuera allí y extendiera sus ideas locas.

Ahora bien, cuando te cortan la cabeza, si el verdugo conoce bien su trabajo, tiene una hoja bien afilada y te golpea en el cuello de la manera apropiada, cuando la cabeza se separa, vives un minuto o dos. ¡Puedes ver y pensar! ¿Qué crees que pensaba yo en aquel momento?

GARY: No sé. ¿Cómo voy a salir de esta?

TOMÁS: No, pensaba en J. Él me había prometido, un par de años antes de la crucifixión, que estaría allí conmigo cuando llegara el tiempo de mi transición. Mantuvo su palabra. Caminó hasta mí y entonces abandoné mi cuerpo. El me guió al lugar donde tenía que ir a continuación, al estado entre vidas y a lo largo de mi alegre camino.

J estaría ahí por cualquiera. Lo único que tienes que hacer es pedirlo. Recuerda: J y el Espíritu Santo son uno y lo mismo, y el *Curso* dice: «...el Espíritu Santo responderá de lleno a tu más leve invitación».[5]

No obstante, ser ejecutado fue mi mayor lección de perdón. En los últimos minutos antes de que ocurriera, supe que Isaah, que estaba presente, no estaba preparada para ello. Se sentía consternada pero quería verlo, y Tadeo, mi mejor amigo, le giró la cabeza en el momento justo para que ella no contemplara el momento fatídico.

GARY: Ese fue un buen movimiento. Recuerdo haber oído, de boca de alguien que la presenció, la historia de la muerte del primer marido de mi madre en un terrible accidente. Estaba en un edificio en construcción de su propiedad y había una bola de demolición que no funcionaba del todo bien. Su camioneta estaba aparcada en el camino de la bola. A él le encantaba su camioneta, y corrió hacia ella para apartarla, a fin de que no recibiera ningún daño. Justo entonces, la bola de demolición se soltó. Arrancó la parte superior de la camioneta, y su cabeza junto con ella.

Posteriormente, en su funeral, sus padres, que se impusieron a la voluntad de mi madre, insistieron en mantener el ataúd abierto. Cuando mi madre fue a darle el último beso de despedida, su cabeza se desprendió. No hace falta añadir que quedó traumatizada.

TOMÁS: Por supuesto. Esa es una especialidad del ego, siempre dispuesto a todo para que el cuerpo parezca real y tú, tu madre o cualquier otra persona reaccione ante lo que le ocurre.

Hice un buen trabajo de perdonar mi muerte cuando ocurrió, considerando que fue un *shock*. Pensé que la ejecución era mi karma. En India tienen una buena manera de contemplar el karma: si te ocurre a ti, es tu karma.

Además de eso, me di cuenta después de que yo había ejecutado a ese señor de la guerra en otra vida onírica. Las personas cambian de papel. Por esta razón, lo mejor es perdonar a los que cometen alguna transgresión contra ti. Así se rompe el círculo vicioso del ego y te liberas de él.

No llegué a perdonar por completo los desprecios de todos mis parientes a Isaah y a mí, en parte porque solo tenía treinta y seis años cuando me mataron. Por eso, tú, como una continuación de mí, aún tienes trabajo que hacer en esa área. La forma ha cambiado para ti. Ahora no es tu familia la que trata de herirte, sino algunos autores del *Curso*, lo que lo hace aún más ridículo, pero el significado es el mismo. Persevera, hermano, y acaba con ello.

Si percibes que has sido tratado de un modo injusto, lo haces todo real.

Ahora me voy a ir, pero quería darte un pequeño refuerzo con respecto a todo el tema del perdón. No es posible enfatizarlo demasiadas veces ni con demasiada frecuencia. La mayoría de la gente no lo conseguirá en esta vida. Pero tú no tienes que ser como la mayoría. Te deseo que estés bien, amigo mío. Me reuniré contigo en el cielo. Entonces sabrás que nunca estuvimos separados.

NOTA: Tomás desapareció al momento, tal como Arten y Pursah hacían sus apariciones y desapariciones. En el mismo segundo, mis dos profesores estaban allí mismo, delante de mí una vez más.

GARY: ¡Vaya! Estáis estableciendo una especie de récord en cuanto a enredarme la cabeza. Quiero decir: la mente.

ARTEN: Bien, has podido saborear cómo es estar con una de tus pasadas encarnaciones oníricas. ¿Por qué no darte la oportunidad de hablar con la persona que yo fui en aquel tiempo?

GARY: Tomás me lo anticipó, pero no sabía que iba a ser hoy. ¡Dadme un descanso!

NOTA: Arten se metamorfoseó inmediatamente en otra persona. Al mismo tiempo Pursah desapareció, y yo reconocí enseguida al hombre que estaba allí, en lugar de Arten, como otro de los sujetos que había visto en mis visiones. Tenía un poco de sobrepeso, barba y largo pelo negro. Llevaba puesta una túnica, tenía el aspecto que recuerdo de las gentes de aquel tiempo y lugar. Tomás estaba vestido del mismo modo, pero apenas lo había notado, porque me había quedado hipnotizado por su rostro. Este nuevo visitante sonreía y parecía ligero y despreocupado, menos serio que Tomás.

TADEO: ¿Te acuerdas de mí, amigo mío?

GARY: Claro. Hace tiempo que no nos vemos. Entiendo que estás aquí para ayudarme en mi camino, como Tomás.

TADEO: Así tengo algo que hacer en mi día libre. Tomás te ha descrito un par de sus pruebas más importantes, o lecciones, en tiempos de J. Yo haré lo mismo para que puedas tener una perspectiva de las cosas. Tal como te enseña la nueva escritura: «Las pruebas por las que pasas no son más que lecciones que aún no has aprendido que vuelven a presentarse de nuevo a fin de que donde antes hiciste una elección errónea, puedas ahora hacer una mejor y escaparte así del dolor que te ocasionó lo que elegiste previamente».[6] Esto es aplicable no solo a tu vida actual, sino también de una vida a otra.

GARY: Bien. Me gusta enterarme de lo que no he aprendido.

TADEO: Yo acabé aprendiendo, y tú también aprenderás tus lecciones. Ya has aprendido la mayor parte. Como muchos estudiantes espirituales avanzados, hay una o dos de las grandes en las que aún tienes que mejorar tus elecciones.

GARY: ¿Cuáles fueron tus grandes lecciones cuando eras discípulo y después de la crucifixión?

TADEO: En primer lugar, le has preguntado a Tomás si estaba casado. En realidad, yo era gay, y no me sentía culpable por ello. Era todo lo gay que se puede ser y me sentía orgulloso. Solo había un par de problemas. El primero, que era un rabino; de hecho, era un cantor. Y cantaba en el templo. Era bueno. Le gustaba a la gente y las mujeres hacían cola para casarse conmigo. Pero a mí el matrimonio no me interesaba.

De modo que, allí estaba, el rabino cantor —como ese personaje que era popular cuando tú eras niño, la monja cantarina—, y la gente esperaba que fuera un buen rabino, que me casara y me multiplicara. Era lo que hacían los rabinos, incluso J, excepto por lo de multiplicarse. Y ese no era el único problema. Como rabino, enseñaba las escrituras, las leyes de Dios. Y ¿cuál era una de las leyes? ¿Te acuerdas de esa pequeña gema del Levítico?

GARY: ¿Que se debía matar a todos los magos, adúlteros, médiums y homosexuales?

TADEO: Hermoso, ¿eh? Y, aunque yo no tenía problemas con mi inclinación sexual, no deseaba estar muerto. Era una fobia mía. Esta fue una gran lección para mí. No fue fácil de perdonar que no bastara con que fuera bueno en lo que hacía, y saber que, si era descubierto, mi vida no solo se desquiciaría, sino que se terminaría.

GARY: Debió ser muy duro. Tomás me ha dicho que vosotros cinco erais amigos y os apoyabais mutuamente. Supongo que esa amistad te ayudó a superar los momentos difíciles.

TADEO: Absolutamente. Y una de las cosas que J me enseñó fue que, aunque mis amigos no estuvieran presentes, nunca estaba solo. El Espíritu Santo siempre estaba conmigo. La mayoría de las personas piensan que están solas si no hay nadie más en la habitación. Pero J me enseñó otra cosa.

Y me enseñó a perdonar la causa, no el efecto. Esta es otra cosa que no se enfatiza con la frecuencia suficiente. No puedes perdonar a las personas por lo que han hecho. Eso es lo que el *Curso* llama «perdón para destruir».[7] Perdonar de esa manera es una pérdida de tiempo. Sin embargo, aunque el noventa y nueve por ciento de los maestros del *Curso* le dicen a la gente que perdone, no le enseñan el tipo de perdón que de verdad funciona. El que enseñan no deshace el ego. Hace que lo que se perdona sea real. No tienen las agallas para decir que el mundo no es real. Pero, como el *Curso* trata de enseñarles, debido al modo en que funciona la mente, cuando haces real lo que perdonas no te liberas a ti mismo. ¡Le dices a tu propia mente inconsciente que eres culpable! Cualquiera que haga el *Curso* y no entienda esto y lo viva, está perdiendo mucho tiempo, y lo mismo hacen quienes enseñan así.

La otra gran lección que tuve que superar y perdonar fue ver como ejecutaban a mi mejor amigo, lo cual, como sabes, es asesinar legalmente. El señor de la guerra que lo ordenó me dijo que me volviera a mi casa, a mi tierra, y que contara a la gente lo que les ocurría a quienes iban a su país para enseñar nuestras perversas creencias. Me habría sentido mejor si me hubiera ejecutado. Pero Isaah estaba allí, e hice lo que pude por reconfortarla. Dos noches después de ser ejecutado, Tomás vino a Isaah en su sueño y le habló. Ella me dijo que había sido tan real como cualquier otra cosa que antes hubiera experimentado. Pudo sentirlo y tocarlo. Tomás le dijo que estaba bien y que ella también lo estaría. Isaah no volvió a ser la misma. Para ella, nada que yo hubiera podido hacer o decir habría sido tan reconfortante.

GARY: Chico, ¡menuda aventura que vivisteis! Es una gran historia, aunque sus aspectos metafísicos sean un poco extraños para algunos.

TADEO: La verdad es más extraña que la ficción.

GARY: Sí, ya lo he notado.

TADEO: De modo que, antes de la crucifixión, viajábamos con J. Isaah solía acompañarnos. María estaba con nosotros la mayor parte del tiempo, aunque a veces enseñaba por su cuenta. Ella tenía sus seguidores, sobre todo mujeres. A su manera, era tan buena como J. Después de la transición de J, se quedó en Nazaret durante un par de años. Luego se fue al sur de Francia, donde vivió su vida. No tuvo un hijo, como algunos creen. Enseñó a la gente y se convirtió en un ejemplo vivo de la iluminación, o como el *Curso* la llama, de la salvación.

J y María usaban metáforas para enseñar, y J hace lo mismo en el *Curso*. Algunos enseñan que tanto lo que J enseñó hace dos mil años como todo lo que dice en el *Curso* debe tomarse de forma literal. Eso es totalmente absurdo. De lo que dice J, la verdad no dual debe tomarse literalmente, pero lo demás son metáforas. Si lo entiendes así —ahora o hace dos mil años—, J tiene sentido. Su *Curso* tiene sentido hasta el final, y también las palabras que pronunció hace dos mil años y que han sobrevivido. Si no entiendes esto, el *Curso* parece contradecirse. Hay personas que han renunciado a él porque creían que contenía contradicciones, cuando no es así. Esta es una de las múltiples razones por las que es importante que los maestros sepan de qué están hablando.

GARY: Supongo que en aquellos días los que venían a escuchar a J cuidaban de vosotros. ¿Os daban abrigo y comida a lo largo del camino?

TADEO: Casi siempre. La reputación de J lo precedía. Pero a veces pasamos hambre.

GARY: ¿Aceptaba J dinero?

TADEO: Sí. Trabajaba por las propinas.

GARY: En serio.

TADEO: No te tomes nada de esto en serio. Tienes un sentido del humor que merece la pena conservar. A propósito, no te he hablado de la ansiedad que sentía. Oirás sobre eso más adelante…

Voy a dar un pequeño paseo no espacial, pero antes he querido aparecerme a ti y darte ánimos. Sigue con el buen trabajo que estás haciendo. Nos vemos.

NOTA: Tadeo desapareció sin ceremonias y mis dos viejos amigos volvieron: Arten, sentado justo donde había estado Tadeo, y Pursah a su lado.

ARTEN: De modo que ese es quien yo era hace dos mil años.

GARY: ¡Vaya viaje! Me hacéis viajar mucho últimamente.

PURSAH: Sí, y como has recibido las visitas de tu amigo Tadeo y la tuya propia como Tomás, vamos a contarte un pequeño secreto relacionado con aquel tiempo y lugar.

GARY: Si me lo contáis, no será secreto por mucho tiempo.

PURSAH: Eso está bien. ¿Te acuerdas de la última visita de la primera serie? Te dijimos que Arten y Pursah no eran nuestros verdaderos nombres, que usábamos nombres ficticios para impedir que la gente tratara de localizarnos en el futuro.

GARY: Claro que lo recuerdo.

PURSAH: Bien, hace dos mil años, Arten y Pursah eran los nombres de dos amigos nuestros que solo veíamos muy ocasionalmente, cuando viajábamos a Persia. Vivían en un oasis en el que nos deteníamos de camino. También eran amigos de J. Ellos lo conocieron en los primeros días, incluso antes que yo.

GARY: Bien, vuestros nombres no han sido escogidos al azar. Fueron personas reales, o al menos tan reales como cualquier otra, y fueron vuestros amigos. Les dedicáis un tributo al usar sus nombres.

PURSAH: Sí, eran buenas personas. Por supuesto, en aquellos tiempos también teníamos la dualidad. Los bandidos podían robarte y asesinarte, pero también podía acogerte un extraño y convertirse en tu amigo. Así es el mundo dualista.

GARY: Me estoy cansando de la dualidad. Es una pesadez.

ARTEN: ¿Por eso bebes?

GARY: Eso creo. No siento que este sea mi lugar.

ARTEN: No lo sientes, pero también sabes que hay mejores maneras de escapar de aquí: simplemente algo en lo que pensar. No vamos a sermonearte ni a juzgarte. Pero, en la ilusión del tiempo, no te estás haciendo más joven. Esta es una de las razones por las que te hemos hablado de la salud.

GARY: Entiendo. Benjamin Franklin dijo que «la salud es la primera riqueza». Después de haber visto por lo que pasaron mis padres, lo creo. Voy a empezar a cuidarme más. Lo prometo.

ARTEN: Muy bien. Es una decisión tuya, no nuestra. Y tus acciones se derivarán de tus decisiones.

PURSAH: Otra cosa que te ayudaría sería dejar de preocuparte por lo que piense la gente. No olvides lo que dijo J: «Perdónalos, Padre, porque no saben lo que hacen», y la razón por la que no sabían lo que hacían era que proyectaban su culpa inconsciente sobre él. Pero no lo sabían, creían tener razón. Por supuesto, en realidad eran dementes.

GARY: En realidad no estaban allí.

PURSAH: Ves, ya lo estás entendiendo. Tú hiciste sus imágenes, pero ellos no están allí. Como enseña el *Curso*, ellos forman parte del mundo que tú fabricaste como realidad sustitutiva:

Tú que crees que Dios es miedo tan solo llevaste a cabo una substitución. Esta ha adoptado muchas formas porque fue la substitución de la verdad por la ilusión; la de la plenitud por la fragmentación. Dicha substitución a su vez ha sido tan desmenuzada y subdividida, y dividida de nuevo una y otra vez, que ahora resulta casi imposible percibir que una vez fue una sola y que todavía sigue siendo lo que siempre fue. Ese único error, que llevó a la verdad a la ilusión, a lo infinito a lo temporal, y a la vida a la muerte, fue el único que jamás cometiste. Todo tu mundo se basa en él. Todo lo que ves lo refleja, y todas las relaciones especiales que jamás entablaste proceden de él.[8]

Ahora conoces el camino de salida, Gary. Usa la mente para elegir entre el cuerpo y el espíritu. Aquel que te acostumbres a escoger es el que se volverá real para ti. Como dice J, la mente es «el principio activo del espíritu».[9]

ARTEN: Tú no estás aquí, colega. Y a partir de ahora lo vas a experimentar todavía más. Te lo mereces. Tu perdón te ha servido bien, y continuará haciéndolo. Te veremos la próxima vez. Hasta entonces, recuerda estas palabras del *Curso* y no olvides que tu salvación es segura: «*El perdón es la llave de la felicidad. Despertaré del sueño de que soy mortal, falible y lleno de pecado, y sabré que soy el perfecto Hijo de Dios*».[10]

> **Cuando haces real lo que perdonas, no te liberas a ti mismo.**

6. LAS LECCIONES DE GARY

De la misma manera en que solo te condenas a ti mismo, de igual modo, solo te perdonas a ti mismo.[1]

En junio de 2007, tanto Karen como yo habíamos tomado decisiones. Sabíamos que era el momento de seguir caminos distintos. Cada uno de nosotros contrató a un abogado, y empezó el proceso de divorcio. Fue una época dura para ambos. Habíamos estado juntos veintiséis años, veinticinco de ellos casados. Lo habíamos intentado.

Veinte años antes, en agosto de 1987, yo había tomado otra decisión. Se celebró la Convergencia Armónica, un momento en el que los planetas de nuestro sistema solar se alinearon; millones de personas de todo el mundo acudimos a nuestros círculos de verdad y declaramos cuáles eran nuestras creencias e intenciones. Después de eso, muchas vidas empezaron a cambiar de dirección. Todo estaba conectado, como debe ser. En cuanto a mí, después de ocho años de tocar con mi banda, Hush, sobre todo en la zona de Boston y a veces por Nueva Inglaterra, decidí que quería un cambio de vida.

Aunque las poblaciones de Beverly, en Massachusetts, y Poland Spring, en Maine, están a solo dos horas y media de distancia en coche, son dos mundos diferentes. La zona de Beverly-

Salem es un barrio de Boston densamente poblado. Si lo deseas, allí resulta fácil vivir aceleradamente. Puedes llegar al centro de Boston en cuarenta minutos. Debo haber ido a Fenway Park cientos de veces; también acostumbraba a ir de fiesta por los clubes nocturnos de Kenmore Square si el partido acababa con la antelación suficiente, y, para favorecer mi vida espiritual, frecuenté el centro EST* de Newbury Street durante años.

Poland Spring es una pequeña ciudad situada a unos cuarenta y cinco minutos al norte de Portland y a cuarenta y cinco minutos al sur de Augusta, la capital del estado. Se extiende en un área de varios kilómetros y es un lugar muy tranquilo y sosegado. En las calles no hay aceras ni iluminación. En invierno, la temperatura suele ser unos seis grados más baja que en Boston y unos doce más baja que en la ciudad de Nueva York. Si llueve en Boston, es probable que nieve en Maine, al menos de Portland para arriba. Allí se vivía la vida del campo, y yo era un chico de ciudad. El *shock* cultural para mí fue impactante. Se han hecho buenas comedias sobre esta misma situación. Pero, transcurrido algún tiempo, dejó de parecerme divertido.

EST es un programa transformador creado por Werner Erhard en 1974. Yo hice la formación EST, como se la llamaba, en el hotel Ramada, cerca del aeropuerto internacional de Logan, en diciembre de 1978. Después de sufrir una depresión que me debilitó durante siete años, y otra más suave durante los siete años anteriores, el programa EST era exactamente lo que necesitaba. Me ofreció mi primer sistema de pensamiento. Esto, a su vez, me proporcionó una manera nueva y consistente de pensar e interpretar todo lo que veía, lo que me permitió superar la depresión en el plazo de dos años. EST no era *Un curso de milagros*, pero fue una buena educación mental impartida en un periodo de tiempo asombrosamente corto. Y además, un excelente campo de entrenamiento para el *Curso*. A lo largo

---

* EST: Erhand Seminar Training (N. del E.).

de un periodo de casi catorce años, alrededor de un millón de personas hicieron «la formación», como la llamaban sus *fans*. Aventuro que al menos cien mil pasaron más adelante a estudiar *Un curso de milagros*.

Durante la Convergencia Armónica de 1987, una mujer llamada Doris Lora también tomó una decisión. Se trasladó junto con su hija Cindy desde Ohio al soleado sur de California. Su otra hija, Jackie, ya estaba en la universidad y más adelante se reunió con ellas en California. Bajo la influencia de la actriz Shirley MacLaine, y como yo mismo en aquella época, Doris, una mujer brillante con dos doctorados —uno en música y otro en psicología— se sintió impulsada a emprender una nueva vida entre los librepensadores del sur de California.

Doris y su hija recorrieron en coche la mitad del país. Cuando atravesaban Texas, Doris se sintió agotada y casi sin fuerzas. No sabía si podría llegar mucho más lejos. Entonces gritó: «Por favor, dime si estoy haciendo lo correcto». Y recibió respuesta.

De repente, una fuerza empezó a impulsar su coche hacia delante. Fue como si Doris ni siquiera tuviera que conducir durante un rato. El coche recibía ayuda, igual que sus dos pasajeras. El Espíritu Santo fortalecía la mente para llevar a Doris y a su hija adonde tenían que dirigirse. Mucho más tarde me fascinó descubrir que varias personas tomaban decisiones simultáneamente, a grandes distancias unas de otras, y que un día acabarían juntandose. Mientras Doris y Cindy se trasladaban, yo estaba en el proceso de cambiar de rumbo y orientarme hacia Maine, lo que a su vez iba a llevarme al lugar donde estaban estas dos personas. El *Curso* dice: «En la salvación no hay coincidencias. Los que tienen que conocerse se conocerán, ya que juntos tienen el potencial para desarrollar una relación santa. Están listos el uno para el otro».[2]

Es como si grupos de nosotros estuviéramos en las órbitas unos de otros y, aunque parece que nos movemos separadamente, estamos destinados a volver a encontrarnos, en otro lugar y tiempo, para desplegar nuestras relaciones y tener otra oportunidad de disfrutar de lo bueno de ellas, perdonar sus detalles negativos y vernos unos a otros como realmente somos.

Después de la decisión que tomé en 1987, tardé dos años en abandonar mi banda, porque había estampado mi firma en muchos contratos y tenía las actuaciones acordadas con año y medio de antelación. Me trasladé a Maine el 1 de enero de 1990 para vivir allí los siguientes diecisiete años y medio.

Durante ese tiempo, ni siquiera se me ocurrió la idea de vivir en California. Seguía soñando con vivir en Hawái. Hasta 2004, un año después de la publicación de *La desaparición del universo*, solo había hecho una excursión muy breve a California. Entonces, hice mi primer verdadero viaje allí. Recuerdo que mi anfitrión, Tom, me paseó por la Avenida Ocean de Santa Mónica. Me gustó lo que vi. A medida que oteaba los alrededores, pensaba: «¡Esto es genial!». Después de esa visita, Pursah, en mi segundo libro, me preguntó: «¿Te ha gustado California?». Cuando le dije que me había gustado mucho, ella dijo: «Bien. Irás allí muchas veces. Disfruta». Ella sabía algo que yo ignoraba.

Durante ese viaje me alojé en el hotel Hyatt de Sunset Strip, que luego fue sustituido por otro hotel. Salí a dar mi primer paseo por Hollywood sin tener ni idea de dónde estaba ni adónde iba. Solo sabía que me encontraba en el famoso Sunset Strip, y me sentía anonadado por el simple hecho de estar allí. He sido un gran aficionado al cine toda mi vida. Ahora estaba en el lugar donde todo ocurría.

Después de caminar calle abajo durante un rato, entré en un centro comercial y vi una tienda de Virgin Records. No sé por qué decidí entrar, pero lo hice, aunque pensaba que una conocida tienda de discos no era representativa de la historia de Hollywood. Mientras caminaba por allí, mirando las selecciones de música y a la gente, vi a una mujer de pie en uno de los pasillos. Una intensa sensación de reconocimiento me atravesó.

Era más bien bajita y delgada, con el pelo castaño y una cara preciosa. Me miró un momento, pero no conectamos. La miré fijamente durante casi un minuto. Después me sentí agradecido de que ella hubiera estado ocupada mirando el CD y no se percatara de que la miraba embobado. Sentí una intensa sensación de que la conocía, de que no era la primera vez que la veía, aunque sabía que no había sido en esta vida.

Tal vez para la gente que me ha visto y oído hablar en público sea difícil creer esto a día de hoy, pero durante casi toda mi vida he sido muy tímido. No era capaz de atravesar una habitación para dirigirme a una mujer; ni siquiera entraba en el ámbito de mis posibilidades. Y no me acerqué a hablar con esta mujer, pero nunca olvidé su cara. Quedó grabada en mi mente. A menudo pensaba en ella y me daba patadas a mí mismo por no haberle dicho «hola». Pero ¿qué podría haberle contado? «¿Creo que te conozco de antes, de otra vida?». Habría sonado como una pésima frase para ligar. Además, yo estaba casado. Pasó más o menos un minuto y la mujer se fue.

Dos años después hablé en Las Vegas, la capital espiritual del mundo. Ofrecí una conferencia para mi editor, Hay House, y después de la presentación firmé libros. Una mujer agradable se acercó para que le firmara el suyo. Era amistosa; pensé que debía tener sesenta y tantos. También sentí una conexión con esta mujer, aunque no podía determinar por qué. Me dijo cosas amables sobre mi trabajo e intercambiamos cumplidos. Era Doris Lora.

Entonces ocurrió. La siguiente persona de la cola se me acercó y comenzó a hablarme. No podía creer a quién veía. Todo me llegó de repente: supe que esa mujer era Tadeo, al que yo había visto en mis visiones de hace dos mil años. Supe quién había sido y quién iba a ser durante esta vida. También que será un hombre llamado Arten —uno de mis profesores que son maestros ascendidos— dentro de cien años y que era la mujer que había visto en la tienda de discos de Hollywood dos años antes.

Me dijo su nombre: Cindy Lora, y también que se dedicaba a la música. Vivía en California desde 1987, cuando se trasladó allí con su madre procedentes de Ohio. Ella sabía, por *La desaparición*, que yo también era músico, y me dijo que tenía un sitio web. No pensaba con mucha claridad y estaba un poco alucinado, pero traté de conservar la calma. No podía dejar que se marchara otra vez. Aunque no saliera nada de ello, al menos tenía que conocerla. Le pregunté si había algún modo de contactar con ella a través de su sitio web. Dijo que sí. Yo debía continuar firmando libros. Ella se fue con su madre, pero no se fue de mi mente.

Me comuniqué con Cindy un par de veces por correo electrónico. Ella también estaba casada, con un hombre llamado Steve. No obstante, a medida que nos fuimos conociendo mejor, los dos nos dimos cuenta de que nuestros matrimonios habían acabado. Cindy y yo no nos vimos muchas veces durante el año que siguió a nuestro primer encuentro, pero después de que Karen y yo pidiéramos el divorcio, y Cindy pidiera el divorció de Steve, pedí guía al Espíritu Santo, como hago siempre. La respuesta no pudo ser más clara. Le propuse a Cindy que buscara un apartamento en la zona de Los Ángeles y que se viniera a vivir conmigo. El 18 de junio de 2007 volé a California y tomé la determinación de no volver a vivir en ningún lugar que quedara más al este.

Cada estado tiene sus propias leyes de divorcio. En Maine, la pareja que se divorcia debe intentar llegar a un acuerdo. La idea es ahorrar tiempo y dinero al tribunal. Parte del proceso consiste en que ambos cónyuges y sus abogados tengan un encuentro con otro abogado llamado el «mediador» o, como yo prefería llamarlo, el árbitro. De modo que en agosto volé a Maine para encontrarme con Karen y los demás en una oficina de los juzgados de Lewiston, Maine.

Fui el último en entrar en la habitación, el ambiente se notaba tenso. Karen parecía nerviosa y su abogada tenía aspecto de enfadada. El mediador abrió la reunión y, después de dar las instrucciones, empezó la trifulca. Karen y yo estábamos bien, pero no podíamos conseguir que nuestros abogados se pusieran de acuerdo en nada. Ocurrió que no era la primera vez que se encontraban. Se habían visto las caras antes y se podía notar el resentimiento entre ellos, especialmente por parte de la mujer de mediana edad que representaba a Karen. Mi abogado era un caballero más mayor y bastante sumiso, como un anciano estadista, sin embargo la representante de Karen era todo lo contrario. Después de que me acusara de permitirme comidas de trescientos euros (en una ocasión invité a varias personas a una importante comida de negocios y pagué la cuenta), yo le pregunté cuánto dinero quería para Karen. Su respuesta fue: «Todo».

No me parecía muy justo. Estaba dispuesto a dividirlo todo al cincuenta por ciento. En un estado como California, donde no se presupone que nadie sea el culpable, esta sería la práctica habitual. Pero en Maine la ley prescribe que, si has estado casado durante más de diez años, alguien tiene que pagar la pensión compensatoria, aunque no haya niños. Como yo ganaba más dinero, fui el elegido.

Seguía sin haber consenso en la sala, y las trifulcas entre los abogados parecían inútiles. Transcurridas dos horas, nos tomamos un descanso. Antes de llegar a Maine, Karen y yo habíamos planeado cenar juntos. Se lo recordé durante el descanso y ella seguía deseándolo. Durante el encuentro no se produjo ningún progreso y nuestro mediador sugirió que las dos partes deberían continuar intentando encontrar algún tipo de acuerdo en lugar de que lo hiciera un juez. La abogada de Karen no quería que ella saliera a cenar conmigo, pero nosotros dos acordamos reunirnos de todos modos aquella noche en Applebee's, el mejor restaurante de Auburn, Maine.

Karen había sido estudiante del *Curso* durante dos años en la década de los noventa y ambos habíamos asistido al mismo grupo de estudio del *Curso* en Lee, Maine, que aún es más pequeño que Poland Spring. A Karen le gustaba, incluso le encantaba, la gente del grupo de estudio, pero en aquellos momentos su corazón no estaba en ello. Era como si lo hiciera porque yo estaba involucrado. Después de algún tiempo desarrolló sus propios intereses y dejó de hacer el *Curso* y de ir al grupo, excepto en ocasiones especiales como Navidad.

Pero, cuando yo me fui, eso cambió. Karen volvió al *Curso*. Era casi como si yo hubiera tenido que irme para que ella volviera; tenía que ser idea suya. Transcurridos un par de meses, me asombró lo profundamente que lo estaba entendiendo. Empezó a hacer el «Libro de ejercicios» y a estudiar el *Journey Through the Workbook*, de Ken Wapnick, una obra maestra. Experimentar este libro al mismo tiempo que el *Curso* es como hacer el «Libro de ejercicios» con Ken. Él no solo explica las lecciones, sino que las correlaciona con las citas correspondientes del «Texto». Llevaría a los estudiantes al menos una década, si no más, hacer esto por sí mismos. Ken, que conoce el *Curso* como nadie, lo ha hecho para ellos.

Estamos destinados a volver a juntarnos otra vez en otro lugar y tiempo.

El perdón puede ser muy práctico. Cuando Karen y yo nos sentamos a cenar aquella noche, el ambiente era completamente distinto al que habíamos respirado en la sala de los juzgados por la tarde. En cuanto empezamos a hablar, me acordé del pasado, cuando salíamos a cenar y nos divertíamos sin hacer nada especial, aparte de estar allí. Hablamos de los buenos tiempos. Recordamos a nuestra perra, Nupey, que había hecho su transición unos ocho años antes, después de haber convivido con nosotros durante quince años como un miembro de la «manada».

Nupey sabía cuál era su lugar en la manada. Yo era el líder, y si Nupey necesitaba protección, o la necesitaba yo, nos teníamos el uno al otro para respaldarnos. Si ella oía tronar, lo que la atemorizaba, salía corriendo y saltaba dentro de la bañera. Entonces mi tarea era ofrecerle seguridad y cuidar de ella. Karen era la segunda en la manada y Nupey consideraba que su deber era protegerla. Nupey me respetaba, pero si Karen y yo nos enzarzábamos en alguna disputa, Nupey se interponía para proteger a Karen, aunque ella no lo necesitara. Nupey sentía que, de nosotros dos, su prioridad era proteger a Karen. Era hermoso contemplar estas dinámicas, y aquella noche Karen y yo disfrutamos al recordarlas.

Los dos habíamos practicado intensivamente el perdón. Por eso aquella noche no hubo animosidad en la mesa. Al rato, tuve lo que pareció ser una idea inspirada. Tomé una servilleta y anoté un breve acuerdo de divorcio. Entonces empujé suavemente la servilleta hasta Karen y le dije: «¿Qué te parece esto?». Ella respondió: «No lo sé. Por qué no vienes mañana y hablamos de ello».

Me resultó extraño volver a mi antigua casa. Aunque solo habían transcurrido dos meses, parecía que habían pasado dos años. Descubrí que, cuanto más tiempo pasaba, menos significativo parecía. Las cosas que había hecho el mes pasado parecían haber ocurrido el año anterior; las de hacía un año parecían de tres años atrás. Allí estaba, de vuelta en el último sitio donde había vivido en Nueva Inglaterra, y parecía que otra persona hubiera vivido allí en mi lugar.

Karen abrió la puerta y se mostró amistosa. De inmediato me dio un trozo de papel. Era un acuerdo de divorcio alternativo. Lo miré durante más de un minuto. Había un par de detalles que no me gustaban, de modo que los retoqué un poco. Le devolví el papel y le pregunté: «¿Qué piensas de esto?». Ella reflexionó durante un minuto, y después me miró y dijo: «De acuerdo».

El aspecto práctico del perdón puede mostrarse de muchas maneras, o los efectos pueden no observarse en absoluto.[3] El *Curso* dice que el milagro, que es el tipo de perdón que viene desde un lugar de causa y no de efecto, puede «...producir cambios inimaginables en situaciones de las que ni siquiera eres consciente».[4] Si yo conduzco por la autopista en Los Ángeles y, de repente, alguien se incorpora bruscamente a mi carril, puedo olvidarme de mí mismo, sobre todo si no estoy de buen humor, y sacarle un dedo a ese tipo.[*] ¿Y qué puede pasar si ese hombre tiene una pistola? Puedo morir. Si perdono, vivo. El resultado es muy distinto y muy práctico. No cambio el guión; determino las dimensiones temporales sin ser consciente de ello. En una de las dimensiones del tiempo, sigo vivo; en la otra, engroso la estadística de decesos causados por la «furia de la carretera»[**].

En Maine, Karen y yo resolvimos en unos pocos minutos de charla lo que a los abogados les habría llevado dos años arreglar, tras llevarse de paso buena parte del dinero. Más tarde, a mi abogado le pareció bien el acuerdo. A la de Karen no le gustó, pero ella se mantuvo firme en su posición. Salí del estado al día siguiente, pero tenía que regresar al cabo de dos meses.

Incluso si resuelves tu propio acuerdo de divorcio, un juez tiene que aprobarlo, y los empleados correspondientes deben archivar en los juzgados el decreto de divorcio. En realidad, nunca sabes lo que va a ocurrir cuando vas a un juzgado. El juez

---

[*] Gesto obsceno que significa: «Que te jodan». (N. del T.).

[**] *Road rage,* expresión inglesa que hace referencia a la agresividad en la conducción. (N. del E.).

puede revocar un acuerdo e imponer su opinión. En un tribunal, la opinión del juez es la ley, a menos que sea anulada más tarde.

Regresé a Maine en octubre y me alojé en un hotel junto al río Androscoggin. La mayor parte de los lugares de Nueva Inglaterra, sean ciudades, montañas o ríos llevan nombres de tribus nativas americanas o de ciudades inglesas. Ese río, que tiene el nombre de una tribu, separa Auburn de Lewiston. Después de los indios, en Lewiston se asentaron los franceses, que bajaron desde Quebec. De hecho, Maine formó parte de Canadá. Luego pasó a Massachusetts, antes de convertirse en un estado en 1820.

Aquella noche di un paseo por un camino junto al río. Hacía calor para ser octubre en Maine y el aire fresco resultaba agradable. Entonces ocurrió algo que nunca me habría esperado. En el chamanismo, la noción de «animales de poder» es una creencia muy arraigada. La idea es que cuando un animal entra en tu espacio —según de qué animal se trate y de si su actitud es amistosa u hostil— representa una premonición de tu futuro a corto plazo, porque simboliza el tipo de energía que atraes hacia ti en ese momento. Yo siempre he creído en los signos y no los ignoro cuando se presentan. Mientras caminaba al lado del río, oí el graznido de un ganso. Después escuché a otro. Estaban detrás de mí. Había oído gansos antes, volando cerca de casa en la colina del Roble Blanco, en Poland Spring, pero nunca los había visto. En un momento, los gansos me pasaron por encima a menos de quince metros de altura. Mi impresión fue que estaban contentos. No estoy seguro de cómo suena un graznido feliz, pero parecía que se lo pasaban bien. Lo que hicieron a continuación me dejó anonadado. Estos dos gansos, que volaban juntos, de repente dieron un giro y salieron volando exactamente en direcciones opuestas: uno en línea recta a mi izquierda y el otro en línea recta a mi derecha. No podía creerlo, y el mensaje no podía ser más claro.

Supe que al día siguiente el juez no solo aprobaría nuestro acuerdo de divorcio, sino que sería bueno para ambos. Karen y yo íbamos a volar en distintas direcciones, pero los dos seríamos felices.

A la mañana siguiente, las cosas fueron bien. El juez era un tipo amable y solo nos planteó algunas preguntas rutinarias: «¿Estáis seguros de que esto es lo que queréis?». «¿Es esto lo que habéis acordado?» «¿Habéis tomado drogas?».

A continuación, fuimos con la secretaria, y ella archivó los papeles de modo que todo fuera legal. Pero Karen parecía triste. Cuando nos íbamos, me dijo: «Ya tienes lo que querías, Gary».

Esto hizo surgir en mí sentimientos de culpa. Pude ver como Karen aún sentía dolor. Entonces no me daba cuenta de que la ruptura de una relación larga a veces requiere pasar por los mismos estados de duelo que se producen cuando muere un ser querido. Al principio puede haber ira, después negación y otros estados que es de esperar que conduzcan a la aceptación final. Incluso si practicas el verdadero perdón, cualquiera de estas etapas puede volver a surgir de manera inesperada hasta que estén completamente sanadas. Karen expresaba su decepción, y yo tenía que permitirlo.

Aquella noche, aunque me sentí aliviado porque los procedimientos del divorcio habían terminado, pensé en lo que Karen había dicho. Sentía ganas de salir a beber. Entonces, Dios los bendiga, mis profesores se presentaron justo cuando más los necesitaba. Fue la visita más corta de la historia. Arten y Pursah raras veces me contaban algo sobre mi futuro personal, aunque en este caso les pareció bien hacer una excepción. No sé qué hubiera pasado esa noche si no se hubieran presentado. Pero me sentí muy feliz de que, de repente, estuvieran sentados en la habitación del hotel, que casualmente tenía un sofá.

ARTEN: De modo que ya acabó. ¿Cómo te sientes?

GARY: Un poco raro. Estoy seguro de que sabéis lo que

Karen ha dicho cuando nos íbamos.

PURSAH: No te preocupes, Gary. Mañana Karen te va a llamar, y por la noche os volveréis a ver. Tendréis una pequeña fiesta y vais a quedar como amigos. Todo estará bien. Disfruta.

GARY: ¿De verdad?

ARTEN: Así es, hermano. Nos vamos. Sé bueno.

Me sorprendió que se presentaran y me sorprendió que se fueran. Pero me sentí mejor. Me quedé viendo la televisión, mientras pensaba lo asombroso que era que mis visitantes dijeran que Karen me iba a llamar al día siguiente. ¿Sería cierto? Sí, debía serlo. Mis profesores se habían ganado mi confianza. El «Manual para el maestro» del *Curso* enseña a desarrollar la confianza, pero no se trata de una fe ciega y religiosa. Yo le digo a la gente que el Espíritu Santo se ganará su confianza. Su experiencia les dirá que el Espíritu Santo está siempre con ellos, cuidando de su verdadero óptimo interés. Y a veces un símbolo del Espíritu Santo se mostrará en el mundo. Si este es verdaderamente del espíritu, entonces siempre se puede confiar en la realidad detrás del símbolo y en el mensaje que este comunica.

Karen me llamó al día siguiente y me preguntó cuánto tiempo iba a estar en la ciudad y si estaba libre aquella noche. Tuvimos una hermosa cena y acabamos tomando copas en mi habitación. Hacía años que no la veía tan relajada. Era como si le hubieran quitado una pesada carga de los hombros: Yo. Nos lo pasamos bien y sentí que había comenzado una nueva fase de nuestra relación. No había acabado, simplemente estaba cambiando.

Dos meses después, Karen me llamó para desearme felices Navidades. También tenía noticias: ¡Se iba a vivir a Hawái! Después de experimentar un punto de celos al saber que ella disfrutaría el sueño de vivir en las islas antes que yo, me sentí feliz por ella. Sabía que, desde la primera vez que las habíamos visitado en 1986, a ella le habían gustado tanto como a mí. Iba a comprar un apartamento en Waikiki. La felicité y le dije que estaba sorprendido no tanto porque se trasladara a Oahu, sino porque se iba a separar de su madre. Su madre era su mejor amiga, y Karen se iba a cinco mil kilómetros de distancia. Una decisión así requería determinación y valentía. Estaba impresionado.

En cuanto a mí, sabía que estaba exactamente donde tenía que estar y que me estaba encontrando con la gente adecuada. Tenía trabajo que hacer en California, tal vez incluso en el Hollywood que tanto me había deslumbrado. No sabía cómo se desplegaría el guión, pero tenía que desempeñar mi parte. Sabía que afrontaría desafíos; siempre los hay. Y, como en todas las etapas de la vida, surgirían algunos retos inesperados.

Y ocurrió que en febrero fui a Oahu, a hacer un taller organizado por mi agente, Jan, en la iglesia de la Unidad en Cabeza de Diamante. Unos pocos asistentes y yo acompañamos a Karen a cenar el día de su cumpleaños, el 13 de febrero. Parecía pacífica y contenta. En un momento dado, hicimos una broma previamente planeada: alguien propuso un brindis diciendo: «¡Levantad vuestras copas!». Tras esta señal, todos nos pusimos un par de esas gafas con nariz y bigotes de los hermanos Marx. Los comensales de aquel elegante restaurante se quedaron mirándonos. Fue divertido poder hacer el tonto sin preocuparse de lo que pensara la gente.

Cuando me fui de Hawái y empecé a cumplir con mi programa de charlas, me di cuenta de que debía admitir que no podía escribir y viajar al mismo tiempo. Los viajes encerraban demasiadas distracciones. Siempre había algo que hacer: los traslados, conocer gente, ir a comidas y cenas con los organizadores y lectores, preparar los eventos, que duraban todo el día, y después asistir a ellos, descansar lo suficiente para funcionar eficazmente, intentar mantener al día las comunicaciones… Era un ritmo frenético y exigente. También era una oportunidad de perdonar. Yo quería compartir el mensaje del *Curso* y mis libros. Pero, más que ninguna otra cosa, el público deseaba nuevos libros, y yo ya me había comprometido a viajar sin tregua durante los dos años siguientes.

Quería hablar con mis profesores sobre esto y algunas otras lecciones de perdón importantes a las que tenía que enfrentarme. Por ejemplo, aunque pensaba que había perdonado mi relación con mis padres, a veces recordaba no haber sido tan buen hijo como me habría gustado. También, tenía recuerdos de la época pasada en Maine que no eran agradables, así como de mis años de músico y de algunas personas con las que había trabajado. Después estaban mi traslado a California, los cambios en mi estilo de vida y el *shock* cultural que atravesaba, además de nuevas relaciones que explorar.

> **Determino las dimensiones temporales sin ser consciente de ello.**

A finales de 2009, cuando ya llevaba dos años y cuatro meses instalado en mi nuevo estado de adopción, me llegó por correo una carta de Hacienda. Justo cuando crees que ya tienes suficientes cosas que perdonar, se presenta Hacienda.

Cuando Karen y yo empezamos a separarnos físicamente, ella comenzó a sacar dinero de las cuentas bancarias, de modo que pensé que yo debía hacer lo mismo. Teníamos tres cuentas: una para pagos, otra para ahorros e, irónicamente, otra para separar el dinero de los impuestos. De modo que abrí otras tres cuentas solo a mi nombre. Varios meses después me trasladé a California y abrí tres nuevas cuentas bancarias. Ahora tenía nueve. Parece que esto activó una bandera roja en Hacienda y decidieron inspeccionarme, y no solo el ejercicio de 2007 sino también el de 2008. Decían que el dinero que había llevado a California eran ingresos brutos. No era así. Era dinero que había ganado y por el que ya había pagado impuestos. A ellos no pareció importarles y se inició un proceso, que duró hasta 2012, en el que intenté demostrar que no les debía dinero. Fueron dos años y medio muy difíciles y frustrantes, y una importante distracción de mi trabajo.

Uno de los problemas es que, cuando Hacienda te inspecciona, la carga de la prueba recae sobre ti. ¡Eres culpable hasta que demuestres lo contrario! El hecho de que este planteamiento sea anticonstitucional no parece tener ninguna relevancia.

Mis amigos ascendidos, al ver todo esto, pero sin creerlo, que es como funciona la verdadera percepción del Espíritu Santo, vinieron a verme una tarde en la que sabían que tenía tiempo libre.

ARTEN: Bien, campeón, has estado muy ocupado. Sé que es frustrante para ti, porque la gente no puede ver la mayor parte de las cosas que haces. Solo quieren saber dónde está el maldito libro.

GARY: Dímelo a mí. Me sorprende un poco ver que algunos están tan dispuestos a juzgar.

PURSAH: ¡Ofrece a la gente la oportunidad de proyectar y la aprovechará! Por supuesto, ellos no saben que están proyectando; como otros de los que ya hemos hablado, piensan que tienen razón.

ARTEN: Sí, pero tu error no es no haber terminado todavía el libro, sino haber dicho que lo escribirías. Si no hubieran sabido de él, no se sentirían molestos por no poder adquirirlo. A partir de ahora, tal vez no deberías hablar de un nuevo libro hasta que lo hayas acabado. Entonces se sentirán agradablemente sorprendidos, en lugar de estar ansiosos.

GARY: Sí, no volveré a cometer ese error. Ahora bien, si puedo dejar de viajar, seré capaz de escribir mucho más.

PURSAH: Te hemos aconsejado que reduzcas tus viajes. Tal vez deberías escucharnos un poco más a menudo. De hecho, tal vez deberías escucharte a ti mismo un poco más, puesto que has expresado la intención de estar más en casa. En lugar de limitarte a decirlo, deberías hacerlo.

GARY: Lo sé. He tomado un bocado demasiado grande que no puedo masticar. Tengo que organizarme mejor y controlar mis ilusiones, como el tiempo y lo demás.

ARTEN: Entonces hazlo, amigo mío. En cualquier caso, se ha producido una evolución excelente como producto de tus viajes, tus conferencias y tu práctica del perdón. Además de que tus talleres ayudan a mucha gente para el resto de su vida.

GARY: ¿Y en qué consiste esa evolución? ¡oh ser alto, moreno y guapo!

ARTEN: Guárdate los cumplidos para Pursah. Consiste en que has superado la timidez. ¿Recuerdas la primera vez que saliste a hacer un taller?

GARY: Sí. Tenía tanto miedo que pensaba que no podría hacerlo. Si no hubiera recordado al Espíritu Santo, no lo habría conseguido. Por supuesto, a partir de entonces, siempre pienso que debo unirme al Espíritu Santo antes de subir al escenario. Y he aprendido a practicar el perdón con el público. En lugar de pensar que realmente están allí, lo que me pondría en el lado del efecto, visualizo que salen de mí. Yo soy la causa, y ellos no están allí. Son una proyección procedente del inconsciente, la gran parte de la mente que no se puede ver.

Los indios americanos solían decir: «Contempla el gran misterio». Bien, el *Curso* dice: «Contempla la gran proyección...»,[5] porque solo se trata de eso, de una gran proyección alucinante que hemos comprado. No existe. No hay universo de tiempo y espacio. ¡Lo único que existe es la proyección del universo de tiempo y espacio! Si pienso de esta manera, puedo pasar por alto las imágenes que veo y ver la verdad del espíritu que está más allá del velo. Esta es la visión espiritual. También es el tercer paso del perdón. La visión espiritual solo muestra la verdad, de modo que no hay nada que temer. Me encanta lo que el *Curso* dice sobre los milagros: «Curan porque niegan la identificación con el cuerpo y afirman la identificación con el espíritu».[6] Es genial.

PURSAH: Qué exhaustivo. Lo entiendes cada vez con mayor profundidad. Queremos hacer mucho hincapié en ese tercer paso, porque muy pocos lo practican y casi ningún maestro le da importancia. Sin embargo, sin él no se consigue el perdón. El perdón no es completo hasta que no piensas y ves en términos de totalidad, como hace el Espíritu Santo.

De modo que el primer día estabas tan nervioso como un gatito y hoy entras en los sitios como si fueras el dueño. Hablar frente a un grupo ya no te produce ninguna tensión. Es como cepillarte los dientes. Y así es como debe ser. De hecho, nada debería producirte más tensión que lavarte los dientes. Felicidades por tu excelente progreso en esta área.

ARTEN: ¿Has sido capaz de cruzar una habitación y hablar a una mujer hermosa?

GARY: Estoy seguro de que podría hacerlo a estas alturas, pero ya no lo necesito.

ARTEN: Sí. Después hablaremos de tu nueva relación.

PURSAH: Revisemos tus antiguas relaciones. Has perdonado casi por completo tu relación con tus padres. Pensabas que eras un mal hijo porque no pudiste ayudarlos cuando te necesitaron, y has aprendido desde entonces, a través de tus experiencias místicas personales, que ellos te perdonaron. Entonces, ¿cuál es el problema? Tal vez sea que quien realmente tiene que perdonarte eres tú mismo. Volveremos a esto.

Tu buena memoria, que a veces es una bendición porque te ayudar a recordar el *Curso*, también puede ser una maldición. Te acuerdas de los malos momentos. Eso es lo que quiere el ego, porque hace que todo sea real.

GARY: Sí. Hace mucho tiempo oí que la actriz Ingrid Bergman había dicho que el secreto de la felicidad consiste en tener buena salud y mala memoria. Si tienes mala memoria, no recuerdas los malos tiempos y las cosas que te hizo la gente.

PURSAH: Sí, es cierto. Pero, en tu caso, cuando surja un recuerdo del pasado que te haga sentirte mal, deberías recordar lo que dice el *Curso* sobre su finalidad. Es para perdonar, como cualquier otra cosa negativa. No importa si lo que está en tu mente es del pasado, del presente o del futuro. Todo es lo mismo porque todo es falso. Tener malos recuerdos es una forma de lo que el *Curso* denomina divagaciones mentales. Recuerda que dice: «Eres demasiado tolerante con las divagaciones de tu mente, y condonas pasivamente sus creaciones falsas».[7] Al ego le encantan esas divagaciones, y los malos recuerdos son una manera genial de mantenerte atascado en la identificación corporal, porque los sentimientos que acompañan a los malos recuerdos te hacen pensar que todo fue verdad, lo cual significa que todo lo que recuerdas realmente ocurrió. Esto, a su vez, hace que todo sea real. ¡Pero el Espíritu Santo te dice que nada lo es!

GARY: Entonces, ¿cómo perdono el pasado?

PURSAH: Del mismo modo que perdonas lo que tienes ahora mismo delante de la cara. ¿Qué es un recuerdo sino una imagen en tu mente? ¿Y qué es lo que ves ahora mismo sino una imagen en tu mente? Cuando te atrapes a ti mismo condonando las falsas creaciones de tu mente, tienes que encargarte de ellas. Deja de pensar con el ego, cambia al Espíritu Santo y no lo hagas real.

GARY: Correcto. A veces tengo recuerdos de cuando estuve en mi última banda, en la década de los ochenta, y también anteriores; puedo remontarme hasta 1965. Hay muchos recuerdos buenos, pero otros son dolorosos. Aún me acuerdo de muchas de las cosas rudas, incluso obscenas, que me dijeron una par de miembros de la banda, había un batería que era un verdadero cretino.

ARTEN: Acabas de hacerlo real.

GARY: Lo siento. Quiero decir que recuerdo a esta figura

del sueño que era una imagen que proyecté desde mi propia mente inconsciente, y que fue un chivo expiatorio de mi culpa por la separación original de Dios, que a veces parecía decirme cosas que se podrían considerar inapropiadas.

ARTEN: Extenso pero preciso. A propósito, nunca digas que lo sientes. Eso implica culpa.

GARY: En cualquier caso, intenté ser bueno con ese tipo y lo defendí durante algún tiempo, pero siempre creaba problemas todo el tiempo, y acabé odiándolo. En primavera padecía alergias graves: una fiebre del heno terrible. Eso me gustaba. Disfrutaba con su sufrimiento. Era como una venganza indirecta.

ARTEN: ¿Y?

GARY: Incluso hace poco he tenido recuerdos de algunas cosas que me dijo y de inmediato me he sentido activado. He perdonado muchas cosas, pero hay que estar alerta a los recuerdos molestos porque parecen surgir de la nada y se presentan en cualquier momento. Creo que no importa el contenido. El ego continuará lanzándote cosas que parecen venir de fuera, aunque en realidad lo hacen de dentro. Supongo que en último término todo es lo mismo, porque nada de ello es verdad.

PURSAH: Esta es la razón por la que la perseverancia es la cualidad más importante que puede tener un estudiante del *Curso*. Cuando el *Curso* dice: «Mantente alerta solo en favor de Dios y de Su Reino»,[8] no lo dice por decir.

GARY: Sí, supongo que, cuando hace tantos años decidí que quería eliminar el conflicto de mi vida, no me daba cuenta de lo exigente que sería el proceso.

PURSAH: Sí, ten cuidado con lo que pides. Pero en algún momento ibas a tener que pasar por el proceso de deshacimiento del ego, de modo que ¿por qué no hacerlo mejor antes que después? Cuanto más tardas en hacerlo, más prolongas tu sufrimiento.

GARY: Parece que, sin importar de qué se trate, todo es lo mismo. Como trasladarse de una punta del país a otra, soportar aún más *shock* cultural, experimentar nuevas relaciones, la mayoría estupendas pero algunas un tanto extrañas… todo ello es una gran oportunidad de perdonar.

ARTEN: Sí, pero recuerda: es el perdón de las pequeñas cosas de cada día lo que te llevará a la salvación. Al practicarlo con las cosas de cada día —por ejemplo, cuando no consigues lo que quieres—, tu mente adquiere el hábito de perdonar. Entonces, cuando ocurre algo muy grande que necesitas redimir, tienes muchas más probabilidades de poder hacerlo, porque tu mente ha entrado en el perdón. No quiero decir que sea fácil perdonar esas cosas aparentemente grandes, pero la práctica lo facilita mucho, aunque te lleve algún tiempo.

Ocasionalmente, pueden ayudarte el buen humor y el recuerdo de los buenos tiempos. Cuando pienses en el pasado, elige las ocasiones en las que alguien expresaba amor. Esto, a su vez, te hará sintonizar una actitud mental amorosa. Acuérdate de todas las veces que te has reído. La risa es del Espíritu Santo, siempre que no sea a costa de otra persona. La risa te ayuda a sentir y experimentar que no puedes tomarte este mundo en serio. ¡Está demasiado loco! Merece risas, no lágrimas. Las lágrimas lo hacen real y te mantienen atascado aquí.

GARY: Pero ¿qué hay de la gente que vive tragedias? No puedes esperar que se rían.

ARTEN: No en ese momento. En esos casos debes recordar el consejo de Ken: «No te olvides de ser normal». Deja que vivan su duelo. Deja que tengan su experiencia. Al final, serán capaces de perdonar la tragedia, cuando estén preparados. Entre tanto, tu trabajo es perdonar y, en lugar de ver a las personas como víctimas, piensa en ellas como lo que realmente son: perfecto espíritu.

PURSAH: Y hablando de buenos tiempos, cuéntanos una de las experiencias divertidas que has vivido durante tus viajes.

GARY: De acuerdo. Iba a dar un taller en el estado de Washington, en un barrio de Seattle, y una chica guapa llamada

Shelora tenía que llevarme en coche al local donde se celebraba el taller. De modo que me recogió; tenía muchas preguntas que plantearme, por lo que íbamos charlando. Shelora encontró la autopista en la que teníamos que entrar y, durante un rato, tal vez media hora, seguimos viajando y charlando, porque ella no paraba de preguntar.

Entonces, para horror suyo, ¡de repente cruzamos la frontera de Canadá! ¡Íbamos en la dirección equivocada! Sí, estaba en la autopista correcta, pero había ido hacia el norte en lugar

No hay universo de tiempo y espacio. ¡Lo único que existe es una proyección del universo de tiempo y espacio!

de hacia el sur. Ahora teníamos problemas, y por más de un motivo. En primer lugar, aunque retomáramos la dirección adecuada, llegaríamos al menos una hora tarde al taller. En segundo lugar, podíamos ver el otro lado de la autopista y la línea de coches esperando para entrar en Estados Unidos. Podíamos tardar tres horas en la cola. En ese caso, llegaríamos cuatro horas tarde al taller, y tal vez convendría cancelarlo. En tercer lugar, y posiblemente lo más importante, tendríamos que explicar qué hacíamos en Canadá. Corría el año 2005, justo antes de que fuera necesario tener pasaporte para ir de Estados Unidos a Canadá. Antes se podía pasar con un certificado de nacimiento. Por supuesto, aquel día no teníamos los certificados de nacimiento con nosotros, solo los permisos de conducir. Entonces, ¿qué podíamos hacer?

Practicar el perdón: eso fue lo que hicimos. Perdonamos toda la situación. No la hicimos real. Perdonamos y solicitamos la guía del Espíritu Santo. Entonces Shelora vio una pequeña conexión entre las dos autopistas. La tomó y suplicó a la conductora de uno de los coches que estaba esperando en la cola en dirección sur que nos dejara incorporarnos a ella. La caravana era larguísima, y aquella mujer llevaba mucho tiempo esperando. No podíamos culparla si no nos dejaba incorporarnos a la fila. Shelora juntó las manos en posición de oración y le pidió ayuda a la mujer. La conductora nos dejó entrar en la fila. En diez minutos cruzamos la frontera.

Creo que el guardia nos había visto entrar en Canadá y después dar la vuelta. El puesto fronterizo canadiense estaba un poco más lejos, y no llegamos hasta él. Shelora tuvo la lucidez de decir la verdad, y admitió que no se había dado cuenta de que iba en la dirección equivocada y que habíamos cruzado la frontera accidentalmente. El guardia pudo ver que era sincera, y que su historia coincidía con lo que él había visto. Nos dejó entrar en Estados Unidos sin pedirnos siquiera el carné. No sé si serían tan tolerantes ahora. Parece que desde entonces Estados Unidos se ha puesto más estricto cada año. Ya sabes: dales la mano y se toman el brazo. Pero, aquel día afortunado, practicamos el perdón, hicimos lo que nos sentimos guiados a hacer y volvimos a Estados Unidos.

Pensamos que llegaríamos entre una hora y una hora y media tarde. Como media hora después, me entró la urgencia de ir al baño y encontramos un área de servicio. Paramos un momento y me dirigí al lavabo. Cuando intenté bajarme la cremallera, esta se rompió. No me había ocurrido nunca algo así. De modo que iba por ahí con la bragueta abierta porque tenía la cremallera rota.

Poco después llegamos al taller y los dos entramos juntos. Había un tipo amable entre el público al que el organizador había pedido que cantara y tocara la guitarra para amenizar la espera. Estuvo tocando más tiempo del esperado y ayudó a mantener a la gente contenta hasta mi llegada. Entonces, subí al escenario y dije: «Siento que Shelora y yo hayamos llegado tarde, y el hecho de que tenga la bragueta abierta no tiene absolutamente nada que ver con nuestra tardanza».

PURSAH: Buena historia. E hizo reír a la gente.

GARY: Sí, pero a veces no tengo ganas de hacer chistes y de reírme, como con el tema de Hacienda. Me esfuerzo al máximo por perdonar eso, pero es un verdadero grano en el culo. Por más información que les des, siempre quieren más. Nunca se acaba.

PURSAH: Atraviesas lo que yo denominé un «fuego lento» durante la primera serie de visitas para describir lo que pasé con el alumno que dañó mi carrera docente en mi última vida. Un «fuego lento» siempre es una de las mayores lecciones de perdón. Vas a tener que ser muy fuerte para superar este.

Lo bueno es que estás siendo práctico a nivel de la forma. Has pedido guía, eso te llevó a alguien que te remitió a una buena contable pública certificada y estás dejando que ella te ayude. Ella sabe que Hacienda no puede intimidarte, aunque intentarán hacerlo. Intentarán que pagues dinero que no les debes. Ellos no siempre se adhieren a la ley, y a veces ni siquiera siguen las propias directrices de la Agencia Tributaria. Su objetivo es sacarte dinero; y mucha gente se siente tan intimidada que paga, aunque no le corresponda hacerlo.

Hacienda sabe que la mayor parte de la gente no la llevará ante un tribunal. La mayoría prefiere pagar, si puede, y acabar con ello. No saben que cuando la Agencia Tributaria va a juicio pierde el ochenta por ciento de los casos. Eso se debe a que no cumple la ley. Durante el proceso de inspección, la carga de la prueba recae sobre ti, lo cual no es correcto. Más así son las cosas. Pero, si vas a los tribunales, la carga de la prueba recae sobre ella. Tiene que probar su caso, y la mayoría de las veces no puede. Tienen la esperanza de que no te gastes el dinero en contratar a un abogado especializado en derecho fiscal. Saben que, incluso si ganas, puedes acabar pagando al abogado tanto como le habrías pagado a ellos. Es evidente que el sistema está amañado a su favor.

No vamos a entrar en el asunto de que Hacienda fue creada poco después de que cambiaseis al sistema de la Reserva Federal, ni en que la Reserva Federal es una institución privada, no una institución gubernamental, ¡y que no responde ante nadie! Eso está más allá del ámbito de este diálogo. Pero están pasando muchas cosas detrás del escenario de las que la mayoría de la gente no se da cuenta. Aquí no tenéis una democracia. Las personas son marionetas y actúan como tales. Tú, sin embargo, puedes tener una mente libre, aunque no tengas un país libre.

GARY: Muy bien. Sigamos hablando de lecciones de perdón. ¿Cómo se perdona uno a sí mismo? Hace algún tiempo me ofrecisteis un proceso de pensamiento con respecto al tema, pero la gente sigue preguntándomelo.

ARTEN: Porque no practican el proceso de pensamiento. Pero es una pregunta importante para todos. Te hemos comentado que no digas que lo sientes. La gente debería ser consciente de sus palabras. Si dices que lo sientes, corrígete mentalmente. No tienes que decirlo en voz alta. Lo que piensas es aún más poderoso que lo que dices, porque el pensamiento siempre viene primero, aunque no lo expreses con palabras. De modo que piensa esto en tu mente, porque así es como el Espíritu Santo te corrige:

> *Soy inocente y no ha ocurrido nada.*
> *El Espíritu Santo sabe lo que soy.*
> *Estoy despertando en Dios.*

Si piensas de esta manera, es inevitable que tu mente inconsciente reciba curación del Espíritu Santo.

PURSAH: La gente tiene que recordar que los sucesos del sueño parecen suceder, pero no son reales. Anoche soñaste de forma absolutamente real para ti. Solo al despertar te diste cuenta de que no lo era.

De la misma manera que todo el mundo tiene dos tipos de interpretación —la del ego y la del espíritu—, también tú las tienes. La mayoría elige la versión del ego, porque ignora que hay un camino mejor. Pero, cuando conoces ese camino, tienes que recorrerlo entero. J no se conformó con exponer el ego o describir el problema. Cualquiera puede hacer eso sin ofrecer una vía de salida, una solución. No te muestran el camino a casa. Se quedan atascados en el análisis del problema y con ello le dan realidad.

GARY: Sí, y eso es lo que el mundo hace con todo. Lo estudiamos y analizamos todo, y pensamos que las personas más eruditas son aquellas cuya investigación es más analítica. Los científicos y físicos analizan, como los médicos, ingenieros y psicoanalistas. Y lo único que todos ellos hacen es testificar la realidad de la ilusión. Por tanto, el tipo de perdón en el que piensan, si es que piensan en perdonar, es el que hace que el pecado sea real. «No obstante, nadie puede perdonar un pecado que considere real»,[9] de acuerdo con lo que J dice en el «Texto». Por esta razón, no queremos analizar lo que perdonamos. No queremos insistir en ello. Simplemente, nos damos cuenta de ello, lo pasamos por alto y lo reemplazamos por la verdad.

J no se detuvo en el análisis paralizante. Llegó hasta el final del proceso. Reemplazó por completo el sistema de pensamiento del ego por el del Espíritu Santo y enseñó que tener visión espiritual es pensar fuera de los marcos establecidos, fuera del sistema. Al mirar más allá del velo una realidad que está fuera del sueño y a la que puedes despertar, es posible cambiar tu identidad. Ya no eres un cuerpo, sino algo totalmente ilimitado, inmutable y eterno.

PURSAH: Muy bien, porque, si enseñas el tipo de perdón que vuelve real al pecado, no estás enseñando *Un curso de milagros*. ¿Cuántos maestros del *Curso* conoces —incluyendo a los famosos que salen por televisión— que, aunque hablan del perdón, nunca llegan a lo que es el verdadero perdón? Por eso salen por televisión, porque no van hasta el final de esto. Siguen haciéndolo real. Están seguros. Tú no sales por televisión

En lugar de ver a las personas como víctimas, piensa en ellas como lo que realmente son.

porque sí vas hasta el final. No lo haces real. No estás seguro. Dices la verdad, y por eso eres demasiado radical para la muchedumbre acostumbrada a la espiritualidad popular. Sigue ahí. Alguien tiene que hacerlo.

En cuanto a los demás, podrán llamarse maestros de *Un curso de milagros* cuando tengan las agallas de salir por televisión y decir lo que el *Curso* en realidad dice: que el mundo no existe; que perdonamos a la gente no porque haya hecho algo, sino porque no ha hecho nada, puesto que no existe, y que la mente inconsciente no sanará hasta que se entienda la diferencia que hay entre la realidad y el sueño, y solo se sea leal a uno de ellos en la mente.

Y *tú*, querido hermano, debes pensar más allá del velo, y enseñar a otros a hacer lo mismo. No basta con describir el error. Debes tener algo para reemplazarlo. A la gente se le tiene que explicar que nunca tendrá visión espiritual con los ojos del cuerpo, solo mediante su manera de pensar. Como enseña el *Curso*. «Los ojos del cuerpo ven únicamente formas. No pueden ver más allá de aquello para cuya contemplación fueron fabricados. Y fueron fabricados para fijarse en los errores y no ver más allá de ellos».[10]

La mente debe ser entrenada sin tregua para que elija aquello que no puede ser visto, pero que puede ser reconocido y experimentado como la verdad.

GARY: De modo que, en cierto sentido, el propósito del medio millón de palabras del *Curso* es que experimentemos lo que está más allá de las palabras.

ARTEN: Excelente. Y no olvides que, si no existe el mundo, entonces no había un mundo aquí antes de que tú vinieras y no habrá un mundo que dejes atrás cuando te vayas. Nunca existió, tampoco existes tú como ser separado. Lo que realmente eres y lo que siempre serás es perfecto espíritu, en perfecta unicidad con tu Creador. Recuerda siempre esto:

> *El ego niega la verdad.*
> *El Espíritu Santo niega el ego.*
> *Mía es la elección de la santidad.*

El *Curso* es una disciplina en la que renuncias al ego. Te pillas a ti mismo pensando con el ego y renuncias a él. Entonces, puedes unirte al Espíritu Santo. Es como dejar de fumar. Tienes que dejar los cigarrillos para poder respirar aire fresco.

GARY: Sé algo de eso. Solía fumar un paquete y medio al día. Treinta cigarrillos diarios. ¡Hace falta tiempo para fumar treinta cigarrillos al día! Lo dejé hace treinta años. Tuve que tomar la decisión. Cuando la mente toma una decisión, puede hacer cualquier cosa. Pasé el síndrome de abstinencia. Es duro; hace falta determinación. Y entiendo lo que dices sobre renunciar o abandonar el ego. Aún es más duro, porque el ego vuelve. Es infatigable, pero no tanto como el Espíritu Santo. De hecho, el *Curso* es incansable a la hora de no hacer concesiones y, por más que el ego lo intente, la respuesta del Espíritu Santo siempre prevalecerá.

PURSAH: Sí, y el Espíritu Santo lo sabe todo. Cuando ofreces conferencias, ¿dónde hace la gente las colas más largas?

GARY: Las más largas son las de quienes quieren hablar con un vidente o que les lean las cartas del tarot. La gente desea que le digan qué hacer, y la mayoría formula el mismo tipo de preguntas: «¿Cómo puedo encontrar a mi pareja del alma?», «¿Cómo puedo dar con la profesión adecuada para mí?»

PURSAH: Sí, e incluso si reciben una respuesta de un vidente o de un lector de cartas que les funcione, pronto tendrán otra pregunta, y tendrán que volver al vidente o al tarotista una y otra vez. Con suerte, obtendrán una buena respuesta la mitad de las veces. Pero ¿qué ocurriría si contaran con un fuente de información siempre disponible y que siempre acertara, no solo en el cincuenta por ciento de las ocasiones, o menos? Si se hallaran más en el espíritu y tuvieran acceso a la inspiración del Espíritu Santo, recibirían de forma constante respuestas que siempre los conducirían a lo mejor para ellos, y también para todos los demás.

GARY: Tengo muy claro que el Espíritu Santo me ha guiado y que estoy exactamente donde debo estar, aunque no me halle en Hawái como esperaba.

ARTEN: Tienes trabajo que hacer aquí, pero eso no descarta la posibilidad de que vivas en Hawái algún día, al menos parte del año.

GARY: Conozco gente que vive una parte del año en Hawái y otra aquí, en la Costa Oeste o, como algunas personas que están en política la llaman, la costa de la izquierda. Pero me gustaría mucho vivir en Hawái algún día. Me encanta dar paseos por allí. También es genial caminar por aquí, pero allí el agua está caliente y la brisa nocturna te acaricia la cara incluso en invierno, en lugar de darte un bofetón como en el noreste. La mayor parte de la gente ignora que, aunque aquí suele hacer calor, el mar de California es frío porque el agua baja del norte. En la Costa Este ocurre lo contrario. Pero no me quejo. La gente viene aquí de vacaciones y yo vivo aquí. Los Ángeles, Hollywood, Beverly Hills, Malibú, Santa Mónica, Venice Beach… todos esos sitios están por aquí cerca. Es un lugar estupendo. Podemos llegar al aeropuerto en veinte minutos e ir andando a excelentes restaurantes. Es fantástico. Es una pena que nuestro vecindario, Brentwood, se haya hecho tristemente célebre por el caso de O. J. Simpson.

NOTA: Cindy y yo vivimos en la misma calle de la escena del crimen del que se acusó a O. J. Los horribles asesinatos de

Nicole Brown Simpson y Ronald Goldman no son típicos en la comunidad de Brentwood, que es tranquila y tiene una baja tasa de delincuencia. Es un lugar donde la gente camina por la calle de noche sin temor.

ARTEN: Recuerda: lo que importa es tu experiencia, no las imágenes que la gente tenga de los lugares ni de ti. Estás deshaciendo el ego. Es un logro. Aportas una auténtica contribución a la humanidad al ayudar a la curación no solo de tu propia mente, sino de la totalidad de la mente. No hay mucha gente en la historia que haya practicado el tipo de perdón que opera desde la causa y no desde el efecto. Se trata de un nuevo desarrollo histórico, con una notable cantidad de personas que lo están practicando ahora. Es posible que no figures en los libros de historia. Pero ¿qué más da? La mayor parte de los protagonistas de esos libros fueron guerreros; tú y tus lectores sois gente de paz. Eso ya es algo.

GARY: Bueno, desde la perspectiva del *Curso*, se puede decir que eso no es nada, ¿no te parece que eso ya es algo? Ja, ja.

PURSAH: Sí, provocas una risa cada minuto. ¿Qué te dijo Cindy cuando fuiste miembro de un jurado popular? ¡Con Gary nunca hay un momento aburrido!

NOTA: Me convocaron para ser miembro de un jurado en el tribunal de Los Ángeles donde habían juzgado a O. J. Llevé una biblia conmigo. Cuando los fiscales y los abogados de la defensa hacen sus selecciones, cada parte puede excluir a cierto número de posibles miembros del jurado que crean que no serían favorables a su causa. Cuando el fiscal me preguntó si sería capaz de votar culpable si las pruebas lo demostraran, dije que *no* con toda sinceridad y señalé que Jesús dice en la biblia: «No juzgues y no serás juzgado». El fiscal objetó mi participación, y fui excusado del deber de ser jurado. Esto no pareció agradarle al juez, pero, por suerte para mí, no me imputó por desacato.

GARY: ¿Cómo decía la cita?: «Sé fiel a ti mismo». Pero la mayor parte de la gente no sabe cómo sigue: «… y debes seguir, como la noche sigue al día, /por tanto no puedes ser falso con ningún hombre». ¿Sabíais que estas palabras fueron escritas por William Tecumseh Shakespeare?

ARTEN: ¿Sabes lo que significan?

GARY: Claro, hablan de la necesidad de ser congruente. De hecho, el propio *Curso* dice —espera, es en el «Manual para el maestro»— que "honestidad", en realidad, significa 'congruencia': «nada de lo que dices está en contradicción con lo que piensas o haces; ningún pensamiento se opone a otro; ningún acto contradice tu palabra ni ninguna palabra está en desacuerdo con otra. Así son los verdaderamente honestos. No están en conflicto consigo mismos a ningún nivel. Por lo tanto, les es imposible estar en conflicto con nada ni con nadie».[11]

Hago muchos chistes con J. Le digo: «Oye, ¿por qué no pones el listón un poco más alto?». Su congruencia fue perfecta. Yo creo que aún me falta un poco de práctica. Pero no pasa nada. No tengo nada mejor que hacer.

PURSAH: No, no lo tienes. Deshacer el ego y compartir la verdad del *Curso* con los demás es lo máximo a lo que puedes aspirar. Por eso seguimos viniendo a verte, o a que tú nos veas. El propósito de esta serie de visitas, como el de la segunda serie, es continuar y acelerar el deshacimiento del ego en ti y en otros. Ese es también el objetivo de tus talleres. Sí, cuando hablamos contigo, a veces repetimos cosas, pues es necesario para aprender el *Curso* y que cale dentro. Pero, aun así, no lo hará si no haces tu trabajo de perdón; en cualquier caso, la repetición es vital.

Se ha dicho que el «Texto» de *Un curso de milagros* son seis páginas repetidas de cien maneras distintas.

GARY: Para ser estadísticamente precisos, serían seis páginas repetidas de ciento once maneras distintas.

PURSAH: Arten, ¿deberíamos decir algo o solo mirarlo fijamente?

ARTEN: Limitémonos a mirarlo fijamente.

NOTA: Treinta segundos después…

PURSAH: La repetición parece existir en el tiempo, pero, si se repite el mensaje correcto, deshace el tiempo. El tiempo, como el espacio, solo es una idea de separación. Tienes diferentes tiempos y distintos lugares. Sin embargo, eso no existe. Todo en el mundo de tiempo y espacio está basado en la separación. Todo tiene un comienzo y un final, un borde o límite. No te dejes engañar por la sensación impresionante que te produce el universo. No te decimos que no disfrutes de él; pero no lo hagas real.

GARY: Entiendo. Cuando voy al cine, sé que no es real, pero eso no me impide disfrutarlo. Con esta película pasa lo mismo. Saber que no es verdad no impide que te lo pases bien. He sido músico toda mi vida, y ahora disfruto más que nunca de escuchar música. Acabamos de ir a ver a los Eagles en el Hollywood Bowl, y lo hemos pasado sensacional.

PURSAH: En realidad, si deshaces el ego, disfrutarás más de la vida, no menos, porque habrá menos culpa inconsciente en tu mente. Si te sientes menos culpable, disfrutas más de todo, y me refiero a todo. Recuérdalo siempre: pasárselo bien no va en contra de las reglas. J, María, Tadeo, Isaah y yo, Esteban, Felipe e incluso Pedro solíamos ir a la ciudad y nos reíamos tan sonoramente que la gente pensaba que estábamos borrachos. Pero no era así. A veces, algunos nos animábamos un poco: bebíamos vino. Pero el agua potable no abundaba. Era habitual que la gente muriera por beber agua o tomar alimentos en mal estado.

GARY: Suena como una existencia muy lúgubre.

ARTEN: Si tu felicidad dependía de las circunstancias... por lo general, la existencia en aquel tiempo era bastante sombría, a menos que pertenecieras a la realeza. La gente de nuestros días vive mejor que la realeza de entonces, pero no lo valora, lo que te muestra que los juguetes del mundo no hacen verdaderamente felices a las personas. Pueden atraerlas un tiempo, pero esta atracción siempre se acaba. Aun así, si deshaces la culpa en tu mente, puedes estar alegre. Y sufrirás menos. Recuerda, y en esto no se puede insistir demasiado, el *Curso* dice: «La mente que está libre de culpa no puede sufrir».[12]

No había un mundo aquí antes de que tú vinieras.

GARY: Sí. Pero ¿qué pasa conmigo?

ARTEN: Si no tienes nada de culpa inconsciente en tu mente —que sería el caso si el Espíritu Santo, las hubiera curado por completo, lo que se produce cuando concluyes con éxito todas tus lecciones de perdón—, eres incapaz de sentir dolor físico. En el momento de la crucifixión, J no sentía dolor. No podía sufrir. Por eso decimos que la idea de él como un ser sufriente y sacrificado por los pecados de otros es el mayor mito de la historia humana. Él no sufría, y el sacrificio no formaba parte de su percepción. Un cuerpo puede sacrificarse si te identificas con él, pero la lección de la crucifixión fue que J no podía ser herido, porque no era un cuerpo. Él no se identificaba con el cuerpo. En su mente estaba experimentando su perfecta unión con Dios. Lo que él realmente era no podía *morir*. Tú puedes experimentar lo mismo. ¿Puedes imaginarte que parecieras caminar por la Tierra, como J y como Pursah y yo hicimos en nuestra última vida, sintiéndote totalmente invulnerable y libre de temor?

Al mismo tiempo, Pursah y yo vivimos una vida normal. Sabíamos pasarlo bien, como tú, y como Tomás, Isaah y Tadeo hace dos mil años. No siempre éramos las personas piadosas retratadas en el Nuevo Testamento. Entonces no existía el Nuevo Testamento; eso vino después. Los tiempos de J aún eran los viejos tiempos, los del Antiguo Testamento. Como indicó Tadeo, ¡aquella gente sabía crecer y multiplicarse!

GARY: Ese es el camino del Señor.

PURSAH: Tú aún te lo pasas bien, pero tu vida ha cambiado. ¿Estás perdonando tu último ejemplo de *shock* cultural?

GARY: Bueno, se han producido muchos cambios, sobre todo positivos, pero no he reducido los viajes lo suficiente como para concentrarme en escribir. Lo siento.

PURSAH: Recuerda lo que dijimos sobre decir «lo siento».

GARY: Oh, lo siento. En cualquier caso, me encanta mi nueva familia. El Día de Acción de Gracias fue un buen ejemplo de la nueva experiencia. Cuando estaba en Maine, iba con Karen a casa de mis familiares políticos. Sus padres estaban allí, por supuesto, hasta que murió su padre; sus hermanos también iban con sus respectivas familias, y prácticamente solo hablábamos de deportes. Puedo hablar de deportes durante una hora, pero no me apetece hacerlo seis horas. Ahora es totalmente distinto. Cindy y yo pasamos la fiesta con su madre y su hermana Jackie en casa de esta. Jackie es hipnoterapeuta y estudiante del *Curso*, y la madre de Cindy, Doris, también lleva mucho tiempo estudiando el *Curso*. Han leído nuestros libros, ¡y la mayor parte del tiempo hablamos del *Curso*! Mi vida es muy distinta de la que llevaba en Maine, que ahora me parece una vida anterior. Pero creo que todos vivimos varias vidas en cada ciclo de esta existencia onírica.

NOTA: Desde entonces, se ha unido a nosotros cuatro Mark, que conoció a Jackie en un crucero a México que organicé para mis lectores. Se casaron unos ocho meses después. Mark también es un estudiante dedicado del *Curso*. Es oficial retirado del Ejército del Aire. Pilotaba aviones de carga y entrenó pilotos en Afganistán. Además, es un gran músico, así como productor de discos y vídeos. Mark tiene un estudio de grabación en su casa. Lo considero un hermano, además de mi cuñado, y no puedo evitar notar que usa los dos lados de su cerebro ilusorio.

GARY: Cuando era niño, en Massachusetts, nos juntábamos toda la familia, tal vez unas cuarenta personas, en casa de mi tío. La mayoría sabíamos tocar un instrumento o cantar, o ambas cosas, y vivíamos grandes veladas musicales. Ahora esto me parece muy lejano. No puedo creer que voy a cumplir sesenta años. Me siento como si tuviera treinta.

ARTEN: ¿Te has dado cuenta de que no has envejecido desde que empezaron nuestras apariciones? Pronto se cumplirán veinte años de la primera vez que nos presentamos.

No habrá un mundo que dejes atrás cuando te vayas.

GARY: Nunca lo había pensado así. Solo pensaba que tengo un aspecto joven. Pero tienes razón. ¿Se debe a que rompisteis mis patrones de pensamiento y yo empecé a practicar el verdadero perdón?

ARTEN: Sí, tú crees que has soportado muchas cosas, pero la tensión no ha sido nada en comparación con lo que podría haber sido. No se trata de la situación. Todo el mundo experimenta situaciones estresantes. Lo importante siempre es cómo las miras.

GARY: Os quiero preguntar algo. He pensado en intentar que se haga una película de los libros, pero hay tanta información que sería excesiva para una sola. ¿Creéis que sería mejor una serie de televisión?

PURSAH: No te vamos a responder. Queremos que vivas el proceso. Es parte del guión de tu vida, y queremos que experimentes aquello por lo que tienes que pasar. Pregunta al Espíritu Santo qué debes hacer. Te guiará para hacer lo mejor para todos.

GARY: ¿Qué os parece esta idea? Puedo veros a ti y a Arten, exultantes de energía, perseguidos por los malos en Salt Lake City. Entonces, chocáis en Temple Square y hay un tiroteo a tres bandas entre vosotros, los malos y los miembros renegados del coro del Tabernáculo Mormón. PURSAH: Tienes que trabajarlo un poco más.

Hablabas del shock cultural.

GARY: Oh, sí. Después de algún tiempo, te acostumbras a ver gente famosa y a tener cinco carriles en cada lado de la autopista, y empiezas a encontrar las pequeñas gemas apartadas que son la verdadera California. No ha estado mal. De hecho, la mayor parte ha estado bien, solo que aquí todo es muy caro. Creo que viajar ha sido lo más duro desde que todo esto empezó. Cuando empecé a viajar, en los aeropuertos me trataban como a un cliente, pero ahora me tratan como a un sospechoso. Cada año encuentran el modo de ponerle las cosas más difíciles al viajero. Esta ha sido una gran oportunidad de perdonar para mí. Cuando vi que cacheaban a Cindy, empecé a ponerme de malhumor.

ARTEN: ¿Y Cindy?

GARY: Cindy estaba tan enfadada que casi dijo algo.

ARTEN: Pero no lo hizo.

GARY: No. Es la persona más positiva que he conocido. ¿Recuerdas la lección 68 del «Libro de ejercicios»: «El amor no abriga resentimientos»? Esa es ella.

ARTEN: Sí, tienes mucha suerte. Y cuando surja algo que perdonar, como siempre ocurre en un matrimonio, no te olvides de para qué es. Si lo usas como el Espíritu Santo quiere y piensas en la otra persona como lo que realmente es, tendrás una relación santa.

GARY: Sí, y también podemos disfrutar de la película, incluso de los viajes. Por ejemplo, tuve una experiencia divertida en Denver. Mientras pasaba por seguridad, un agente mayor de la TSA hacía pasar los objetos por el detector de metales. Tendría unos setenta años, así que pensé que se debía ver obligado a trabajar más allá de la edad de jubilación para cubrir sus gastos. En cualquier caso, estaba cerca de él y le pregunté: «¿Cómo le va?». «Estoy viviendo el sueño», dijo él.

PURSAH: Bromeaba. Es bueno que encare su situación con sentido del humor. Pero es posible vivir el sueño feliz del que habla J. Su *Curso* propone una espiritualidad feliz. No es el dogma religioso, sufriente y taciturno al que la gente está acostumbrada. De hecho, garantiza un final feliz para toda esta situación en la que pareces encontrarte. Sabes que el tiempo tiene un final, porque el *Curso* enseña que el Espíritu Santo miró hacia atrás «...desde una perspectiva en la que el tiempo ha terminado...».[13] Cuando dijimos que el Espíritu Santo puede verlo todo, no lo dijimos en balde.

Todo el mundo se dirige al mismo lugar. Nadie quedará fuera del cielo, porque si alguien quedara fuera no estaría completo.

GARY: Pero ¿qué pasa con esos capullos que no se lo merecen?

ARTEN: Esos hermanos no se dirigen al cielo como capullos, porque no se dirigen al cielo como cuerpos. Al final olvidarán por completo la identificación con el cuerpo. Solo es un sueño, y ¿dónde queda un sueño cuando despiertas? Desaparece. Por eso te dijimos que llamaras al primer libro *La desaparición del universo*.

GARY: Oh, siempre me había preguntado por qué se llamaba así.

ARTEN: Ellos volverán a su hogar, que es la perfecta unicidad. Recuerda esto, Gary: no hay nadie aquí en la Tierra que no haya sido un asesino en un momento u otro. Eso es dualidad. ¿Crees que todos deberíais permanecer en un sueño infernal,[14] como lo llama el *Curso*?

GARY: Estoy pensando. De acuerdo, me olvido de los aparentes opuestos. A mucha gente le preocupa ir al infierno. No se dan cuenta de que ya están en él. Según J, cualquier cosa que no sea la perfecta unicidad del cielo es el infierno. Y ¿sabes?, cuando piensas en ello, todas las cosas espeluznantes que ves en esos viejos libros con dibujos del infierno: gente quemada, decapitada y cosas así… ¡en realidad todo eso te puede ocurrir aquí! No tienes que ir al infierno para eso, porque, si no estás en el cielo, estás en el infierno. Pero, como lo que todo lo abarca no puede tener opuestos,[15] el infierno en realidad no existe, a pesar de las apariencias.

PURSAH: Un destello de brillantez. Dime, ¿cuál fue tu impresión la primera vez que tomaste el *Curso* en tus manos en esa librería de Auburn, Maine, y leíste un poco?

GARY: Pensé: «¿Qué leches es esto?». Podría haber estado escrito en otro idioma. Eso me recuerda algo: cuando nosotros, Cindy y yo, fuimos a Atenas, Grecia, donde yo tenía un taller, les dije a unos griegos: «Cuando no entendemos algo, solemos decir: "Esto es griego para mí", ¿qué decís vosotros?». Me respondieron: «Nosotros decimos que nos suena a chino».

PURSAH: ¿Y por qué crees que el *Curso* es tan difícil de entender?

GARY: ¿Te refieres aparte del medio millón de palabras escritas en lenguaje erudito, freudiano y bíblico, y del pentámetro yámbico, y de las enseñanzas tan radicales e intensas que llegan a producir síntomas físicos?

PURSAH: Sí, aparte de eso.

GARY: No lo sé.

ARTEN: Es tan difícil de entender porque es una presentación holográfica. No deletrea las cosas de manera lineal. El *Curso* empieza con sus principios más avanzados. Mira el punto número 1 de la sección de los «Principios de los milagros». Dice: «No hay grados de dificultad en los milagros».[16] No hay manera de que alguien lea eso y tenga una idea de qué significa.

En primer lugar, aún ni siquiera sabes qué es un milagro. La razón por la que J lo llamó *Un curso de milagros* fue porque quería cambiar la definición de la palabra milagro. En lugar de pensar que un milagro es algo que ocurre ahí fuera, en la pantalla que llamas mundo —que solo es el efecto, como la zarza ardiente, por ejemplo—, quería que la gente empezara a pensar en el milagro como algo que ocurre en la mente, que es la causa. Sí, el milagro puede mostrarse, o no, como un símbolo en la pantalla, pero el milagro real se produce cuando cambias de mentalidad y practicas el verdadero perdón con el Espíritu Santo, en lugar de pensar con el ego.

Ahora bien, a través de la repetición, es de esperar que la gente empiece a captar lo que el *Curso* dice de verdad. Pero, como sabes, eso no es frecuente. De modo que lo que hacemos con tus libros es darte a ti y a otros una presentación lineal del *Curso*. Te lo deletreamos. Hacemos que lo entiendas hasta que puedas retomarlo y leerlo por ti mismo, y tenga sentido para ti.

GARY: Lo creo. He hablado con incontables personas que habían renunciado al *Curso* y lo habían tenido en la estantería de su casa durante años, y después leyeron nuestros libros y volvieron a él, porque lo entendieron. No puedes aplicar algo a tu vida si no lo entiendes. Solo eso ya hace que merezca la pena toda la porquería por la que he tenido que pasar.

ARTEN: Lo que tú o cualquiera tiene que pasar solo merece la pena si lo perdonas. Acuérdate siempre de para qué es. Así, el propósito de nuestro trabajo es ofrecer una presentación lineal del *Curso* que ayude a la gente a entenderlo de tal modo que pueda leerlo, comprenderlo y practicarlo.

GARY: Lo pillo. Esa imagen del Espíritu Santo que mira atrás desde el final del tiempo es muy elevada, en un sentido muy positivo.

ARTEN: La visión del tiempo que tiene el *Curso* es difícil de entender. Ello se debe a que el tiempo contiene una paradoja. Por una parte es holográfico. Todo ocurre a la vez y, según el

Curso, ya ha terminado. Pasado, presente y futuro ocurren simultáneamente, como señaló Einstein, y el *Curso* estaría de acuerdo con esto, aunque agrega que todo pareció ocurrir. A continuación, aparte del modelo holográfico, está la falsa experiencia de linealidad. A propósito, el modelo holográfico también es falso, porque, en último término, como hemos dicho, el tiempo solo es una idea de separación.

De modo que, según tu experiencia, los sucesos se producen uno tras otro. En realidad, crees que estás fabricando esto sobre la marcha. No digo que esa no sea la experiencia de la gente. Lo es. Digo que es una experiencia falsa. Lo que ves no es verdad. ¿Qué significa eso? Significa que, aunque ya haya ocurrido, ¡aún tienes que pasar por ello!

GARY: Sí, una de mis líneas favoritas del *Curso* está en la lección 169 del «Libro de ejercicios». J nos ofrece su descripción esotérica sobre el tiempo, y afirma que el Espíritu Santo «escribió el guión de la salvación en el Nombre de Su Creador y en el Nombre del Hijo de Su Creador».[17] Ese sería Cristo, que soy yo cuando no estoy aquí, y esta fue la respuesta al guión del ego, y todo eso. A continuación, viene mi línea favorita. J dice: «No hay necesidad de clarificar más lo que nadie en el mundo puede entender».[18] Eso me encanta. Quiero decir que, si es así, ¿por qué leches lo menciona inicialmente?

ARTEN: El guión que el Espíritu Santo escribió no tiene lugar en el mundo. Recuerda: ¡no hay mundo! Y creo que sabes que, aunque este es un *Curso* sobre la causa y no sobre el efecto, lo primero que hacen la mayoría de los maestros y estudiantes del *Curso* es tomarlo y llevarlo fuera, a la pantalla, y relacionarlo con arreglar el mundo. De modo que ahora van a tener un mundo que no está ahí. No. El guión del Espíritu Santo es una interpretación diferente del guión del ego. El guión del ego es lo que ocurre. También puedes llamarlo karma. Son una causa y un efecto falsos e ilusorios que parecen ocurrir en la pantalla, incluyendo lo que parece ocurrirle a tu propio cuerpo. Pero asimismo, el cuerpo es solo un efecto. Es un síntoma, un símbolo de separación.

El guión del Espíritu Santo tiene lugar en la mente. Aprendes a usar tu único poder real y a elegir la interpretación del Espíritu Santo con respecto a lo que ves. Cuando lo haces, cambias al guión del Espíritu Santo, que viene a ti desde fuera del tiempo y el espacio, y modifica tu mente con respecto al tiempo y al espacio.

GARY: ¡Vaya! Creo que lo entiendo. ¿Significa que estoy avanzando espiritualmente?

PURSAH: No hagas que te miremos fijamente otra vez.

GARY: A veces la gente me pregunta cuál es la mejor manera de hacer el *Curso*. Quieren saber, por ejemplo, si primero deben hacer el «Texto» o el «Libro de ejercicios»; si tienen que hacer el «Libro de ejercicios» en un año o pueden tomarse más tiempo. Y, si creen que no están haciéndolo bien, si deben volver a empezar.

ARTEN: Si han leído *La desaparición*, o *D. U.*, como lo llaman muchos lectores[*], pueden empezar con el «Libro de ejercicios». Lo entenderán muy bien si han leído tu primer libro, y aún mejor si han leído el segundo, y pronto el que estás escribiendo ahora. Además, no tienen que hacer el «Libro de ejercicios» en solo un año. Tú tardaste un año y cuatro meses y medio la primera vez que lo hiciste. A veces encuentras una lección del «Libro de ejercicios» que es particularmente útil para ti, y te quedas en ella varios días, o te tomas un par de días libres. Está bien. Como sabes, la única regla es que no puedes hacer más de una lección al día.

Cuando hagas el «Libro de ejercicios», no te detengas y vuelvas a empezar como hace tanta gente. Piensan que no lo están haciendo bien. Pero nadie hace el «Libro de ejercicios» tan bien como cree que debería. Si lo hicieran perfectamente,

---

[*] En los países que comparten la cultura anglosajona (N. del E.).

habría que preguntarse qué hacen aquí. Simplemente hazlo de la mejor manera que puedas. Convencerte de que no lo haces bien y hacerte volver a empezar es una de las tácticas del ego para engañarte y evitar que lo hagas. En cuanto al «Texto», ¿te acuerdas de que al principio intentaste leerlo muy deprisa?

GARY: Sí, fue una estupidez. No entendí mucho. Aunque me di cuenta de que era J quien hablaba en primera persona, porque había leído algo de la Biblia.

ARTEN: La mejor manera de leer el «Texto» es hacerlo lentamente. Lee unas dos páginas al día. No te apresures. Si lees dos páginas o menos al día, leerás todo el «Texto» en menos de un año. Incluso te puedes tomar días libres de vez en cuando. Lo entenderás mejor, y puedes hacerlo práctico, como el «Libro de ejercicios». En lugar de que solo sea una teoría, puedes tomar las ideas que lees y aplicarlas a tu vida de cada día, cuando sea apropiado. Esto es lo que el *Curso* llama pensar con la mente recta. Pensar con el Espíritu Santo. Romper los patrones de pensamiento del ego. Al final, así será como cambiará tu experiencia de vida, porque lidiarás con la causa.

Haz lo mismo con el «Manual para el maestro». Tómate tu tiempo y lee dos páginas al día. Deja que calen. Acostúmbrate a pensar como el Espíritu Santo y retornarás al espíritu.

PURSAH: Hemos dicho que el *Curso* enseña que el cielo es inmutable y eterno. También que el Instante Santo es ese segundo en el que eliges al Espíritu Santo en lugar del ego. Recuerda, entonces, estas palabras del capítulo del «Texto» llamado «El Instante Santo»:

> El tiempo es inconcebible sin cambios, mas la santidad no cambia. Aprende de este instante algo más que el simple

hecho de que el infierno no existe. En este instante redentor reside el Cielo. Y el Cielo no cambiará, pues nacer al bendito presente es librarse de los cambios.[19]

GARY: Gracias. Es bueno saber que el cielo no cambiará nunca, que hay algo de lo que puedes depender para siempre. También es bueno estar seguro de que el verdadero perdón es el modo de llegar allí. He conocido gente que ha estudiado el *Curso* durante cinco años, y aún no sabe que trata del perdón, es decir, del verdadero perdón. Se sienten fascinados por la metafísica, o están distraídos por maestros que en realidad no lo entienden, y el resultado es que los árboles no les dejan ver el bosque.

ARTEN: No olvides que hay una tremenda resistencia inconsciente a entenderlo y hacerlo. No es una cuestión de inteligencia, sino de la resistencia del ego. Para el ego, representa la muerte y a ciertos niveles, el ego lo siente. Se le ocurrirán mil maneras de distraerte de la verdad. Su primer objetivo es convencerte de que eres un cuerpo, pero también se le ocurrirán muchas otras distracciones. Cualquier cosa que te retrase en el camino hacia la experiencia de la verdad es válida para el ego.

GARY: Como, por ejemplo, toda esa controversia acerca de que las primeras versiones del *Curso* eran las verdaderas, en lugar de la versión de la Fundación para la Paz Interior con la que la mayoría de la gente está familiarizada.

PURSAH: Sí. Es exactamente de eso de lo que habla el *Curso* cuando describe la controversia como «...una defensa contra la verdad que se manifiesta en forma de maniobras dilatorias».[20] La mayoría de las diferencias entre las versiones se encuentran en los primeros cinco capítulos, que contenían material personal y profesional destinado a los escribas, y que ellos quisieron retirar. Pero el «Texto» del *Curso* no tiene cinco capítulos, sino treinta y uno, y eso sin mencionar el «Libro de ejercicios» y el «Manual para el maestro». ¡Y hablamos de árboles que no dejan ver el bosque!

El *Curso* fue un proyecto en marcha durante siete años. Bill Thetford, el amigo y colega en el que Helen confiaba, lo mecanografiaba una vez que ella transcribía el dictado de J de su cuaderno de taquigrafía. Pero Helen lo mecanografió seis veces más durante los años siguientes, y siempre la corregía J. En 1972, cuando Helen mostró por primera vez partes del *Curso* a Ken Wapnick, ella ya había completado todo lo que se refiere a ediciones del contenido. Las únicas correcciones que ella introdujo con Ken Wapnick fueron para dar consistencia a las mayúsculas, a la puntuación y para poner los títulos y subtítulos de los capítulos. Ken nunca llevo a cabo ninguna edición del contenido, y a Bill nunca estuvo interesado en ser un corrector. Su única contribución fue reducir los primeros cincuenta y un principios de los milagros a cincuenta, al combinar dos de ellos, porque pensaba que quedaba mejor así. Aparte de eso, no hizo ninguna corrección.

Algunas personas dan mucha importancia al hecho de que una de las primeras versiones, el *Urtext*,* dice que, si había algún desacuerdo respecto a lo que tenía que incluirse en el *Curso*, Bill debía ser quien lo decidiera. Sin embargo, hay algo que esas personas no dicen, porque no estaban allí, y es que nunca hubo ningún desacuerdo entre Helen y Bill en cuanto a qué debía incluirse en el *Curso*. Conocían su significado, de modo que para ellos era evidente lo que debía ir en él. Y no te olvides de que Helen y Bill vinieron a California a finales de los setenta para introducir el *Curso* aquí. Se presentaron con la edición — que usaron y apoyaron — publicada por la Fundación para la Paz Interior, y de la que fueron miembros fundadores, junto con Ken Wapnick, Bob Skutch y Judy Skutch, ahora Judy Skutch Whitson.

Las primeras versiones del *Curso* que están disponibles incluyen material robado de la oficina del registro de derechos de

---

* Siglas en inglés de: *Unretouched Text* (N. del E.).

autor estadounidense, y de la Asociación para la Investigación y la Iluminación en Virginia Beach*. Eso no es honesto. ¿Qué te parecería pasar por todo el proceso de escribir un libro, hacer que se publique, y que alguien robara el primer borrador, lo difundiera ilegalmente en Internet, y después dijera que esa es la versión correcta del libro, y que tú vendes una versión equivocada? Eso fue lo que ocurrió con el *Curso*.** Y como un juez bastante confundido —que describió el *Curso* como portador «de un saber inmaduro»— invalidó luego sus derechos de autor y lo puso a disposición del público, hoy la gente es libre de vender los primeros borradores y de ganar dinero con material robado. Si lo que quieres es apoyar eso, no cuentes conmigo. La alternativa es quedarte con la versión real, que se entregó a Helen durante un periodo de siete años mientras J la corregía constantemente, tal como el Espíritu Santo te corrige a ti de forma constante.

GARY: Hay algo que me gustaría que comentaras si te parece bien. Oye, no es que quiera cambiar de tema, pero como María estaba iluminada como J, me pregunto si hizo alguna de las cosas aparentemente milagrosas que hacía él, como resucitar a los muertos y cosas así.

PURSAH: Sí, ella estaba iluminada e hizo cosas milagrosas. Por supuesto, el milagro tiene lugar en la mente, que es la causa, y se muestra en el mundo, que es el efecto. Ahora bien, no tienes que resucitar a los muertos como hizo J para estar iluminado. Si todo el mundo fuera por ahí resucitando muertos, nadie moriría nunca y todos os quedaríais atascados aquí para siempre. María resucitó a su gato cuando murió; aunque ninguna persona ni

---

* *Edgar Cayce's A.R.E. Association for Research and Enlightenment.* (N. del E.).

** Los hechos relatados fueron cometidos por seguidores del autoproclamado «Maestro de maestros», conocido popularmente como *Master Teacher* de la polémica organización de Wisconsin, denominada *A Course in Miracles International,* y sus diversas ramas, entre las que se encuentran *Endeavour Academy (New Christian Church of Full Endeavour)* y *the Miracles Healing Center.* (N. del E.).

animal muere de verdad, María se sintió guiada a traer a su gato de vuelta y lo hizo. Vivió un par de días y ella se sintió muy feliz. En una ocasión, J y María caminaron juntos sobre el agua.

GARY: ¡Juntos!

PURSAH: Sí, esto realmente impactó a las personas que lo vieron, incluso a Tadeo y a mí. Fue algo muy inesperado. Ocurrió un par de días antes de que se casaran. J tenía veintisiete años y María veintidós. En realidad, eran bastante mayores para las edades a las que la gente se casaba en aquel tiempo, pero tenía que ser así.

GARY: El guión está escrito.

PURSAH: Sí. Lo de caminar sobre el agua, no lo hicieron para inducir a otros a creer, sino para demostrar que las leyes de este mundo no son aplicables cuando sabes usar el poder de la mente con la guía del Espíritu Santo. Como dijo J después en el *Curso*: «Mediante tu santidad el poder de Dios se pone de manifiesto. Mediante tu santidad el poder de Dios se vuelve accesible. Y no hay nada que el poder de Dios no pueda hacer».[21] Isaah y yo fuimos a la boda de J y María. Entonces fue cuando le ofrecí como presente un pergamino y un instrumento para escribir. J y yo sabíamos leer y escribir, pero la mayoría de la gente no. Él me devolvió las dos cosas de inmediato y dijo: «Viaja conmigo. Usa estas cosas para ser mi escriba». Me sentí muy feliz al oír eso. Sentía que era lo correcto, e Isaah, a la que le encantaba que los cinco estuviéramos juntos, incluyendo a Tadeo, también estaba entusiasmada. Los años siguientes fueron los más apasionantes de nuestras vidas, porque llegamos a hacer una contribución compartiendo el mensaje del Espíritu Santo con otros, al mismo tiempo que lo aprendíamos de J y María.

J y María también podían usar el transporte mental para viajar a cualquier parte del mundo en un instante. J fue a muchos de los lugares donde la gente piensa que fue, como India, Tíbet, China e incluso Francia e Inglaterra. A él y a María les gustó

Stonehenge. Sabían que la energía no es real, pero, aun así, pudieron apreciarlo, así como el plan astronómico-astrológico que está detrás del monumento.

GARY: Lo sé. Estuve allí.

PURSAH: Sí, pero no lo viste en su forma original. Durante los primeros mil años, aproximadamente, estaba completo, no solo las piedras verticales; estas estaban cubiertas por otras horizontales que completaban el círculo. J y María fueron allí una mañana y se

El Instante Santo es ese segundo en el que eliges al Espíritu Santo en lugar del ego.

unieron con Dios. Levitaron y desaparecieron, lo que produjo una fuerte impresión en las pocas personas que lo presenciaron.

GARY: Cuando estuve en Grecia, alguien me dijo que J había estado de visita allí durante su vida.

ARTEN: Sí, Grecia no estaba muy lejos y, aunque ellos usaban el transporte mental, podrían haber ido allí sin necesidad de recurrir a él. En aquellos tiempos, la gente viajaba distancias más largas de lo que hoy se piensa. Teníamos rutas comerciales que recorrían medio mundo, pero J y María tomaban el camino fácil. Algunos saben que Saulo, o san Pablo, habló como unos veinte años después de la crucifixión en el Partenón de Atenas. Lo que no es tan conocido es que J también había hablado allí veinticinco años antes. La gente se quedaba asombrada ante su sabiduría.

Nos referimos a un tipo que con doce años habló con los rabinos en el Templo de Jerusalén. Y ellos se dirigían a él llamándolo rabino, que significa profesor. Llamarte así era el mayor cumplido que podía hacerte un rabino. En cualquier caso, cuando un maestro vuelve para su última vida, la curva de aprendizaje no es muy pronunciada. Ya sabe casi todo lo que necesita para iluminarse. Suele quedarle solo una gran lección que enseñar y aprender: en el caso de J, la crucifixión. También aprovechan esa última vida para ser una luz que guíe a los demás en la buena dirección. Es inevitable influir en la gente cuando practicas el verdadero perdón, porque todas las mentes están unidas. No puedes hacer el trabajo de perdón de otras personas en su nombre, pero puedes dar ejemplo.

ARTEN: Ahora, practiquemos un juego.

GARY: ¿Un juego? No me iréis a pasear otra vez por el universo, ¿verdad? Tengo una cita con el quiropráctico.

ARTEN: No. Dinos cosas que has aprendido del *Curso*, o que has experimentado como resultado de hacer el *Curso*. Exprésalas en asociación libre, pero enuméralas en forma de lista. Evidentemente, no será lo que en verdad has aprendido, pero será una muestra. Más adelante te diremos por qué.

GARY: Vale, dejadme pensar.

PURSAH: No pienses.

GARY: Bueno, a veces, cuando le preguntas a alguien que ha hecho algo muy sorprendente cómo se le ocurrió la idea, te dice: «Simplemente me llegó». Esa es una idea inspirada. Te llega. No sientes que la has pensado. La idea viene a tu mente sola. A continuación, actúas a partir de ella y funciona. Entonces este tipo de ideas empiezan a encantarte, porque te das cuenta de que tienes una guía que siempre estará ahí para ti, y que funcionará.

La gente cree que el *Curso* lleva mucho tiempo. Eso se debe a que desean gratificación instantánea. Pero, si consiguen esa gratificación, no se sienten satisfechos, porque no los hace felices, excepto tal vez por unos días. En realidad, diez o veinte años no son nada en el esquema general de las cosas. Nos ha llevado algunos millones de años —y eso solo en la parte de la historia en la que está presente el ser humano, que es como una gota en un cubo— acostumbrarnos a pensar con el ego. Deshacer todo eso en una o dos vidas es un absoluto milagro.

Entre el público de uno de mis talleres había una dama que tenía ochenta años de edad. Dije que pueden hacer falta diez años para llegar a ser muy bueno en la práctica del perdón. Es como tocar un instrumento musical. Lleva tiempo y tienes que practicar cada día. Ella se acercó a mí durante el descanso y dijo: «¿Diez años? ¡Si lleva diez años aprender esto, yo ya tendré noventa!». Pensé durante unos segundos y le pregunté: «¿Qué edad tendrás dentro de diez años si no lo haces?».

Luego, cuando hablaba de deshacer el ego y de despertar, pregunté al público: «¿Qué más da si lleva tiempo? ¿Tenéis algo mejor que hacer?». A veces, en los talleres, cuando paramos para comer, les digo a todos que no coman demasiado. Las personas usan la comida como un tranquilizante y, si comen mucho, después están adormecidas. No necesitamos comer tanto como creemos. Es otra maniobra del ego para enraizarnos en el cuerpo. Apuesto a que J y María no comían mucho.

El *Curso* dice: «El Cielo es la alternativa por la que me tengo que decidir».[22] De modo que debes tomar esta decisión por ti mismo. Decide que el cielo es el lugar al que te diriges y que despertar tan rápido como puedas a través del perdón es la manera de llegar. No hay nada externo que pueda decidir por ti. No hay motivo para ser feliz, de modo que sé feliz sin motivo.

Cuando pienso con el Espíritu Santo, es como si estuviera por encima del campo de batalla.[23] Me encanta la parte del «Texto» en la que se habla de esto. Es como que no estás atrapado allí, estás desapegado.

La palabra *namasté* no fue concebida como un pensamiento de separación, como hemos dicho antes. Cuando se piensa en su significado —la divinidad en mí se inclina ante la divinidad en ti—, se puede interpretar que tu divinidad está allí y la mía, aquí, y no me toques mi divinidad. Pero, en realidad, la palabra divinidad hace referencia a la perfecta unicidad.

La Historia no es más que un relato. Nunca ocurrió, y hoy o mañana tampoco ocurren.

El objetivo del *Curso* no es hacer que ocurra algo en el mundo. Pero se da una paradoja: si estás deshaciendo el ego y tienes más acceso al espíritu, es más probable que seas guiado hacia las cosas buenas del mundo. Sin embargo, eso no está garantizado. Al final de su vida, a J no le fue bien. La cuestión es que eso no importaba.

No puedes deshacer tu experiencia de escasez sin deshacer la idea de la separación de Dios. Mientras experimentes la separación, nunca sentirás verdadera abundancia. Cuando deshagas la experiencia de separación, no habrá carencia. Sentirás abundancia aunque estés arruinado. Pero en la separación sentirás escasez aunque seas rico.

Me encanta J. Él, realmente, se ciñe al *Curso*.

Judy Skutch y Ken Wapnick, que estaban involucrados con el *Curso* incluso antes de que se publicara, siempre han sido amables conmigo. Aprecio su bondad.

No tendríamos miedo de morir si no tuviéramos un temor inconsciente a Dios.

La cristiandad está llena de imágenes violentas. En Carolina del Sur vi una valla publicitaria con un dibujo de Jesús clavado en la cruz. Tenía un aspecto musculoso y enfadado. Las palabras que ponían en su boca eran: «Tomasteis mi primera sangre, pero volveré». Supongo que este es Jesús Rambo.

En Santa Bárbara oí la historia de esa santa. Parece que su padre le cortó la cabeza. Luego a él le cayó un rayo. Las estatuas de santa Bárbara que hay en la ciudad la muestran sosteniendo un rayo. Chica violenta para ser una santa.

Debido a la culpa, perder duele más de lo bien que te sientes cuando ganas.

Hace dos mil años, J dijo: «Si tuvierais fe suficiente, podríais mover montañas». La mayoría de la gente no sabe lo que dijo a continuación: «¿Pero dónde vais a ponerlas?».

Mi anterior esposa, Karen, siempre ha apoyado mis libros y todo mi trabajo. Me siento agradecido por eso. Incluso regala ejemplares a la gente.

PURSAH: Puedes parar ahí. A veces es bueno pensar así. Se expresan cosas de la mente recta que se han aprendido y observado. Así se refuerza el pensamiento de la mente recta. Y está bien reconocer lo lejos que has llegado. Estabas en muy mala forma a los veinte años. Siéntete agradecido por lo que te ha ocurrido desde entonces.

GARY: Te escucho.

NOTA: Parece que mi vida ha seguido ciclos de catorce años. Y sé, por haber comerciado en los mercados y observado el mundo, que todo discurre en ciclos. Desde que nací hasta los catorce años, mi vida fue muy bien. Le gustaba a la gente, era listo, corría rápido, jugaba bien al béisbol y tenía amigos. No sabía que tenía escoliosis. Tenía brotes de energía que me permitían correr como el viento en las distancias cortas, pero me faltaba resistencia. Solo podía correr muy rápido unos ochenta metros.

A los catorce años empecé a sentirme deprimido, y la cosa fue a peor a medida que pasaban los años. Al llegar a los veinte llevaba una existencia desdichada. Durante catorce años no entendí qué me pasaba, ni que mis pensamientos habían creado mi experiencia.

A los veintiocho hice la formación EST. Los siguientes catorce años fueron una gran experiencia de aprendizaje para mí. EST rompió mis patrones mentales, y este primer sistema de pensamiento me capacitó para cambiar de vida.

Catorce años después estaba en Maine. A la edad de cuarenta y dos años, finalmente, estaba preparado para aprender *Un curso de milagros* con Arten y Pursah. Esto estableció un periodo de aprendizaje de catorce años diferente de los anteriores. El periodo introductorio de nueve años, en el que pasé de no saber nada del *Curso* a aprenderlo y aplicarlo a mi vida, aseguró que no volviera a ser el mismo. *La desaparición* se publicó cuando yo tenía cincuenta y dos años y, a partir de entonces definitivamente mi vida cambió.

A los cincuenta y seis me tocaba comenzar otro ciclo de catorce años. Entonces hice algo que había sido casi impensable para mí durante toda mi vida. Me trasladé a California. Sin duda esto abría un nuevo ciclo. ¿Acabaría siendo un lugar de alegría, o una gigantesca lección de perdón? El guión se revelaría. ¿Estaba preparado?

Y ¿qué pasaría cuando cumpliera los setenta, el comienzo del quinto ciclo? ¿Me trasladaría a Hawái? Buena parte de mi vida se había revelado y, sin embargo, gran parte continuaba siendo desconocida. A veces sentía que sabía más cosas de mi próxima y última vida, gracias a Arten y Pursah, que del futuro de la actual.

Ahora estaba con Cindy. Es impactante lo que el *Curso* dice de la diferencia entre una relación especial y una relación santa. Ambos entendíamos la diferencia. ¿Podríamos forjar una relación santa? Yo sentía que, si nosotros no podíamos, nadie podría. Sin embargo, las descripciones de J de las relaciones especiales hacían pensar que era un reto imponente, como describe este punzante pasaje del *Curso*:

¿Quién tiene necesidad del pecado? Únicamente los que deambulan por su cuenta y en soledad, creyendo que sus hermanos son diferentes de ellos. Es esta diferencia, que aunque es visible no es real, lo que hace que el pecado, que si bien no es real es visible, parezca estar justificado. Todo esto sería real si el pecado lo fuese. Pues una relación no santa se basa en diferencias y en que cada uno piense que el otro tiene lo que a él le falta. Se juntan, cada uno con el propósito de completarse a sí mismo robando al otro. Siguen juntos hasta que piensan que ya no queda nada más por robar, y luego se separan. Y así, vagan por un mundo de extraños, distintos de ellos, viviendo tal vez con los cuerpos de esos extraños bajo un mismo techo que a ninguno de ellos da cobijo; en la misma habitación y, sin embargo, a todo un mundo de distancia.[24]

Sabía que este pasaje describe a la mayoría de las parejas del mundo. Sin embargo, es posible ver más allá del velo, no estar nunca solo debido a las diferencias y sentirse colmado por la unicidad. Como dice el *Curso* en la misma sección:

La relación santa parte de una premisa diferente. Cada uno ha mirado dentro de sí y no ha visto ninguna insuficiencia. Al aceptar su compleción, desea extenderla uniéndose a otro, tan pleno como él. No ve diferencias entre su ser y el ser del otro, pues las diferencias solo se dan a nivel del cuerpo. Por lo tanto, no ve nada de lo que quisiera apropiarse. No niega su propia realidad *porque* esta es la verdad. Él se encuentra justo debajo del Cielo, pero lo bastante cerca como para no tener que retornar a la tierra. Pues esta relación goza de la santidad del Cielo. ¿Cuán lejos del hogar puede estar una relación tan semejante al Cielo?[25]

De modo que había esperanza. Con la visión espiritual, que es el resultado del verdadero perdón, es posible vivir juntos bajo el mismo techo, en la misma habitación, reconociendo la totalidad del cielo, y nunca estar separados.

GARY: Estoy agradecido, creedme, aunque a veces me olvide de demostrarlo. Además, vivir con el *Curso* es divertido. Puedes hacer chistes sobre el mundo y su locura sin ser demasiado duro.

PURSAH: Especialmente porque nunca estuvo aquí.

GARY: Correcto. Así que, si me como esa manzana que está sobre la mesita de café y desaparece, no importa, porque en realidad nunca estuvo allí.

PURSAH: Exacto.

GARY: Y si yo tuviera un rifle de asalto y estuviera prohibido, en realidad no importaría, porque el rifle nunca estuvo allí.

PURSAH: Sí, y creo que deberías decirlo en el próximo encuentro de la Asociación Nacional del Rifle. Estoy segura de que transformaría todo el evento.

ARTEN: Te darás cuenta de que, al margen del tema que abordemos en estos diálogos, siempre llevamos la conversación al verdadero perdón. Es lo que más acelera tu proceso de despertar. Como sabes, aprender y aplicar este tipo de perdón, opuesto a la manera de pensar del mundo, puede ser duro, sobre todo al comienzo. Pero te acostumbras. Llega a formar parte de ti. Tu mente va siendo dominada, en el buen sentido, por el Espíritu Santo. «Y de este modo también los milagros se convierten en algo tan natural como el miedo y la angustia parecían serlo antes de que se eligiese la santidad».[26]

Esta ha sido una visita larga. Tómate tiempo para integrarlo todo. Te has sentido como en una montaña rusa endiablada.

PURSAH: Sabemos que en esta ocasión te está costando más escribir el libro a raíz de nuestra decisión de no dejarte grabar las conversaciones. Esto, combinado con todo lo demás, hace que la tarea te resulte difícil. Pero también sabes que es bueno para ti hacerlo así y que tu capacidad de oírnos entre visitas ha mejorado. Te has convertido en un gran canal. Y en cuanto a los retrasos, no te preocupes. A medida que avances déjate más tiempo para escribir y, al final completarás el círculo. Volverás a ser un escritor. Gracias por ser nuestro escriba. Te apreciamos mucho, aunque te tomemos el pelo sin piedad.

GARY: Os quiero, tíos.

ARTEN: También te queremos, hermano. Queremos cerrar esta visita con un par de párrafos del *Curso* sobre el milagro del perdón. Deseamos que estés bien, y sigue deshaciendo.

En el milagro reside el don de la gracia, pues se da y se recibe como uno. Y así, nos da un ejemplo de lo que es la ley de

No puedes deshacer tu experiencia de escasez sin deshacer la idea de la separación de Dios.

la verdad, que el mundo no acata porque no la entiende. El milagro invierte la percepción que antes estaba al revés, y así de esa manera pone fin a las extrañas distorsiones que esta manifestaba. Ahora la percepción se ha vuelto receptiva a la verdad. Ahora puede verse que el perdón está justificado.

El perdón es la morada de los milagros. Los ojos de Cristo se los ofrecen a todos los que Él contempla con misericordia y con amor. La percepción queda corregida ante Su vista, y aquello cuyo propósito era maldecir tiene ahora el de bendecir. Cada azucena del perdón le ofrece al mundo el silencioso milagro del amor. Y cada una de ellas se deposita ante la Palabra de Dios, en el altar universal al Creador y a la creación, a la luz de la perfecta pureza y de la dicha infinita.[27]

7. ARTEN EN ESTA VIDA

El pasado no existe ni el futuro tampoco, y la idea de nacer en un cuerpo ya sea una o muchas veces no tiene sentido. La reencarnación, por lo tanto, no puede ser verdad desde ningún punto de vista. Nuestra única pregunta debería ser: «¿Es un concepto útil?». Y eso depende, por supuesto, del uso que se le dé. Si se usa para reforzar el reconocimiento de la naturaleza eterna de la vida, es ciertamente útil.[1]

La idea de que pasamos de una vida a otra ocupando distintos cuerpos es aceptada por la mayor parte de la población mundial. En Estados Unidos, no conozco ninguna encuesta de población que sea precisa con respecto a este tema, pero hay muchas personas que creen haber vivido antes y que volverán a vivir. Este concepto se trata de manera diferente en el *Curso*, porque enseña que, en realidad, nunca estamos en un cuerpo. No «encarnamos». Nuestro cuerpo no es sino un ingrediente de la proyección del universo de tiempo y espacio. El cuerpo parece rodearnos como parte del plan de separación del ego, pero, en realidad, no tiene más existencia que el resto del mundo.

Así, nuestras vidas son sueños ilusorios en los que vivimos en un cuerpo. Mientras que la mayoría de la gente concibe las vidas anteriores como encarnaciones físicas, el *Curso* las considera una serie de alucinaciones que deben disiparse en vez de atesorarse.

Resulta muy tentador enorgullecerse de una vida anterior, en la que uno pareció ser alguien importante, y hacer que esa vida y el cuerpo sean reales. Las personas que recuerdan vidas suelen acordarse de las más notables, y olvidan aquellas en las que murieron en prisión o tirados en la calle. El ego quiere hacer las cosas atractivas para que volvamos a por más.

No obstante, el concepto de reencarnación resulta útil si se usa para ampliar la idea de que este aparente ciclo de vida no abarca toda nuestra existencia, y que la vida —ilusoria o real— no termina. Como J dice en el *Curso*, debemos reconocer que «...el nacimiento no fue el principio y que la muerte no es el final».[2] Si repasamos mentalmente lo que ya ha ocurrido, aunque parezcamos estar atrapados en un cuerpo, vemos que toda la película es un truco. En el mundo ilusorio hay una continuidad, pero nada en él es real, ni el cuerpo. Si bien la reencarnación no es un hecho, sino una ilusión, fomenta la idea de que esta vida no es tan importante como pensamos, porque hay muchas. En un momento dado, Arten y Pursah me dijeron que parece que vivimos miles de vidas. Esto estaría en armonía con una afirmación del «Manual para el maestro»: «Mas siempre hay algo bueno en cualquier pensamiento que refuerce la idea de que la vida y el cuerpo no son lo mismo».[3]

A medida que pasan los años, empecé a ver las cosas que me habían pasado y las que no me habían ocurrido como puro y simple karma. Si alguien parecía atacarme en esta vida, significaba que yo le había atacado en otra. Si no había sido bueno con ciertos individuos en esta vida, se debía a que ellos no habían sido buenos conmigo en un pasado del que no siempre era consciente, pero que la mente inconsciente nunca olvida. Lo que era diferente ahora era que tenía las herramientas para elevarme por encima del proceso de causa y efecto ilusorios al que se denomina karma. El verdadero perdón funde el karma. Tanto la causa como el efecto son deshechos. Si la lección se aprende y se resuelve por medio del perdón, ya no hace falta que retorne en una futura vida onírica. El mal karma desaparece por completo.

La causa y el efecto aparentes también se aplican a las circunstancias y se muestran en la pantalla como dualidad. Si una persona es rica en esta vida, ha sido pobre en otra ocasión. Si es pobre, ha sido rica. Si tiene salud, ha estado enferma en una vida anterior. Si está enferma, tuvo la experiencia de una salud radiante en otra vida.

Los pensamientos de la gente siempre son responsables de su experiencia de vida, pero no siempre lo son de lo que les ocurre ni de lo que reciben a nivel material. Recuerdo que hace mucho tiempo oí a Woody Allen hablar de su miedo a volar. Detestaba viajar en avión. Uno de los métodos que usaba para superarlo era pensar en las diez peores cosas que le podrían ocurrir; así, cuando no ocurrían, se sentía mejor. Esto también lo ayudaba a reducir su temor, porque se daba cuenta de que la mayor parte de las cosas que preocupan a la gente nunca pasan… Pero, espera un minuto. El dogma de la nueva era dice que tus pensamientos atraen lo que te ocurre y las cosas materiales que se presentan en tu vida. Entonces, si eso fuera cierto, al enfocarse en lo negativo, nuestro amigo Woody Allen debería haber sido víctima de sus pensamientos negativos, que tendrían que haberlo arruinado hace mucho mucho tiempo. Sin embargo, ha tenido una vida muy exitosa, llena de logros con los que la mayor parte de la gente solo puede soñar.

Existen sucesos universales que demuestran que el guión está escrito y que los orientales tienen razón cuando concluyen que cualquier cosa que te ocurra es tu karma. Existen personas que son víctimas y que el mundo considera que no se merecen su destino; también están los extremadamente ricos, que otros piensan que no se lo han ganado. La vida no es justa. Por supuesto que no. Pero hay una razón por la que las cosas son así.

El *Curso* probablemente diría que no es una muy buen razón, que la justicia kármica es más una descripción del problema que una solución. Nuestra verdadera libertad reside en mirar más allá del mundo ilusorio y despertar al mundo real.

Llegó un momento en que yo sentí que nada podía impedirme conseguir mi objetivo.

Desde aquel primer día en Las Vegas, cuando hablé por primera vez con Cindy, nos mantuvimos en contacto. Me había dicho que podía comunicarme con ella por medio de su sitio web. Estaba tranquilo. Esperé tres días. Aún conservo el primer par de correos electrónicos que compartimos. Había cierta «grandeza» en ellos, como si siempre nos hubiéramos conocido el uno al otro y nuestros destinos estuvieran desplegándose de un modo determinado mucho tiempo atrás. Pero no le dije quién pensaba que era ella.

A medida que pasaba el tiempo, me asombraba comprobar cuánto teníamos en común. Me gustó el CD de canciones originales que Cindy había grabado en California. Además de escribir canciones, su manera de cantarlas y de tocar el piano también era preciosa. Cuando hablamos de *Un curso de milagros*, me di cuenta de que su comprensión era muy avanzada. Como he mencionado antes, había leído *La desaparición*, y sus relaciones con su madre y con su hermana, así como sus conversaciones sobre el *Curso*, la habían ayudado enormemente.

A nivel de la forma, Cindy procedía de un acervo genético muy fuerte. Su madre era doctora, en Música y en Psicología, dos áreas en las que Cindy también era experta, y su padre era un galardonado profesor universitario de Historia en Toledo, Ohio, donde Cindy había crecido. A partir de las múltiples historias que compartió, pude entender que había tenido una infancia feliz, que durante algún tiempo había disfrutado de ir a la escuela y que tenía muchos amigos, lo cual era algo que yo no podía decir.

Yo me había graduado en la escuela de secundaria Beverly High en Beverly, Massachusetts, a pocos kilómetros del océano Atlántico. Cindy también se había graduado en Beverly High, como la gente local lo llama, o el instituto de secundaria de Beverly Hills, como se lo conoce más comúnmente, a pocos kilómetros del océano Pacífico. La familia de Cindy no era rica, pero su madre había encontrado un hermoso apartamento en una zona de Beverly Hills que no estaba llena de mansiones, sino que era un buen vecindario de clase media en el que enraizar tras el traslado desde Ohio. No eran el tipo de personas que aparecen en *Estilos de vida de los ricos y famosos*, pero eso no les importaba mucho.

Conocí a Cindy en mayo de 2006. Mi segundo libro, *Tu realidad inmortal: Cómo romper el ciclo de nacimiento y muerte*, se publicó en agosto de ese año. Uno de los capítulos se titulaba «¿Quién es Arten?». Cindy conocía la parte de la historia de Arten y Pursah que se contaba en el primer libro. A partir de nuestras conversaciones y de lo que ella había leído en el segundo libro, empezó a juntar las piezas del rompecabezas. Cindy no recordaba sus vidas pasadas, como le pasa a la mayor parte de la gente, incluso a los espiritualmente avanzados. Yo no quería decirle que ella era Arten. Sonaba como un ardid para ligar: «Oye, nena, tú eres Arten». Pero es lista. De hecho, es más lista que yo, aunque la he perdonado. En otoño de ese año volvimos a vernos y durante la cena ambos lo dijimos casi a la vez. No había razón para negarlo. Cindy es Arten, y también fue Tadeo hace dos mil años, y vivirá su última vida conmigo cuando yo sea Pursah, dentro de cien años, en Chicago. Solo que en esa fase del sueño no nos encontraremos hasta una etapa posterior de la vida. Arten y Pursah me dijeron que habían estado casados con otras personas y que sus esposos habían fallecido. Entonces se encontraron y vivieron juntos el resto de sus vidas. Me preguntaba si compartirían conmigo más detalles sobre esas relaciones y esa vida. Decidí pedírselo en algún momento.

El 18 de junio de 2007 aterricé por primera vez en el sur de California como residente y Cindy me recogió en el aeropuerto de Los Ángeles. Era un mundo nuevo y excitante para mí. En mi primera noche allí, nuestros amigos Jerry y Rochelle, a quienes había conocido unos meses antes en Hawái, nos llevaron a casa de unos amigos suyos en Laurel Canyon, donde escuchamos a un gurú de la India y una actriz famosa me dio la «bendición de la unidad». Para mí era surrealista encontrarme de repente en el corazón de la industria del cine, y que una celebridad frotara mi cabeza. Ya no estaba en Maine.

En cuando a la bendición de la unidad, es un ejemplo perfecto de cómo la gente decide lo que va a ser de ayuda para ella a nivel de la mente. La bendición de la unidad no hace nada, pero la mente del receptor puede hacer cualquier cosa. Por ejemplo, un par de años después de la bendición, vi a un sanador que estaba de visita en el Centro Espiritual Ágape Internacional en Culver City. Salió al escenario y miró fijamente al público durante diez minutos. Su «mirada fija» no curó a nadie, ni tampoco lo hizo su presencia, pero era posible que alguien de la multitud se curase si esa persona había decidido en su mente ponerse bien.

Durante el otoño de mi primer año en el sur de California, Jerry y Rochelle organizaron un taller para mí en la Universidad de California en Los Ángeles. Fue allí, durante la comida, cuando Cindy y yo conocimos a la productora y escritora Elysia Skye, que trabajaría conmigo para intentar convertir mis libros en una película o en una serie de televisión. Si no hubiera conocido a Jerry y Rochelle en un momento anterior de ese mismo año, es posible que tampoco conociera a Elysia. No sabía cuál iba a ser el resultado de esta colaboración. Mis profesores pocas veces me hablan de mi futuro personal. No quieren robarme mis experiencias ni mis oportunidades de perdonar. Pero hacerme amigo de Elysia habría sido suficiente recompensa, al margen de otros resultados.

Durante el viaje a Hawái en el que conocí a Jerry y Rochelle, también conocí a un tipo llamado Dain. Resultó que vivía en Mount Shasta, al lado de dos amigos nuestros, Michael y Raphaelle Tamura. No es solo que el mundo sea pequeño, sino que, además, todo está conectado.

El verdadero perdón funde el karma.

Michael es un excelente médium, maestro espiritual, autor y sanador. También es una «división» mía. Arten y Pursah me habían explicado que a veces hay más de una persona que tiene recuerdos legítimos de haber sido un individuo específico en una vida pasada, porque, antes de que la mente de esa persona se dividiera a causa de la idea de separación, los que ahora comparten esos recuerdos eran esa persona.

Es raro que dos divisiones se encuentren, porque, por definición, se han separado y han seguido distintas direcciones. Pero Michael y yo llegamos a conocernos y nos hicimos buenos amigos. Michael, que es japonés, tiene mucho sentido del humor y casi siempre sonríe. Desde la primera vez que nos vimos he admirado su personalidad y su capacidad de reírse de la vida. Hay algunos maestros de espiritualidad «intelectuales», incluso maestros del *Curso*, que se han olvidado de reír. No tienen ningún sentido del humor. Pero Michael se acuerda de reír. Como escribió Goethe: «El hombre de comprensión encuentra que puede reírse de todas las cosas; el hombre de razón, de pocas».

Ser un conferenciante internacional tiene algunas fantásticas ventajas. Entre ellas se cuentan los lugares asombrosos que Cindy y yo pudimos visitar a lo largo de los años siguientes, así como las personas que conocimos. Los estudiantes de *Un curso de milagros* son muy parecidos en todo el mundo. El idioma puede cambiar, pero el amor y la paz siempre están presentes. En París nos hicimos amigos de un maravilloso maestro del *Curso* llamado Sylvain. Él y su amiga Caroline nos mostraron la ciudad. Sylvain tiene un permiso para aparcar que no es fácil de conseguir, de modo que teníamos una gran ventaja. En una de las tres visitas que hicimos allí en el espacio de cuatro años, conseguí que Cindy subiera conmigo a lo alto de la Torre Eiffel. A Cindy no le gustan las alturas como a mí, pero practicó el perdón y le fue bien. Visitamos el museo Rodin, dimos un paseo en barca por el Sena, fuimos al Louvre, disfrutamos del espectáculo del Moulin Rouge, subimos a lo alto del Arco de Triunfo, visitamos Versalles, admiramos sus maravillosas fuentes y cenamos en los Campos Elíseos. Esperaba que la ciudad fuera interesante, pero no que me hiciera contener el aliento. En París, no puedes darte la vuelta sin contemplar algo asombroso. ¿Glorificábamos las ilusiones o solo estábamos siendo normales? La respuesta siempre depende de si lo estás haciendo real o no. Por supuesto, si lo haces real y te lo pasas bien, siempre puedes acordarte de perdonarlo más adelante. Esa no es una lección de perdón difícil, sino una de las más fáciles. Lo único que tienes que hacer es darte cuenta de ello, cuando te acuerdes, y reemplazarlo en tu mente por la verdad.

Una de las experiencias más fascinantes que tuve en París fue ver la Mona Lisa en el Louvre. Después de hacer una larga cola, llegamos cerca del cuadro, que está protegido por un cristal blindado. La Mona Lisa nunca me había parecido un cuadro importante, a pesar de su reputación. Cuando veía sus fotografías en los libros, pensaba que simplemente era un cuadro hermoso y sutil de una mujer enigmática. Sin embargo, en directo, fue diferente. Me quedé asombrado al contemplar los detalles de su cara. Me di cuenta de lo que Da Vinci había hecho: había pintado el rostro de una persona iluminada. La dulce sonrisa de la que habla el *Curso* estaba perfectamente captada, los ojos traslúcidos eran inconfundibles. Sentí escalofríos recorrer mi espalda al darme cuenta de que el propio Da Vinci debía estar iluminado. ¿De qué otra manera habría sabido captar esta imagen en un lienzo? ¿Era en cierta medida un autorretrato? ¿Se había disfrazado de mujer? Lo hubiera hecho o no, ahora, en mi mente, el cuadro era un logro inusual.

El sábado 7 de julio de 2007 —es decir, el 07-07-07— Las Vegas rompió su récord en cuanto al número de bodas celebradas en un día. Cindy y yo estábamos en la ciudad solo para pasarlo bien. De vez en cuando, tienes un día en el que todo te sale redondo. Hagas lo que hagas, funciona. Dimos un fenomenal paseo en helicóptero por la calle principal de Las Vegas y la parte occidental del Gran Cañón y aterrizamos sobre el Cañón a fin de hacer un picnic contemplando el río Colorado. La temperatura era de más de cuarenta grados, pero no nos importó. Cuando volvimos, aún había luz diurna, aunque anochecía. La calle principal estaba iluminada y tenía un aspecto precioso. Parecía un sueño feliz.

Con una novia en cada esquina, nos abrimos camino hasta el Hotel Palms y el bar Fantasma, que tiene una de las mejores vistas de la ciudad. En la terraza se celebraba una boda. No estábamos invitados, pero el padre de la novia nos pidió que nos uniéramos a ellos y tomamos parte en la celebración. Fue una fiesta divertida.

Cuando llegó la hora de cenar, decidimos subir al último piso, a un restaurante francés llamado Alizé, para el que hay que reservar con mucha antelación. Pensábamos que no íbamos a encontrar sitio, pero lo intentamos. Pedimos mesa, y quedaba una libre. Nos acompañaron hasta ella como si fuéramos vips y disfrutamos de una cena magnífica. No juego; ni siquiera sé cómo hacerlo. Pero, si hubiera jugado aquella noche, creo que habría ganado.

Muchas de las lecciones de perdón que se presentaban durante nuestras correrías residían en el esfuerzo que hace falta para desplazarse de un sitio a otro. Viajar puede ser difícil, pero cuando tienes que estar en un lugar a un hora determinada, todo se complica todavía más. En mi caso, si pierdes una conexión con otro vuelo y te quedas colgado, es posible que no llegues al taller. A veces, me encontraba apresurándome en un aeropuerto para pillar un vuelo, preocupado por la decepción que sentiría la gente si no nos presentábamos. Después pensaba en un cuadro de J que tenemos en nuestro salón. Aparece riendo, como se reía hace dos mil años, y el texto dice: «¿De que tienes miedo?». Yo siempre sonreía al pensar en eso, sin importar dónde estuviera ni qué hiciera, incluso si corría por un aeropuerto. Así es como funciona el Espíritu Santo.

Una vez que llegábamos a nuestro destino, siempre era gratificante. Sí, hacer talleres de todo el día requiere trabajo. Pero, como yo conectaba con el Espíritu Santo y recogía la energía de los participantes, a menudo me sentía mejor al final del día que al principio. No soy una persona que funcione bien por las mañanas, pero merecía la pena levantarse para esto.

A medida que se desplegaba la ilusión del tiempo, Cindy comenzó a participar más en mis talleres. A principios de 2010 empezamos a interpretar música juntos, tres o cuatro canciones a lo largo del día. Cindy ya había grabado su segundo CD de música y los dos juntos grabamos otro ese mismo año. También hicimos un CD de meditación en 2012. Yo no pisaba un estudio de grabación desde los años ochenta. Fue divertido y me gustó aprender nuevos trucos. Cindy estaba en plena forma y se sentía muy cómoda en ese entorno. Yo tuve que perdonar el proceso y tardé varias sesiones en encontrar mi lugar. No quería volver a hacer música para ganarme la vida, pero redescubrí la razón por la que me había dedicado a ella en un principio: es divertida.

Cindy, que había obtenido su título de Psicología de la Universidad del Estado de California en Northridge, decidió acudir a la Universidad de Santa Mónica (USM) para hacer un máster en psicología espiritual. Esta universidad es uno de los pocos lugares, tal vez el único del mundo, donde puedes obtener una acreditación en esta especialidad. Fue fundada por John Roger, y los doctores Ron y Mary Hulnick la han dirigido y han impartido sus cursos allí durante más de treinta años. Tanto Ron como Mary son excelentes profesores universitarios. Se los presenté a mi editor Hay House, que publicó su primer libro: *Loyalty to Your Soul: The Heart of Spiritual Psychology*.

En abril de 2009, Cindy trabajaba como recepcionista en la empresa National Lampoon, en Sunset Strip, Hollywood. Le gustaba trabajar allí y conocer todo tipo de gente interesante, incluso estrellas de cine. La propia Cindy había salido muchas veces en televisión, trabajando como extra y en momentos destacados en programas como Married… with Children y Boy Meets World. También hizo un vídeo navideño para National Lampoon que fue visto por más de un millón de personas. Continuó con su trabajo de extra y apareció en la serie de la TBS, Wedding Band, en 2013.

Cuando me divorcié, no tenía intención de volver a casarme pronto. Hay muchas personas que dicen que no tienen intención de casarse, o de volver a casarse. Pero después conoces a la persona adecuada y eso lo cambia todo. Pedí guía al Espíritu Santo y sentí que la guía recibida era correcta. Le propuse a Cindy que se casara conmigo. No veíamos motivo para esperar y decidimos casarnos aquel verano de 2009, el 11 de julio.

También le dije a Cindy que, si quería, podía dejar su trabajo y buscar el mejor modo de usar sus talentos musicales y espirituales. Después de graduarse en la USM, me acompañaba a casi todos mis talleres para cantar y tocar. Al final, empezó a hablar más y a interactuar con el público junto conmigo. Era una buena combinación de energía masculina y femenina, y a la gente le gustaba. Yo seguía impartiendo la mayor parte de la enseñanza, pero Cindy añadía un toque agradable. Ella no es una principiante: es un ser espiritual muy avanzado, una terapeuta y consejera entrenada y experimentada, y una experta practicante del *Curso*.

Nuestra boda se celebró en Hawái y fue un encuentro íntimo de amigos cercanos y familiares que tuvo lugar a barlovento de la isla de Oahu, en un sitio llamado Haiku Gardens. Nuestros amigos Rochelle y Michael Tamura —quien, como ya he mencionado, es mi «división»— celebraron la ceremonia nupcial. Con la excitación de planificar y saludar a todos, la mañana de la boda Cindy y yo nos dimos cuenta de que nos habíamos olvidado de obtener la licencia matrimonial. Por suerte, nuestros amigos Jerry y Rochelle estaban allí y nos llevaron a Honolulu, donde intentamos encontrar a alguien que pudiera facilitarnos la licencia. El juzgado estaba cerrado, pero, de algún modo, hallamos un juez de paz que pudo hacer el trabajo.

Cindy y yo decidimos cantarnos el uno al otro, pero no revelamos qué canción escogeríamos para que fuera una sorpresa. Ella cantó «The first time ever I saw your face», y yo canté y toqué a la guitarra «When I'm sixty four». Cindy se emocionó tanto que apenas podía pronunciar las palabras. Ella y yo aún no habíamos actuado en público, de modo que para mí fue la primera vez en veinte años. Estaba muy oxidado, pero ambos fuimos capaces de expresarnos musicalmente durante la boda, que era lo que queríamos.

Fueron una ceremonia y una recepción preciosas, celebradas en el paraíso. Cindy y yo habíamos pasado cinco días de luna de miel en la sorprendente y mística isla de Kauai antes de la boda, y después, estuvimos algunos días en Turtle Bay, en la costa norte de Oahu.

En Kauai visitamos un lugar precioso llamado Paraíso Tropical de Smith. Allí, aprecié en directo la conexión de Cindy con los animales. En uno de los hermosos jardines, vimos un pavo real a unos diez metros de nosotros. Cindy empezó a cantarle delicadamente «Amazing Grace». Al principio, el pavo agitó la cabeza en el aire; parecía sorprendido por el hermoso sonido. A continuación se giró con lentitud y empezó a caminar con cautela hacia Cindy, un paso tras otro en la dirección de la que procedía el sonido. Cindy cantaba y el pavo continuó dando pequeños pasos hacia ella hasta situarse justo delante. Escuchaba el sonido como si estuviera fascinado y la miraba directamente a la cara. Esta fue la primera de las numerosas ocasiones en las que vi el efecto que Cindy tiene sobre los animales. Nos encanta nadar con delfines y lo hicimos en un par de ocasiones. Nadamos con delfines nariz de botella en cautividad en Oahu y con delfines tornillo en las aguas abiertas de la Isla Grande. En Oahu, mientras estaba en el agua con estas asombrosas criaturas, tuve la impresión de que yo no era el ser más inteligente que había en

La respuesta siempre depende de si lo estás haciendo real o no.

el agua. Los hawaianos creen que los delfines te pueden leer el pensamiento, y no vi razón alguna para dudar de ello. Son muy listos y rápidos, y les encanta sobreactuar para las cámaras. Tienen mejor atención médica que la mayoría de la gente, y cada uno de ellos es alimentado con unos nueve kilos de peces diarios. Se los recompensa por el espectáculo que dan, y parecen pasárselo bien.

En el hotel Kahala, donde puedes observar los delfines y nadar con ellos, estábamos un día de pie sobre un pequeño puente sobre el agua. Los delfines estaban dispersos. Cindy levantó la mano y les dijo: «Mostradme vuestra belleza». Uno de los delfines nadó hasta donde nos encontrábamos sobre el puente. Parecía sonreír mientras jugaba con Cindy y lanzaba con delicadeza chorritos de agua hasta la altura de su nariz. A continuación, otros tres delfines nadaron hasta allí y se colocaron en arco. Los cuatro miraban a Cindy y la trataban como a una princesa. De repente, un hombre empezó a caminar hacia donde nos encontrábamos. Cuando llegó, todos los delfines se fueron de inmediato. Supongo que no les gustó lo que había en su mente.

En Isla Grande, salimos a nadar con los delfines en aguas abiertas. China Mike es una leyenda entre los conocedores de los delfines, y estos también lo conocen. Les ha dado nombre a muchos de ellos y sabe identificarlos por las marcas de sus cuerpos. Un precioso día, salimos a bucear con él y con los delfines tornillo.

Para los delfines el día está compuesto por tres periodos. Tienen su rato de trabajo, que consiste en pescar. El segundo es el periodo de juego, que está lleno de sexo. Los delfines son animales muy sociales y viven en grupos. No son monógamos. El tercer periodo es el de descanso. Si están cerca de una isla y no en mar abierto, suelen buscar una bahía, para relajarse, en la que nadan con lentitud.

Son mamíferos y necesitan salir a la superficie para respirar cada pocos minutos. No pueden dormirse por completo, porque se ahogarían. Entonces, ¿cómo descansan? Ponen a dormir una mitad de su cerebro mientras la otra permanece despierta. Esto les permite funcionar y respirar cuando lo necesitan. A las pocas horas, ponen a dormir el otro lado del cerebro y usan el que ha descansado para funcionar, de modo que pueden seguir saliendo a la superficie cuando lo precisan. Me gustaría ver a un ser humano intentar algo parecido.

Las personas tenemos todo tipo de suposiciones basadas en creencias que, de modo sutil, hacen que todo en el universo sea real. Por ejemplo, damos por sentado que un cuerpo humano es más valioso que un cuerpo animal y que es más importante ser una persona. Sin embargo, si los cuerpos no son reales, no puede ser más importante tener un tipo de cuerpo que otro. Los animales piensan. Una de las mejores cosas de Internet, y en particular de YouTube, son los vídeos en los que los animales demuestran ser mucho más listos de lo que los humanos creen. Cuando era niño, en la escuela, me enseñaron que los animales carecían de pensamiento abstracto. No es cierto. Tienen su propia manera de aprender, y el Espíritu Santo los llevará al hogar.

Cada mente aparentemente separada se dirige a casa, al mismo lugar, pero no como los cuerpos que creemos ser.

Para llegar allí, los seres humanos tenemos que aplicar las enseñanzas, no solo conocerlas. La mayoría de la gente ni siquiera las conoce. Pero, incluso si las conocen, lo importante no es lo que se sabe, sino de lo que se hace con ello. Lo valioso es la aplicación, y por eso el entrenamiento mental del *Curso* es tan importante. Si no se aplica, no pasa de ser otra teoría. Como dice el propio *Curso*: «Este no es un curso de especulación filosófica, ni está interesado en una terminología precisa. Se orienta únicamente hacia la Expiación o corrección de la percepción. El medio de la Expiación es el perdón».[4] Si no se utilizan los medios, no es posible acabar con el ego.

En una ocasión hablé en Londres, en una de esas conferencias de cuerpo, mente y espíritu que lo hacen todo real. Ofrecí las enseñanzas de manera directa, como siempre. Durante el descanso, un tipo de aspecto duro se me acercó visiblemente enfadado y me dijo: «¡No paras de hablar! Estoy harto. ¡Ya conozco tus historias!». Practiqué el perdón. Sin dejarme intimidar por este chico duro, lo miré directamente a los ojos y le dije: «Si ya conocieras este material, no te habrías enfadado». Supe que quería pegarme, pero no lo hizo. ¡No habría sido muy bueno para su reputación en una conferencia de cuerpo, mente y espíritu! De modo que se alejó con tristeza. No aplicaba las enseñanzas y, por tanto no podían funcionar para él.

Por eso le digo a la gente que no espere para practicar el perdón. No esperes al año que viene. No esperes a la próxima vida. La sección «El canto de la oración»* del *Curso* promete que, si ha habido verdadera curación —que la habrá habido si practicas el verdadero perdón—, incluso la experiencia de la muerte será más hermosa. Cuando parezca que abandonas el cuerpo, estarás preparado para una preciosa experiencia de libertad.[5]

---

* Foundation for Inner Peace, Anexo a Un Curso de Milagros: Psicoterapia y El canto de la oración (2011) Barcelona, Ediciones El Grano de Mostaza. (N. del E.).

Después de la boda tenía muchas ganas de volver a ver a Arten y Pursah. Nunca sabía qué iban a comunicarme, pero siempre me resultaba útil. Habría atesorado su compañía y sus consejos aunque nadie leyera los libros. La gente se olvida de que transcurrieron diez años entre la primera vez que se presentaron en Maine y la publicación del primer libro. Hay quien piensa que lo escribí por dinero. No se dan cuenta de que, durante toda esa década, mientras vivía en la oscuridad de una zona rural de Nueva Inglaterra, no tenía ninguna garantía de que el libro llegara a publicarse. Podría ser que mis profesores se estuvieran apareciendo solo para mí, si esa era la forma para la que yo estaba preparado. Por lo que yo sabía, el libro podría haberse quedado en mi estantería el resto de mi vida y habría sido otra oportunidad para perdonar. Aun así, me habría sentido muy feliz de haberlo escrito. Fue una labor de amor.

Cuando me trasladé al sur de California, a veces consultaba el tiempo atmosférico en el ordenador para comparar la temperatura en el estado que acababa de dejar con la de mi nuevo hogar. Una tarde de invierno, con veinte grados centígrados en el soleado sur de California y quince bajo cero en el sombrío Maine, mis maestros ascendidos volvieron a mi sala de estar.

ARTEN: Oye, hermano, ¡felicidades! Estuvimos en la boda. No nos mostramos para no acaparar la atención en tu día. El lugar y la ceremonia fueron preciosos. Bien por ti, te lo mereces.

GARY: Gracias, tío. Valoro mucho que estuvieseis allí. Sentí vuestra presencia, y a menudo la siento también en otros lugares, sobre todo cuando hago entrevistas para la radio o talleres.

PURSAH: Sí, estamos allí. Como sabes, en realidad somos el Espíritu Santo. Aunque no aparezcamos con aspecto humano, a menudo tomamos forma para comunicarnos contigo. Por lo general, te llega como una Voz o una idea. Y deja que añada mis felicitaciones. Espero que estés a la altura, colega. Cindy es veinte años más joven que tú.

GARY: Diecinueve y medio.

ARTEN: Nos gusta cómo van los talleres. ¿Has notado la evolución en la composición de tu público a lo largo de los años?

GARY: Sin duda. Cuando empecé hace diez años, el noventa por ciento eran mujeres. Eso está bien, pero, a medida que *La desaparición* se ha extendido, el porcentaje de hombres ha aumentado. En la actualidad, está en torno al cuarenta por ciento. Es impresionante. Es evidente que nuestros libros hablan tanto a hombres como a mujeres. Además, hay más parejas. Los integrantes de estas comparten los libros y empiezan juntos con el *Curso*, o vuelven a él.

También viene gente más joven. Cuando empecé, sobre todo se acercaban estudiantes que ya llevaban algún tiempo en el *Curso*. Pero eso ha cambiado mucho. Sí, aún vienen personas mayores que se están haciendo intemporales en sus mentes, pero veo más universitarios, incluso adolescentes. El marco de referencia de la población cambia. Estos niños crecen con películas como *Matrix* y la holocubierta de *Star Trek*. Así la idea de que lo que ven no es real les resulta un poco más fácil de asumir que a la generación anterior. Leen *La desaparición* y lo entienden. Ahora me dirijo a un público de todas las edades.

ARTEN: Muy bien. Esta es una de las razones por las que vinimos a ti: para compartir el mensaje con quienes no necesariamente son capaces de coger el *Curso* y empezar a leerlo, pero que estarán preparadas para acceder a él si antes escuchan una presentación lineal en un lenguaje accesible. Luego pueden tomar el *Curso* y aplicarlo de inmediato, lo que les da más tiempo para deshacer el ego. Por supuesto, la gente puede comenzar a cualquier edad; la cadena entrelazada del perdón de la que habla el *Curso* incluye todas las edades. Entonces se produce la aceleración celestial.

GARY: Quería preguntaros sobre eso. ¿Qué es?

PURSAH: Se la llama aceleración celestial porque todo lo

que ocurre en la Tierra guarda relación con los movimientos de los cuerpos estelares en todo el universo que, a su vez, se correlacionan con el guión. La población ilusoria empieza a aprender la verdad con mayor rapidez, aunque no se hablará mucho de esto en las noticias de la televisión. Aún se burlan de cualquier cosa que no sea la religión convencional. En realidad, esta aceleración empezó con la invención de la imprenta.

GARY: ¿La imprenta?

PURSAH: Recuerda que a la gente no se le permitió leer directamente las escrituras durante la mayor parte de la historia. Los clérigos —rabinos, sacerdotes y similares— podían leer, pero a los laicos no se les daba la bienvenida. ¿Cómo

Lo importante no es lo que se sabe, sino de lo que se hace con ello.

puede decidir la gente lo que va a creer o no si ni siquiera se le permite verlo? Sin embargo, con la invención de la imprenta, todo eso empezó a cambiar, aunque poco a poco. Hasta el siglo XVIII no hubo suficiente gente que pudiera leer como para marcar la diferencia en la sociedad.

No contasteis con Freud y Jung hasta hace cien años. Ellos abrieron una nueva comprensión sobre la mente y su funcionamiento, lo que hizo posible que más adelante se entendiera el *Curso* de J. Después se produjo el descubrimiento de la biblioteca de Nag Hammadi en Egipto, con sus Evangelios perdidos. Cuando se tradujeron al inglés —lo que no ocurrió hasta los años setenta—, se difundió una visión nueva y alternativa de J. Se comenzó a vislumbrar que J había sido un maestro de sabiduría iluminado, en lugar del sufridor con el que las generaciones anteriores habían crecido. Y después vino la física cuántica. Se presentó por sí misma en la primera mitad del siglo XX, pero no se popularizó hasta los años setenta.

GARY: Sí. Recuerdo cuando entré en la formación EST en 1978. Creo que fue entonces cuando empezó a producirse la verdadera aceleración. De repente, todas estas ideas empezaron a gustarle a la gente. Las disciplinas orientales comenzaron a integrarse con las occidentales. Había un gran colectivo interesado en la iluminación y no ya en la religión. *El camino del guerrero pacífico*, de Dan Millman, intrigó a sus lectores. A propósito, una buena película. Se necesitaron treinta años para hacerla. El filme se titula simplemente *El guerrero pacífico*. Nick Nolte quería encarnar al personaje joven de Dan Millman, pero acabó siendo el hombre mayor, el profesor Sócrates. Bordó el papel. Por su parte, Gary Zukav popularizó la física cuántica con el libro *La danza de los maestros Wu Li*. Recuerdo haber escuchado el libro en audio. Además, EST se extendió con rapidez hasta 1987, cuando Werner lo vendió. Al final evolucionó, o involucionó, según cómo lo mires, hasta dar lugar a una versión más suave llamada *Landmark*. He oído que todavía ayuda a la gente.

PURSAH: No olvides que en 1965 el papa permitió a los católicos, incluso a los eruditos del Vaticano, estudiar el Evangelio de Tomás y los demás Evangelios perdidos. J empezó a dictar el *Curso* a Helen ese mismo año. La gente casi estaba preparada. Como sabes, las ideas surgen del inconsciente y salen a la superficie cuando hay suficientes individuos dispuestos a recibirlas. Hoy en día, el ochenta y cinco por ciento de las personas se describen a sí mismas como espirituales, no religiosas, incluso las que van a la iglesia. Se dan cuenta de que su relación con Dios, o como quieras llamarlo, es personal.

A propósito, a algunos no les gusta usar la palabra Dios. Se debe a que tienen un problema con Dios que deben perdonar. No se puede deshacer la idea de estar separado de Dios sin reconocer a Dios.

GARY: Además, Dios no es un él ni una ella. Técnicamente, es un Ello. Pero eso no suena muy bien. En cualquier caso, cuando el *Curso* usa la palabra Él para Dios, Cristo o el Espíritu Santo, sirve como metáfora. Tanto el Evangelio de Tomás como el *Curso* enseñan con claridad que en el espíritu no hay masculino ni femenino, porque no hay diferencias, opuestos ni contrapartes. Solo hay perfecta unicidad.

ARTEN: Muy bien. El *Curso* se publicó en 1976. Algunos preguntan por qué J no dio el *Curso* y corrigió a la cristiandad antes. Lo cierto es que con anterioridad la gente no habría podido entender sus enseñanzas a un nivel tan profundo como ahora, porque todas las que acabamos de señalar aún no se habían difundido. Incluso a día de hoy la mayoría de la gente no lo entiende, pero cada vez son más los que lo están aprendiendo, y cuantos más lo aprenden, mayor es la aceleración que se produce. Esto se debe a que comparten la verdad con otros. Unos lo hacen practicándola en silencio e influyendo en otras mentes; otros, enseñándola de la manera tradicional; otros hacen ambas cosas, como tú. Parte de la belleza de este proceso radica en que nadie tiene que hacer nada. La mente está despertando y el modo en el que esto se despliega solo es el efecto.

GARY: Pero no todo el mundo está preparado para el *Curso*.

PURSAH: Es cierto. Los que mejor han entendido la espiritualidad siempre han sido los poetas y otros artistas. Rumi, Goethe... personas capaces de comprender estas ideas grandiosas y abstractas. El *Curso* habla a un nivel mucho más elevado del que la mayor parte de la gente capta al inicio. Sí, un aparente individuo lleva a cabo la aplicación. Pero los hombres y las mujeres que lo entienden se dan cuenta de que los individuos aparentes solo existen en un sueño. Por eso a los artistas, músicos, escritores y a quienes les gustaría serlo les suele ir bien con el *Curso*. Como siempre, hay excepciones. Einstein era un científico y podía pensar como tal. Pero también tenía mente de artista. Le encantaba la música y era capaz de pensar en términos abstractos mejor que nadie, los comprendía y comunicaba a la gente que estaba preparada para expandir su conciencia.

GARY: Y ahora que hablamos de la aceleración celestial,

recuerdo que en una ocasión me dijisteis que tendríamos un presidente capaz de escuchar al Espíritu Santo y de cambiar mucho las cosas. ¿Se trata de Obama?

PURSAH: No. Obama es un buen hombre, pero no nos referimos a él.

GARY: Ya veo. Bien, él y su familia me gustan. Lo voté. La gente cree que soy demócrata, pero en realidad soy independiente. Creo que es genial que intente ofrecer una atención sanitaria asequible a todo el mundo, aunque algunos lo llamen socialista por eso. Estados Unidos es la única gran nación industrializada del mundo que no ofrece ese servicio. ¿Significa eso que hasta ahora todo el mundo ha practicado el socialismo menos nosotros?

PURSAH: La consideraré una pregunta retórica. Es paradójico, pero el sistema de atención sanitaria ahorrará incontables billones de dólares si se asegura a todo el mundo. ¿Qué es la atención sanitaria universal? Es algo práctico. También es humanitaria. La gente debería perdonar y quitárselo de la cabeza.

GARY: ¿Sabes?, es divertido. Debería haberme sentido mucho más contento cuando Obama salió elegido. Me sentía feliz por él y su familia, y pensaba que estaba muy bien que un hombre negro fuera elegido presidente. Creo que también es hora de que se elija a una mujer. Pero me parece que ya no estoy tan interesado en la política como antes. Hay dos razones para ello: en primer lugar, ya no la hago real. Y en segundo lugar, aunque me sentía satisfecho con el resultado electoral, en realidad, no esperaba que las cosas fueran a cambiar. Las cartas están demasiado amañadas. Para que se produjeran cambios auténticos y genuinos, tendría que haber una enorme revolución que cambiara el modo en que se está dirigiendo el mundo entre bambalinas.

ARTEN: Veo que a nivel de la forma esa película ha influido en ti.

NOTA: Poco antes de esta conversación, vi la fascinante película *Thrive*, que está disponible en internet. El documental es obra de un delator de ilegalidades muy rico, un hombre que es uno de los que «tienen», no de los que «no tienen». Esto le da mayor credibilidad. Después de verla, pensé que podría ser peligroso para él revelar al público todos esos secretos, y admiré su coraje y compromiso.

GARY: Sí, una película estupenda. Es probable que el tipo acabe siendo asesinado. Pero nunca se sabe; podría tener la suerte de salvarse. Tal vez sea demasiado descarado acabar con él.

ARTEN: Hablemos un poco de Cindy, que fue Tadeo y será yo en la ciudad ventosa.* Tadeo era cantante y tocaba el tambor, como Cindy. También tenía otras habilidades musicales, al igual que Cindy, y compartió algunas de las lecciones de perdón que ella afronta.

GARY: ¿Por ejemplo?

ARTEN: No queremos invadir la intimidad de Cindy al hablar de sus lecciones de perdón. Además, es posible que quiera hablar o escribir sobre ellas en el futuro. Pero uno de los retos que afrontamos cuando ella y yo fuimos Tadeo fue un problema con la ansiedad. En el caso de Tadeo, se mostraba en dos áreas: cuando actuaba en público y al compartir la intimidad amorosa con alguien. Estas lecciones se muestran de forma diferente para Cindy. A ella le ocurre cuando está en lugares abarrotados. Ya está aprendiendo a practicar el verdadero perdón con respecto a eso, y, a diferencia de Tadeo, que falleció pocos años después que Tomás, ella completará con éxito esa lección de perdón en esta vida.

GARY: ¡Genial! ¿Puedo decírselo?

ARTEN: Va a leer este libro, ¿cierto?

GARY: Sí, claro.

---

* Chicago (N. del T.).

PURSAH: ¿Estás seguro de tener las agallas necesarias para escribir esto?

GARY: Absolutamente. Soy un idiota sabio.

PURSAH: Bien. Por un momento me has preocupado. Es una broma; nosotros no nos preocupamos.

ARTEN: Cindy y tú deberíais sentiros animados. En primer lugar, no tenéis mucho que perdonaros mutuamente en esta vida. Como ya hemos dicho, cuando surjan algunas cosas que tengan que ser perdonadas, ambos sabréis para qué son y cómo hacerlo. Esto pavimentará el camino para vuestra última vida juntos, en la que seréis nosotros. Vuestras últimas lecciones se producirán allí, os contaremos un poco sobre ellas. También queremos hablar más de las enseñanzas contigo. Lo estás haciendo bien, incluso cuando sientes que no es así.

GARY: A veces siento que perdono las mismas cosas una y otra vez.

PURSAH: Esta es una experiencia común con el *Curso*, entonces es cuando tienes que confiar en el Espíritu Santo. Puede parecer la misma lección, pero no es la misma culpabilidad. Cada vez que perdonas, el Espíritu Santo realiza una curación y retira nueva culpa inconsciente que surge a la superficie por primera vez. Esta culpa se está curando a nivel de la mente inconsciente. No puedes verla, pero no hay excepciones. Recuerda, incluso cuando piensas que no pasa nada, un milagro nunca se pierde.[6]

Tienes que recordar que cada fase por la que pasas con el *Curso* es temporal. Tus estados de ánimo cambiarán a medida que el ego trate de defenderse, pero él no puede prevalecer contra el Espíritu Santo, y sus ataques, al final, se disiparán y morirán. Es un hecho consumado.

GARY: ¡Oh! La última vez pensé que habías dicho que es un negocio tonto.*

---

* Juego de palabras en inglés: *done deal dumb deal* (N. del E.).

PURSAH: Sé amable o traeremos a Steve. Otra vez es broma.

NOTA: Los primeros años que pasé en California, Cindy y yo nos topamos cuatro veces «accidentalmente» con su anterior marido, Steve. No la acechaba. Él ya estaba antes de que llegáramos nosotros en algunos de los lugares donde nos topamos con él. Era obvio que nuestras órbitas se solapaban. Una de las veces que vimos a Steve estábamos en San Francisco, a cientos de kilómetros de casa. En el mostrador del hotel donde nos alojábamos nos recomendaron un buen restaurante italiano a la vuelta de la esquina. Hicimos la reserva y conseguimos una mesa junto a la ventana.

Hacia la mitad de la comida, Cindy dijo: «¡Steve está aquí!». Yo dije: «¡Tienes que estar de broma!».

Corrió a saludarlo y luego fui yo. No podía creer que volviéramos a tropezarnos con él, en esta ocasión a cientos de kilómetros de donde lo había conocido. Es probable que la mujer con la que estaba tampoco pudiera creer que se estuvieran topando con Cindy. Steve y yo siempre hemos tenido intercambios breves, pero agradables.

GARY: Es un buen tipo. Parece que no tenemos ningún problema el uno con el otro.

PURSAH: Es cierto. Es un hombre de mentalidad muy abierta. Y está haciendo progresos.

GARY: Genial. Oíd: ¡tengo un chiste de *Un curso de milagros* para vosotros! Ya sabéis que aún no hay muchos chistes sobre el *Curso*.

ARTEN: Bien, que sea bueno, y cuéntalo rápido. Tenemos reservas en Venus.

GARY: Todo mi trabajo es bueno. Debo mantener el nivel. Tengo una reputación que mantener.

PURSAH: Entonces cuéntalo ya.

GARY: De acuerdo. Hay tres tipos en el infierno. No está haciendo nada especial, simplemente se están quemando. Y uno dice:

—Oye, parece que vamos a estar aquí algún tiempo. Tal vez deberíamos presentarnos.

En el espíritu no hay masculino ni femenino.

Todos consideran que es una muy buena idea. De modo que el primer tipo, que acaba de terminar de hablar, dice:

—Mi nombre es Jacob y soy rabino. Estoy aquí, en el infierno, porque engañé a mi esposa.

El segundo dice:

—¡Qué interesante! Me llamo Bill, soy sacerdote católico y estoy aquí en el infierno porque tuve una esposa.

Y el tercer tipo dice:

—Hola. Me llamo Joe, soy estudiante de *Un curso de milagros* y no estoy aquí.

PURSAH: Muy bueno. Estás redimido.

ARTEN: Bromeaba con respecto a Venus, pero nos vamos. Sé bueno.

GARY: Lo intentaré. Esta mañana he releído una cita del «Libro de ejercicios». ¿Os parece bien si la leo para los tres antes de que os vayáis?

ARTEN: Siempre me alegro de oír algo de J. Y aunque se hayan leído todas estas citas antes, cada vez se entienden a niveles más profundos. No es que las palabras cambien, pero sí quien las lee. A medida que se deshace el ego, ves y sientes sus palabras desde otro lugar.

GARY: Bien, y gracias. La cita se relaciona con lo que dijisteis antes sobre confiar en el Espíritu Santo. Se habla mucho sobre el desarrollo de la confianza en el «Manual», pero esto es del «Libro de ejercicios»:

Al principio el milagro se acepta mediante la fe, porque pedirlo implica que la mente está ahora lista para concebir aquello que no puede ver ni entender. No obstante, la fe convocará a sus testigos para demostrar que aquello en lo que se basa realmente existe. Y así, el milagro justificará tu fe en él, y probará que esa fe descansaba sobre un mundo más real que el que antes veías: un mundo que ha sido redimido de lo que tú pensabas que se encontraba allí.[7]

8. LAS LECCIONES FINALES DE PURSAH

Es perfectamente obvio que si el Espíritu Santo contempla con amor todo lo que percibe, también te contempla a ti con amor. La evaluación que Él hace de ti se basa en Su conocimiento de lo que eres, y es, por lo tanto, una evaluación correcta. Y esta evaluación tiene que estar en tu mente porque Él lo está.[1]

En este mundo ilusorio, nunca sabes adónde te conducirán el perdón y el Espíritu Santo. El proceso puede dar como resultado resoluciones de conflictos imprevisibles. Conduce a encuentros con muchas personas que llegarán a formar parte de tu vida y que te ayudarán a conseguir cosas para el bien mayor. No porque tengan que hacerlo, sino porque quieren. Y como has sido preparado para escuchar mediante la gracia del Espíritu Santo, se te podrá llevar a una bifurcación en el camino que, tomada correctamente, contribuirá a la curación de la mente y a la salvación de la humanidad. Y, por supuesto, están las situaciones cotidianas de tu vida, que a la humanidad no le importan, pero, si son perdonadas, te aportarán paz.

Cuando Karen se trasladó a Oahu en enero de 2008, empezó a salir con un amable caballero japonés llamado David Tasaka. Se habían conocido gracias a mí; las conexiones no acaban. Mi agente, Jan, a veces organizaba cursos para mí en Hawái, y yo había hecho un par de ellos en la iglesia de la Unidad de

Cabeza de Diamante. David, que es estudiante del *Curso*, había venido a uno de los talleres y se había unido a mí, a Karen y a otros participantes cuando salimos a cenar después del taller. La semilla estaba plantada y, cuando Karen se trasladó a Oahu, ella y David empezaron a verse. Su relación se estabilizó.

Cuando el divorcio se hizo definitivo, Karen y yo nos mantuvimos en comunicación. Nuestra relación evolucionó hacia una sólida amistad, pero ella no hablaba con Cindy, y yo no esperaba que lo hiciera a corto plazo. Karen no sabía los detalles de mi relación con Cindy y habría sido excesivo esperar que ellas conectaran. Pero los cuatro éramos estudiantes del *Curso*, y el perdón es el hogar de los milagros, porque el milagro es el perdón.

Cuando llevaba unos pocos años en California, recibí un correo electrónico de Karen. David y ella iban a venir al continente. Después de visitar a su familia en Maine, pasarían por Florida, donde David era finalista en una competición de discursos de maestros de ceremonias. A continuación, vendrían a California, al condado de Orange, durante unos días, antes de volar de vuelta a Hawái. Karen preguntó si a Cindy y a mí nos gustaría encontrarnos con ellos para comer.

Me sentí sorprendido y deleitado. Le pregunté a Cindy si le parecía bien, y ella se mostró encantada. Un cálido día de verano nos encontramos con Karen y David en un Olive Garden local, a medio camino entre donde ellos se alojaban y donde nosotros vivíamos. Todos nos saludamos, nos abrazamos y tomamos asiento. Al principio, Karen se mostró un poco cautelosa con Cindy. Pero, asombrosamente, a los diez minutos ya se trataban como si fueran viejas amigas. A mí no me costó entablar conversación con David. Tiene una gran personalidad y me recuerda a mi amigo Michael Tamura, no porque ambos sean japoneses, sino por la amplia sonrisa que David y Michael parecen lucir la mayor parte del tiempo.

Allí sentado, miré a mi izquierda y observé a Cindy y a Karen, que estaban a ambos lados de la mesa, una frente a otra, y hablaban. Era demasiado. Pensé: «Dios mío, este asunto del perdón funciona de verdad». No había imaginado que contemplaría alguna vez esa escena. Pero allí estábamos todos, cuatro estudiantes del *Curso* que sabían para qué era todo aquello. Me sentía abrumado por la gratitud.

Lo único que en realidad yo había deseado para Karen era que fuera feliz, e igualmente creo que eso era lo que ella deseaba para mí. También es lo que quiero para Cindy y para David. Pensé: «Que el Espíritu Santo nos guíe a todos, a la velocidad de Dios, hacia el hogar que en realidad nunca hemos abandonado y al que estamos destinados a despertar».

Y lo único que Dios quiere es que su hijo sea feliz. Dios es perfecto amor. Incluso san Pablo y el Libro de Juan lo dicen. En la cristiandad se está produciendo una serena revolución con respecto a este tema, como decía la revista *Newsweek* en diciembre de 2007 en un artículo titulado «Los moderados invaden el campo de batalla religioso».

Rogier Fentener van Vlissingen, el autor de *Closing the Circle: Pursah's Gospel of Thomas and A Course in Miracles*, fue quien me envió ese artículo de *Newsweek*. En su libro, Rogier prueba que *La desaparición* es el puente entre el Evangelio de Tomás y el *Curso*. También examina de cerca la versión de Pursah del Evangelio, tal como ella la presenta en *Tu realidad inmortal*, e indica que, intuitivamente, tiene más sentido y es más consistente que la versión descubierta en Nag Hammadi a finales de 1945. En su versión, Pursah elimina cuarenta y cuatro de los versículos, que, según ella, están muy corrompidos o tienen añadidos que otros autores intercalaron durante los más de cien años transcurridos entre la crucifixión y la fecha de elaboración de ese manuscrito. Pursah también retoca los versículos restantes, y combina dos de ellos para ilustrar su significado, demostrando que encajan con un sentido evidente e inmediato. Así emerge la versión de Pursah del núcleo del Evangelio de Tomás, una versión que trae a la vida al maestro de sabiduría J de hace dos mil años y muestra, con mucha claridad, que su voz era la misma entonces que la que hoy encontramos en *Un curso de milagros*.

El artículo en cuestión cita a Bart Ehrman, un prolífico erudito bíblico conocido sobre todo por su trabajo sobre el Jesús histórico. Según *Newsweek*, a pesar de sus credenciales cristianas, Ehrman ya no puede creer en el Dios cristiano. Después de años de luchas internas, concluyó que un Dios amoroso y todopoderoso no causaría tanto sufrimiento. Se trata de un viejo problema en teología llamado teodicia. El libro de Ehrman, *God's Problem*, contiene tanta sincera humildad que suscitó simpatías incluso entre los lectores creyentes. «Algunas personas creen tener las respuestas, o no les molestan las preguntas. Yo no soy una de ellas», comenta Ehrman.

Para aquellos a los que les inquietan las preguntas, tal vez yo pueda sugerir humildemente que hay un lugar donde pueden encontrar respuestas. Pero solo el Espíritu Santo sabe cuáles son el momento y el lugar oportunos.

En 2011 hablé en la «Conferencia Internacional de *Un curso de milagros*» en San Francisco. Era la cuarta vez consecutiva que hablaba en esa conferencia bianual. Los organizadores deseaban llamarla «Escucha, aprende y haz». Al llegar allí, noté que muchos de los participantes se preguntaban: «¿Qué hemos de hacer? ¿Qué tenemos que hacer?». Cuando me dirigí al gran grupo, no pude evitar recordarles: «El *Curso* dice: "Perdonar es mi función por ser la luz del mundo".[2] Bueno, si el perdón es tu función por ser la luz del mundo, ¿qué demonios crees que tienes que hacer?».

Quería hablar con Arten y Pursah un poco más sobre su futura y última vida juntos en Chicago. No me decepcionaron. No obstante, durante esta visita solo habló Pursah. Arten se sentó en silencio y escuchó con atención.

GARY: Entonces, ¿cuáles son las grandes noticias de Chicago? Tengo mucho interés. En primer lugar, consigo ser una chica. Eso debe ser interesante.

PURSAH: Lo es. Pero es más interesante estar iluminado. Si hay una vida por la que merece la pena volver, esa es esta última. No hay nada tan bueno como el cielo. Pero, cuando estás iluminado, estás lo más cerca posible del cielo. Lo experimentas casi todo el tiempo. Tu cuerpo es tan ligero que es como estar en un sueño. Puedes funcionar aquí, pero es muy fácil; no es como la vida en un cuerpo a la que la mayor parte de la gente está acostumbrada. Yo estuve iluminada durante once años, más tiempo que la mayoría. No importa cuánto tiempo dure tu iluminación, si dura once años u once minutos. Una vez iluminado, estás iluminado, y seguirás así hasta que dejes delicadamente el cuerpo a un lado. Esa es la experiencia: dejas el cuerpo delicadamente a un lado porque no puedes sentir dolor. En ese punto la causa de la muerte se vuelve insignificante: como la de J en la cruz. La gente asume que debió ser horrible, pero para él no fue nada.

GARY: Antes de llegar al final, siento curiosidad por saber cómo era tu vida.

PURSAH: Te contaré una parte, y el resto lo averiguarás por ti mismo. Ya sabes cuáles son las mayores lecciones de perdón que afrontarás. En cuanto a los detalles de mi vida con Arten, fue muy normal. Yo era muy inteligente. Fui profesora universitaria de psicología. Tu interés en los aspectos psicológicos del *Curso* y la mente es un antecedente de esto. Tanto Arten como yo nacimos en Chicago, pero no nos conocimos hasta una edad avanzada. Estuve casada con un hombre maravilloso durante veintiún años. Falleció en un accidente y esa fue mi primera verdadera gran lección de perdón. Conoces a ese hombre en esta vida, solo que en esta ocasión no es un hombre, sino una mujer.

GARY: ¿Puedes decirme quién es?

PURSAH: Creo que está bien decírtelo, sobre todo ahora que te has divorciado. El hombre con el que tú, como mujer, te casarás en tu próxima y última vida es tu anterior esposa en esta vida, Karen.

GARY: Me tomas el pelo.

PURSAH: No. Tendréis experiencias muy hermosas juntos, y tu marido, cuyo nombre será Benji, aprenderá todo lo que necesita saber para iluminarse en su siguiente vida. Pero, como todo encaja, su muerte accidental en esa vida será una lección de perdón que te ayudará a ti, como Pursah, a iluminarte en el momento oportuno. Ese momento fue decidido por nosotros y el Espíritu Santo al final del tiempo, cuando se determinó qué sería lo mejor para todos.

GARY: Porque todo tiene que encajar.

PURSAH: Exactamente.

GARY: ¿Tuvisteis hijos?

PURSAH: No. Es habitual que las personas que viven su última vida, o incluso la penúltima, no tengan hijos. La atracción por producir más cuerpos disminuye. No digo que los iluminados no tengan hijos, pero no es tan común como en otras parejas. Siempre puede haber una buena razón para tener un hijo, porque encaja en la cadena interrelacionada del perdón. Es una cuestión de para qué lo usas y de para qué acaba usándolo el hijo.

Benji y yo éramos grandes aficionados al béisbol, otra continuación de tu vida actual. Nos encantaban los Cubs, e ir a su nuevo estadio.

GARY: ¿Ganarán los Cubs las series mundiales, como hicieron los Red Sox?

PURSAH: Sin duda.

GARY: ¿Qué año? ¿Qué año?

PURSAH: Lo siento, Gary. No puedo decirte eso. Si lo hiciera, muchos jugadores harían apuestas en Las Vegas a principio de la temporada.

GARY: Oh, claro. ¿Qué más os gustaba hacer?

PURSAH: Como tú, yo era aficionada al cine. Me gustaba cualquier tipo de vídeo. Hay un rasgo voyeurista que forma parte tanto de tu personalidad actual como de la mía en esa vida. Benji y yo teníamos una gran unidad holográfica en nuestro ático.

GARY: ¿Un ático? Debíais tener dinero.

PURSAH: Benji tenia mucha suerte porque sus padres eran ricos. Ya sabes, el Karma. De modo que yo era afortunada. Era una mujer muy guapa y lista, y a él le encantaba. Pero quiero decirte que las películas serán muy distintas dentro de cien años.

GARY: Para mejor, espero.

PURSAH: Si y no. La tecnología avanza muy deprisa. Dentro de cien años, al ir al cine podrás entrar dentro de la película. Serán holográficas, como la vida misma. Podrás conocer personas que no están allí e interactuar con ellas, como en tu vida actual, y te parecerán completamente reales, incluso en el contacto físico. Hoy ya tenéis la tecnología que os permite sentir cosas que no están allí. En el futuro, habrá películas que imitarán la realidad tan bien que no podrás notar la diferencia entre la ilusión real y la falsa ilusión.

> **Lo único que Dios quiere es que su hijo sea feliz.**

GARY: ¡Vaya! ¿Se podrán tener relaciones sexuales en la película y todo eso?

PURSAH: Sí, pero, por supuesto, habrá un gran debate moral al respecto. La derecha cristiana alucinará, y este tipo de películas no estarán disponibles en todas partes.

GARY: ¡Imagina la tentación de pensar que eres un cuerpo, y de seguir volviendo a por más para poder realizar tus fantasías!

PURSAH: Tranquilo, muchacho. Recuerda algo, Gary. Si eres estudiante del *Curso,* no importa si la imagen que ves es de una película que parece real o de tu vida de cada día que también parece real. Ambas son igual de perdonables, porque ambas son igual de falsas. Incluso si te olvidas de dónde estás, lo único que siempre debes hacer es perdonar lo que tienes delante de tu rostro.

GARY: Lo pillo. Pero dices que seguiré yendo al cine, ¿correcto?

PURSAH: Sí. No voy a repetir la parte de la historia que ya te conté en la primera serie de visitas. La recordarás bien, y siempre puedes consultarla. En *La desaparición* está entre las páginas 250 y 253 de la edición original inglesa, más o menos.* La historia de Arten relacionada con nuestra última vida está entre las páginas 294 y 296. Sabemos que los libros ya están en veintidós idiomas, otras personas tendrán que calcular los números de páginas por sí mismas, o deberán hacerlo los traductores.

GARY: De modo que en inglés está en la página 294 y en español está en la página 487.**

PURSAH: Es divertido. Siempre te lo has pasado bien en México y en Sudamérica, ¿cierto?

GARY: Me encanta. La gente es tan cálida; prácticamente te adoptan. Y lugares como Río y Bogotá… Te diré algo: saben pasárselo bien.

PURSAH: Eso es un arte en sí mismo. De modo que mi primera gran lección en esa vida fue perdonar la muerte de Benji. Fue testigo de un accidente e intentó ayudar a una persona atrapada en un coche. Había agua en el suelo. Cuando el coche chocó con un poste de la luz, un cable cargado de corriente cayó al agua, pero Benji no se dio cuenta. Pisó el agua y murió electrocutado.

GARY: ¡Qué pena! Debes haberte sentido desolada.

---

* Las páginas que corresponden a la versión española de *La desaparición del universo,* publicada por Ediciones El Grano de Mostaza, son: 250/253 = 263/266 y 295/296 = 308/310. (N. del T.).

** El autor bromea, alude de que algo breve en inglés resulta más largo al ser traducido al español. (N. del E.).

PURSAH: Sí, lo echaba terriblemente de menos. Pero tenía a J y su *Curso*, y lo perdoné todo. Pasó un año antes de que lo perdonara totalmente. La gente debe tomarse tiempo para el duelo. Guardas innumerables recuerdos en tu mente, sobre todo si has tenido una relación larga, y tienes que llegar a un acuerdo con todo ello. Benji me ayudó durante el proceso. A veces venía a mí en sueños y hacíamos el amor.

GARY: ¿Estaba realmente allí?

PURSAH: ¿Había estado realmente allí antes?

GARY: Lo entiendo. Era todo tu proyección, aunque, a veces, puede ser el Espíritu Santo que toma una forma. Pero, en último término, es una parte escindida de ti. Me gusta lo que dijo Cindy al respecto, que la raza humana es un gran desorden de personalidad múltiple.

PURSAH: Es una mujer inteligente y preciosa, y tú la amas.

GARY: Como Benji te amaba a ti.

PURSAH: El episodio de la universidad —cuando un estudiante alterado me acusó de proponerle sexo a cambio de una buena nota— arruinó mi carrera docente. Esa fue mi segunda gran lección. La he llamado un «fuego lento», porque, cuando ocurre algo así, se extiende a lo largo de un amplio periodo de tiempo y tienes que perseverar en el perdón, una y otra vez, hasta que lo atraviesas. Transcurridos un par de años, lo superé. Sí, suena duro. Pero, si lo consigues, progresas tanto en tu camino espiritual que te ahorras vidas de aprendizaje futuro. Yo lo hice.

GARY: De modo que podrías decir que fuiste capaz de Pursah-verar.

PURSAH: No vuelvas a decir eso nunca. Las dos últimas lecciones de mi vida se presentaron a la vez y, en realidad, no eran lecciones, porque ya había alcanzado la iluminación. Pero tenía una función que desempeñar: ayudar a Arten a alcanzarla. Su última gran oportunidad de perdonar fue la muerte de mi cuerpo. Mi parte consistió en verlo como Cristo, aunque podía notar que él se sentía molesto porque mi cuerpo iba a quedar a un lado. Cuando ves a alguien en esa situación, a través de la visión espiritual, eso le enseña a él a hacer lo mismo en el futuro. Y yo quería animarlo asegurándole que nunca estaríamos separados. Somos uno. Además, yo no sentía dolor, y eso lo consolaba. Estaba en un estado de paz total. Ese último día, le cité esta parte del *Curso*, que me sabía de memoria:

> Maestro de Dios, tu única tarea puede definirse de la siguiente manera: no hagas ningún trato en el que la muerte sea parte integrante de él. No creas en la crueldad, ni permitas que el ataque oculte la verdad de ti. Lo que parece morir tan solo se ha percibido incorrectamente y se ha llevado al campo de las ilusiones. De ahí que tu tarea sea ahora permitir que las ilusiones sean llevadas ante la verdad.[3]

GARY: Suena como que realmente lo tenías aprendido.

PURSAH: Décadas de práctica harán eso por ti. Vamos a irnos para que puedas pensar en esto. Arten hablará la próxima vez. Pero, de momento, me gustaría darte el resto de esa cita del *Curso*, porque es muy significativa. Deseo que estés bien, querido hermano.

> Mantente firme solo en esto: no te dejes engañar por la «realidad» de ninguna forma cambiante. La verdad no cambia ni fluctúa, ni sucumbe ante la muerte o ante la destrucción. ¿Y cuál es el final de la muerte? Nada más que esto: el reconocimiento de que el Hijo de Dios es inocente ahora y siempre. Nada más que eso. Pero no olvides que tampoco es menos.[4]

9. LAS LECCIONES FINALES DE ARTEN

La relación especial te ofrece el marco más imponente y falaz de todas las defensas de las que el ego se vale. Su sistema de pensamiento se ofrece aquí, rodeado por un marco tan recargado y elaborado que el cuadro casi desaparece debido a la imponente estructura del marco. En el marco van entretejidas toda suerte de fantasías de amor quiméricas y fragmentadas, engarzadas con sueño de sacrificio y vanagloria, y entrelazada con hilos dorados de auto-destrucción. El brillo de la sangre resplandece como si de rubíes se tratase, y las lágrimas van talladas cual diamantes que refulgen tenuemente a la luz mortecina en que se hace el ofrecimiento.

Examina el cuadro. No dejes que el marco te distraiga. Este cuadro se te ofrece para que te condenes, y si lo aceptas creerás estar condenado. No puedes conservar el marco sin el cuadro. Lo que valoras es el marco, pues en él no ves conflicto. No obstante, el marco no es más que la envoltura del regalo de conflicto. El marco no es un regalo. No te dejes engañar por los aspectos más superficiales de este sistema de pensamiento, pues en ellos se encierra todo el sistema en sí, sin excluir ningún aspecto. En este regalo rutilante habita la muerte. No permitas que tu mirada se pose en los destellos hipnóticos del marco. Mira el cuadro y date cuenta de que lo que te ofrece es la muerte.

Por eso es por lo que el instante santo es tan importante para la defensa de la verdad. La verdad en sí no necesita defensa, mas tú necesitas ser defendido contra tu aceptación del regalo de muerte.[1]

Había hablado con Pursah de su última vida y quería hacer lo mismo con Arten. Arten me gustaba cada vez más. Al principio su aspecto me inspiraba un rechazo instintivo: era alto, guapo, de piel oscura, como un dios griego. Me sentía celoso, sobre todo porque en los noventa fantaseaba con Pursah. Dada su condición de maestros ascendidos, era estúpido por mi parte. A veces sabes que algo es estúpido, pero eso no te detiene. Y cuando aprendes que el sistema de pensamiento del ego es estúpido, eso tampoco te impide actuar como un ego. Hace falta mucho trabajo y mucho perdón.

En el otoño de 2012, casi veinte años después de ver a mis profesores por primera vez, sentía un profundo respeto por Arten, así como por Pursah, y los amaba a ambos.

Lo único que siempre debes hacer es perdonar lo que tienes delante de tu rostro.

Asimismo, ese año mi vida y mi programación empezaron a ser más cuerdos. La inspección de Hacienda, que había durado casi tres años, ya había acabado. Querían que pagara unos ciento cincuenta mil dólares. Acabé pagando unos seis mil, además de otros cinco mil a mi excelente contable por su trabajo durante ese periodo. No está mal, si se considera el rescate que el gobierno me había exigido inicialmente para acabar con su extorsión.

Si Pursah era fiel a su palabra, y siempre lo era, sería Arten el que hablara en la próxima visita. Tenía la sensación de que se presentarían aquella tarde, porque Cindy tenía cita en la peluquería e iba a estar fuera unas cuatro horas. Desde que me había trasladado a California, mis profesores se presentaban en momentos en los que Cindy no estaba en casa, o alguna vez me visitaban en la habitación del hotel mientras viajaba, si Cindy no estaba conmigo.

Me pregunté si alguna vez se presentarían ante mi esposa. Después de todo, Arten era Cindy en su siguiente y última vida, tal como Pursah era yo. El único obstáculo era una promesa que habían hecho hacia 2004. Habían dicho que solo se me aparecerían a mí. Había una razón para ello, y no es que yo sea especial. No querían que el mensaje se modificara.

Sería fácil para otras personas decir que Arten y Pursah se les manifestaban, y de hecho lo dijeron. Y si se aparecían a los canalizadores que dan sus propias versiones del *Curso*, el mensaje dejaría fuera las partes más importantes, y no desharía el ego. Yo había hablado en las mismas conferencias que algunas de esas personas, que eran reverenciadas por sus seguidores, y, aunque de vez en cuando citaban el *Curso* como si lo enseñaran, o algo así, me chocó su falta de comprensión de él y de por qué funciona. En sus presentaciones, enseñaban métodos que solo conseguían que quienes los practicaban se sintieran bien por un tiempo, y así era inevitable que retrasaran el objetivo de la salvación.

Un señor mayor de Wisconsin que con "humildad" se autodenominaba «Maestro de maestros de *Un curso de milagros*»*, y que en una ocasión me había pegado en público, dijo a sus seguidores en 2006 que Arten y Pursah se le aparecían, y que él podía comunicar sus mensajes mejor que yo. Por fortuna, mi segundo libro acababa de publicarse, y un par de personas le dijeron que Arten y Pursah habían dicho que no se aparecerían a nadie más que a mí. *Master Teacher* dejó de decir que Arten y Pursah lo visitaban. Mis maestros sabían bien lo que hacían.

De hecho, en parte me refiero a este caballero cuando le digo a los estudiantes de manera muy clara que, si un maestro de *Un curso de milagros* quiere que vayan a vivir con él, no lo hagan. Sería

---

una secta. *Un curso de milagros* es un proceso de estudio individual, y esto se dice con todas las letras en el «Prefacio»: «Su objetivo no es sentar las bases para iniciar un culto más».[2] Si alguien organiza una «comunidad del *Curso*» —ya sea en Norteamérica, Sudamérica, Dinamarca o cualquier otro lugar de la Tierra— y quiere que tú vayas a vivir allí, o cerca de otros estudiantes del *Curso*, no vayas. De algún modo te harán depender de esa comunidad y tal vez te persuadan sutilmente para que les «dones» tu dinero, tu coche e incluso tu casa. Como también dice el *Curso*: «El tiempo puede causar deterioro y también puede desperdiciarse».[3] Quien tenga dos buenos oídos para oír, ¡que oiga!

Esa tarde, mientras Cindy disfrutaba de su sesión de peluquería, Arten y Pursah volvieron a aparecerse ante mí.

ARTEN: Pareces un poco cansado hoy. Deberías apagar esa gran pantalla de televisión e ir a dormir antes. Queremos que estés fresco para estos diálogos.

GARY: No es culpa mía. Soy una víctima de Dios.

ARTEN: Oh, lo siento. No lo sabía.

¿Te gustaría oír algo sobre mi última vida? Creo que estaría bien.

GARY: ¿No crees que sería justo que Cindy lo oyera? Después de todo, tú eres ella. También es su última vida.

ARTEN: No es que crea que no se lo merece. Si ella lee este libro que estamos haciendo, sabrá tanto de su última vida como tú. Pero ella no nos necesita tanto como tú nos necesitabas cuando empezamos a aparecernos ante ti. Tú eres francés. Ella es más independiente. Es suiza.

GARY: Basta de estereotipos internacionales. ¿Significa eso que nunca apareceréis ante ella?

ARTEN: Bueno, no he dicho eso. Sabemos que podemos confiar en que ella no cambiará el mensaje, de modo que nunca se sabe. Si ocurre, ocurre.

¿Qué te parece si seguimos adelante?

GARY: Está bien. Pursah, que está aquí y es tan atractiva cuando se queda en silencio, me contó parte de la trama, de modo que ahora estoy enterado. No puedo evitarlo; soy músico. ¿Te gustaría compartir algo sobre el futuro de Cindy y el mío?

ARTEN: Claro, músico loco. A propósito, Pursah no tuvo el don del talento musical en esa vida. Se enfocó en la psicología y la espiritualidad. Aparentemente, tu habilidad musical se debía al acervo genético. Pero yo sí heredé parte del talento musical de Cindy y Tadeo, y lo aproveché cuando era joven. Toqué la batería en la universidad y tenía mucho éxito entre las hermandades femeninas.

GARY: Sabía que eras un libidinoso. Y ser batería es casi como ser músico. ¿Es algo que te vino naturalmente o tomaste lecciones?

ARTEN: Vino de manera natural. También cantaba. Como sabes, saber cantar dobla tu importancia como músico. Esto tengo que agradecérselo a Cindy y a Tad, como le llamamos en el negocio. Sin embargo, a medida que me hacía mayor, mis pensamientos se orientaron hacia la psiquiatría. No fui psicólogo, sino psiquiatra. Podía prescribir medicamentos a mis pacientes.

GARY: Hay mucho dinero en eso. ¿Con qué frecuencia lo hacías?

ARTEN: No mucho. No era el psiquiatra típico. Ni fan de las grandes farmacéuticas. Para la industria el dinero es más importante que la vida, y ha suprimido algunas curas para enfermedades. Pero ya era estudiante del *Curso* a los veinticinco años. A medida que empecé a comprender su significado, se me ocurrió la idea de intentar hacer que mis pacientes cambiaran su manera de pensar mediante el entrenamiento mental, en lugar de drogarlos.

GARY: Vaya, colega. Retiro esas cosas que estaba pensando sobre ti, que de todas maneras me estaban jodiendo.

ARTEN. Gracias. Recuerda: los regalos que das quedan guardados para ti.

GARY: No parafrasees. De modo que te hiciste psiquiatra, pero intentaste hacer que tus pacientes cambiaran su manera de pensar para mejorar su estado de ánimo, en lugar de darles medicación. Dices que no recetabas muchos medicamentos. ¿Funcionó?

ARTEN: Tenía una tasa de éxitos tan buena como cualquier otro, a veces mejor. Si un paciente estaba preparado para ello, lo dirigía hacia el *Curso*. Si no, practicaba el perdón con él. Siempre me interesó mucho la extensión del *Curso* «Psicoterapia: propósito, proceso y práctica».

GARY: Sí. Yo la llamo la sección «Psico», para abreviar.

ARTEN: Date cuenta de que en ningún lugar de esa sección dice J que el terapeuta tenga que cambiar de método. Solo le aconseja que haga el trabajo para el que ha sido entrenado y que practique el perdón al mismo tiempo. En ese sentido, a medida que lo leas, donde quiera que encuentres la palabra terapeuta puedes sustituirla por el nombre de tu trabajo, y lo que dice el texto seguirá siendo válido.

Usaba el *Curso* y el perdón. Y a los que no estaban preparados para el *Curso,* pero podían tolerar una disciplina que sonara secular, los ayudaba con un programa de entrenamiento mental destinado a cambiar sus pensamientos. Como sabes, es posible curar la mayoría de las depresiones del mundo si puedes entrenar a la gente para que tome las riendas de su poder mental y deje de pensar la basura a la que se ha aferrado toda su vida con respecto a otros y a sí misma. Tienes que romper su patrón de pensamiento y darle algo para reemplazarlo.

Reconozco que, si tuve capacidad para realizar ese trabajo, parte del mérito le corresponde a Cindy. Se está convirtiendo en una gran terapeuta, y este es un don que llevará consigo a su siguiente vida.

GARY: Genial. Oye, la gente me pregunta por el método de curación Ho'oponopono. ¿Lo usaste?

ARTEN: No. No va hasta el final. Además, no me gustaba la parte donde se dice: «Lo siento».

GARY: De modo que esto es en el futuro. ¿Arraigó tu método?

ARTEN: Empezó a hacerlo. Tenía la impresión de que podía iniciar una tendencia. Publiqué algunos trabajos y recibieron una moderada aceptación, como tus libros.

GARY: Es divertido. En cualquier caso, creo que es genial que lo hicieras. ¿Y cómo eran los demás aspectos de tu vida? ¿Cómo alcanzaste la iluminación?

ARTEN: Estaba casado a los treinta. No conocí a Pursah hasta después de los sesenta. Tener sesenta dentro de un siglo será como tener cuarenta ahora. Al final de este siglo será normal que la gente viva ciento veinte años. La esperanza media de vida será de cien años. También será habitual que la gente se case tres o cuatro veces en su vida. Pero Pursah y yo éramos monógamos desde que cada uno de nosotros se casó con otra persona, yo a los treinta y ella a los cuarenta.

GARY: ¿Y con quién estabas casado? Me temo que podría conocer la respuesta, teniendo en cuenta la persona con la que estaba casada Pursah.

ARTEN: Lo pillaste, estudiante brillante. Steve, el primer marido de Cindy, o mío en mi vida anterior, será una mujer, y mi esposa, en esa próxima y última vida. De modo que ya ves, las pruebas son realmente lecciones que se vuelven a presentar. No es que nos quedaran muchas lecciones por aprender; de hecho, nos llevábamos bien. Hubiera sido feliz con Charlene, que era su nombre, el resto de mi vida. Incluso un par de años después de su fallecimiento, yo no tenía intención de volver a casarme.

GARY: ¿Niños?

ARTEN: No. Odio a los niños, esos pequeños bastardos. Es broma. Mi historia fue similar a la de Pursah. Nos encontramos cuando teníamos que encontrarnos, y en dos días supimos que probablemente pasaríamos el resto de nuestra vida juntos.

GARY: Excelente. Y sé que amas a todo el mundo, incluso a los niños y los animales.

ARTEN: Ellos son los más fáciles de amar. En cualquier caso, aparte de las ocasiones en las que orientaba a alguno de mis pacientes hacia el *Curso*, en esa vida no lo enseñé, y tampoco lo hizo Pursah. Al menos no lo enseñamos en el sentido tradicional. Lo vivimos. Como dice el *Curso*:

> Enseñar es demostrar. Existen solamente dos sistemas de pensamiento, y tú demuestras constantemente tu creencia de que uno u otro es cierto. De tu demostración otros aprenden, al igual que tú.[4]

No asumimos el papel didáctico tradicional como has hecho tú. Fuiste guiado a hacerlo porque era de ayuda. Pero también lo demuestras con tu perdón.

GARY: Soy una doble amenaza. Por eso gano mucho dinero y tú no.

ARTEN: Donde yo vivo no se necesita el dinero. Y tu tiempo está llegando. Entonces ya no habrá tiempo.

Charlene hizo su transición cuando yo tenía cincuenta y dos años. Iba caminando a la tienda a comprar comida. Hubo un tiroteo entre bandas, y una bala perdida le dio en la cabeza. Cuando oí la noticia, creí morir, pero no morí. Había atesorado nuestro tiempo juntos y sentí que mi vida había terminado, con *Curso* o sin *Curso*. Perdoné poco a poco, e intenté aprender a vivir otra vez, pero no tenía el corazón en ello.

Después conocí a Pursah, cuando tenía más de sesenta años, y ella lo renovó todo. Empezamos con una relación de amor especial, pero en el plazo de meses se transformó en una relación santa. Ella se iluminó como ocho años después. Ambos lo supimos. Pero nadie podía adivinarlo viendonos caminar por la acera o en un restaurante. La única diferencia que notaban los demás era que Pursah sonreía con más frecuencia que la mayoría de la gente, como dice el *Curso*.

Empezamos a hacer transporte mental como un año después de que se iluminara. Mi mente no era tan poderosa como la suya, pero los dos sabíamos que me faltaba poco. Cuando tu conciencia aumenta, porque la interferencia del ego ha quedado deshecha, tu mente puede hacer cualquier cosa. Intentamos que nuestra habilidad pasara inadvertida. Preferíamos trasladarnos a lugares donde no había gente. Cuando el Espíritu Santo ha sanado por completo tu mente inconsciente, no hay bloqueos ni barreras; nada te retiene. Piensas y estás allí. Al principio no podía hacerlo sin unirme a la mente de Pursah. Cuando te transportamos a ti, ya habíamos unido nuestra mente con la tuya.

También practicamos algo la levitación, pero el transporte mental era más divertido. Luego, por supuesto, te das cuenta de que todos los lugares son lo mismo. Ya lo sabías, se trata de otra confirmación de tu nueva percepción. En realidad, nunca vas a ninguna parte. Todo es una proyección.

Al final, después de la transición de Pursah, me iluminé. Gracias a ella había sido capaz de perdonar de verdad y de aprender mi lección final: la muerte de su cuerpo. Ella hizo un gran trabajo acompañándome durante su transición. Ahora somos manifestaciones del Espíritu Santo. Nuestras imágenes se usan para enseñar, y para nada más. Cuando no nos comunicamos contigo, estamos en casa en Dios. Es una existencia gloriosa, Gary. No existen la carencia, los problemas, la muerte ni la soledad. Hay plenitud y totalidad. Es completo. ¡Y el amor es casi excesivo! Tu copa rebosa. Si supieras la alegría que te espera, ahora misma te pondrías a dar saltos.

Cuando tú y Cindy viváis esa última vida como Pursah y Arten, recordaréis lo suficiente como para juntar las piezas del rompecabezas de vuestra vida anterior, y también la pieza final. Pero olvidaréis lo suficiente como para poder aprender las pocas lecciones de perdón que os quedan para iluminaros. Por eso el Espíritu Santo eligió ese tiempo para que fueras liberado a la revelación y la eternidad.

Ha sido un placer estar contigo, hermano. No cuentes a nadie que te he dicho esto, pero me gusta tu trabajo. Sigue así. Como solemos hacer, hoy nos vamos con una maravillosa cita de nuestro líder. Siempre seremos sus discípulos con fines didácticos, aunque somos uno con él en el cielo. Que Dios te bendiga y que avances a la velocidad de Dios.

GARY: Muchas gracias, tíos. Os quiero.

ARTEN: Nosotros también te queremos, Gary. A propósito, la primera línea de la cita hace referencia al cuerpo:

La rama que no da fruto será cortada y se secará. ¡Alégrate de que sea así! La luz brillará desde la verdadera Fuente de la vida, y tu forma de pensar quedará corregida. No puede ser de otra manera. Tú que tienes miedo de la salvación estás eligiendo la muerte. Vida y muerte, luz y obscuridad, conocimiento y percepción, son conceptos irreconciliables. Creer que se pueden reconciliar es creer que Dios y Su Hijo no pueden reconciliarse. Solo la unicidad del conocimiento está libre de conflicto. Tu reino no es de este mundo porque te fue dado desde más allá de él.[5]

10. EL AMOR NO HA OLVIDADO A NADIE

Somos los portadores de la salvación. Aceptamos nuestro papel como salvadores del mundo, el cual se redime mediante nuestro perdón conjunto. Y al concederle el regalo de nuestro perdón, este se nos concede a nosotros. Vemos a todos como nuestros hermanos, y percibimos todas las cosas como buenas y bondadosas. No estamos interesados en ninguna función que se encuentre más allá del umbral del Cielo. El conocimiento volverá a aflorar en nosotros cuando hayamos desempeñado nuestro papel. Lo único que nos concierne ahora es dar la bienvenida a la verdad.

Nuestros son los ojos a través de los cuales la visión de Cristo ve un mundo redimido de todo pensamiento de pecado. Nuestros, los oídos que oyen la Voz que habla por Dios proclamar que el mundo es inocente. Nuestras, las mentes que se unen conforme bendecimos al mundo. Y desde la unión que hemos alcanzado, invitamos a todos nuestros hermanos a compartir nuestra paz y a consumar nuestra dicha.[1]

Para el ego es una herejía pensar que lo que haces no es importante. *«¡Por supuesto que lo que hago es importante! ¡Por supuesto que lo que ocurre en mi vida es muy importante!»*. ¿Por qué? Porque crees en ello. Si no creyeras en ello, no sería importante.

Un científico puede hacer un holograma muy impresionante e intrincado en un laboratorio. Puede analizarlo y planearlo bien; prepararlo para cautivar a cualquiera que lo vea. Sin embargo, no hay imagen. No hay nada allí, nada por lo que dejarse impresionar y nada en lo que creer. Solo cuando el científico hace brillar el rayo láser a través del holograma, este se muestra y parece real. Sin el poder del rayo láser, no hay nada por lo que te puedas sentir cautivado.

El poder que ilumina el universo de tiempo y espacio, y hace que parezca tan real para nosotros, es el poder de nuestra creencia. Por sí mismo, el universo no es nada. Es una proyección surgida de los profundos cañones de nuestra propia mente inconsciente colectiva. Y nosotros, como una mente egotista aparentemente separada, somos su causa. No fue una buena idea, como tampoco lo fue que el hijo pródigo, en la parábola de J de la falsa creación, abandonara el hogar. De hecho, fue un movimiento estúpido. Todo lo que encontró fue escasez. E incluso si por algún tiempo tuvo mucho, no era todo, de modo que seguía siendo escaso. Sin embargo, no puede haber escasez en la unicidad perfecta, donde, por definición, lo tenemos todo. La única solución lógica, para alguien que se fue del hogar cuando no debía hacerlo, es volver allí.

Como creemos en este mundo y pensamos que es la parte más importante de este universo, porque es todo lo que parecemos tener, el mundo tiene poder sobre nosotros. Es nuestra creencia lo que le da ese poder y nos convierte en un efecto.

Si aprendes a retirar esa creencia en el mundo y a ponerla donde realmente debe estar, consigues deshacer el sistema de pensamiento que la originó. Puedes volver a ser causa y cambiar de opinión. Y después, como el *Curso* expresa de forma clara y sucinta, puedes elegir: «… de nuevo si quieres ocupar el lugar que te corresponde entre los salvadores del mundo, o si prefieres quedarte en el infierno y mantener a tus hermanos allí».[2].

Lo decides al elegir la visión espiritual en lugar de la «visión» del ego. Se consigue invirtiendo en la creencia de que el espíritu totalmente inocente está por doquier, en lugar de lo que los falsos ojos del cuerpo parecen mostrar. Pasas por alto lo que se te muestra, y en cambio piensas en la verdad.

Es justo que preguntes: «¿Cómo puedo hacer esto cuando tengo al mundo siempre delante de mi cara?». Es una pregunta legítima. Has sido engañado por un experto. Y desde el momento en el que pareces nacer hasta el momento en el que pareces morir, tendrás que afrontar una interminable serie de problemas. El objetivo es distraer tu atención hacia la pantalla ilusoria que ves, si es posible para siempre. Se pretende que mantengas la atención alejada del lugar donde reside la respuesta a la vida, y concentrada en la mente que proyectó originalmente el falso universo y después te convenció de que era verdadero.

Recuerda: los regalos que das quedan guardados para ti.

Se requiere estar alerta para cambiar de mentalidad, más esa atención es lo único que te llevará a la felicidad. Nada en este mundo lo consigue. ¿Significa eso que no puedes tener el mundo? Parece paradójico, pero puedes tenerlo. Lo que no puedes es creer en él. Así es como renuncias al mundo, y tienes que renunciar a él. Pero renuncias a él en la mente, no físicamente, a menos que te sientas guiado por el Espíritu Santo a hacerlo para instaurar una disciplina. Se trataría entonces de una guía individual, que no es igual para todos.

La felicidad no puede depender de las circunstancias. Si depende, estás jodido, porque lo único que puedes esperar en el mundo del cambio y la mutación es que las cosas cambien y muten. No va a durar aunque uses la ley de atracción y consigas lo que deseas, lo que, según observo, parecen lograr una de cada cien personas que lo intentan.

Aquí nada es permanente. Lo que tiene vida aparente en un momento puede fallecer al siguiente. No pretendo desanimarte, sino orientarte hacia algo que nunca se puede alterar y que lograra hacerte feliz para siempre, puesto que no depende de lo que ocurre. Esa es la espiritualidad real, y puede estar ahí para ti al margen de lo que parezca ocurrir. Puedes seguir teniendo tu vida. Solo que ahora la contemplas de una manera diferente, por encima del campo de batalla. Miras la vida y a todas las personas y cosas que ves con la visión espiritual.

Incluso la práctica de la ley de atracción y otras técnicas de autoayuda populares serían experiencias del todo diferentes y funcionarían con mucha más frecuencia si las hicieras con el Espíritu Santo. El proceso de perdón, que conduce a la verdadera abundancia, es el ingrediente que falta en estos métodos. Cuando trabajas con el Espíritu Santo, no estás solo. Si tienes que tomar decisiones por ti mismo, eso es separación y también un des-astre. "Astre" significa 'astral'. Des-astre significa que no estás conectado con el lugar superior que sabe cómo son las cosas. La mejor manera de estar conectado es deshacer la interferencia del ego que te separa de tu verdadero ser, que es espíritu. Entonces, puedes ser guiado a lo que es mejor para todos, en lugar de a lo mejor para tu ego, que quiere convencerte de que eres un cuerpo, para que su loco juego de separación pueda continuar.

Con el Espíritu Santo, todo lo que haces puede ser una expresión de amor. Lo importante ya no es lo que hagas; es el amor. Si vienes desde un lugar amoroso, no vas a hacer cosas malas; harás cosas buenas. El perdón que deshace el ego conduce de forma automática al amor, porque amor y espíritu son sinónimos. Ahora bien, lo que está en tu mente, que es causa, es el amor, y no el ego. El amor no necesita nada, porque ya tiene todo en un estado de unicidad con el espíritu. No tienes que conseguir nada de nadie. Puedes tener una relación santa. Puedes venir desde un lugar de abundancia. Es paradójico que sea más probable ser guiado a la abundancia cuando ya se está allí.

Nuestra creencia en el universo de tiempo y espacio tiene que ser disipada. De hecho, el *Curso* usa la palabra disipar veintiséis veces.* Esa creencia puede devolverse a Dios y su Reino si dejamos de pensar con el ego, empezamos a pensar con el Espíritu Santo y miramos con los ojos de Cristo. ¿Continuará el ego mostrándonos cuerpos? Sí, hasta que dejemos suavemente nuestros cuerpos a un lado por última vez y volvamos a casa. Pero podemos elegir reconocer solo la realidad con nuestras creencias. Como nos dice el *Curso*: «La salvación no te pide que contemples el espíritu y no percibas el cuerpo. Simplemente te pide que esa sea tu elección».[3] Entonces, sabiendo que tal como le veamos a él nos veremos a nosotros,[4] no puede sino surgir en nuestra mente la comprensión de que somos uno en Cristo, que es el perfecto Amor que de verdad somos.

Corría la primera semana de enero de 2013. Tenía más preguntas para Arten y Pursah y había transcurrido más tiempo del habitual desde su última aparición. Había grabado una película en la televisión por cable que quería ver desde hacía tiempo. Estaba a punto de ponerla cuando, de repente, ellos estaban conmigo. Parecían felices, y yo también me sentí feliz. Pursah, que no había hablado durante la última aparición, comenzó el diálogo.

PURSAH: Oye, amigo, siento interrumpirte. ¿Qué vas a ver?

GARY: Se titula *Vampiros Lesbos*.

PURSAH: Bueno, sentimos retrasar tus exploraciones sociales, pero nos gustaría abordar un par de temas. Nuestro libro en proyecto, *El amor no ha olvidado a nadie*, está casi acabado. Completará la trilogía de *La desaparición*.

GARY: Ni siquiera había pensado en ellos como una trilogía, pero supongo que lo es.

ARTEN: Oh, sí. Todo encaja como un holograma. Lo has hecho bien. Este libro te ha llevado más tiempo de lo que te

---

* En la versión original inglesa (N. del T.)

aconsejamos, pero has tenido muchas lecciones extras y estabas preparado para ellas. Tu vida será un poco más tranquila a partir de ahora, lo que significa que tendrás más tiempo para escribir.

GARY: ¿Significa eso que vamos a hacer más libros juntos?

PURSAH: Eso siempre depende de ti y del Espíritu Santo, Gary. Ya lo sabes. Aunque también vas a escribir otras cosas. De modo que lo dejaremos así: si alguna vez quieres que volvamos a visitarte, pídelo. Nosotros te oiremos y elegiremos el momento óptimo para todos. Independientemente del trabajo que hagas, sea con Cindy o con cualquier otra persona, escribir para la pequeña pantalla o cualquier otra cosa, estaremos aquí para ti si tú quieres. Por supuesto, siempre dispones también de nuestra guía en tu mente.

GARY: ¡Genial! Si no os veo durante mucho tiempo, os echaré de menos. Quiero decir que ya sé que solo sois imágenes y todo eso, pero sois mis amigos.

ARTEN: Y tú el nuestro. Somos el equipo RAP.

GARY: ¿Qué significa eso?

ARTEN: Renard, Arten y Pursah.

GARY: Creo que debes ceñirte a la salvación y dejarme a mí los aspectos promocionales.

ARTEN: Puedo aceptar eso. Ahora bien, sabemos que tienes un par de preguntas que plantearnos.

GARY: Sí. Ha habido muchas tragedias en las noticias últimamente y, cuando estoy en los talleres o en Internet, la gente me pregunta por las víctimas. Claro, les digo que perdonen. Pero ¿tenéis alguno de vosotros un consejo más específico?

PURSAH: Esta siempre es una cuestión dura para la mayoría de la gente. El verdadero perdón siempre es la respuesta. Sabemos que tú puedes hacerlo. Pero, para los principiantes, una tragedia con muchas víctimas es difícil de asumir. Lo primero que tienen que intentar aceptar es que la razón por la que se sienten mal es que están mirando la situación con el ego.

ARTEN: Sí. Algunas personas están acostumbradas a hacer un seguimiento de sus pensamientos y a pillarse cuando piensan de forma negativa. Pero, como sabes, pocos monitorizan sus sentimientos. Cuando la gente se siente consternada, se producen las discusiones y la violencia. De modo que tú y los demás tenéis que empezar a detectar cuando empezáis a sentiros mal, con juicios, heridos por dentro, lamentando la situación o incómodos en algún sentido. Puede tratarse de un sentimiento sutil o de una ira manifiesta. Pero todo es lo mismo, y siempre es el ego. En cuanto lo notes, tienes que detenerte. Quieres dejar de pensar con el ego. Si estás viendo la televisión y ves una historia terrible en las noticias —como un sunami o un terremoto que arrasa una zona del planeta—, tienes que detenerte y cambiar al Espíritu Santo. Piensa en el Espíritu Santo. Aquí entra en juego la disciplina. Tienes que hacerlo. Por eso el «Libro de ejercicios» es tan importante, porque ayuda a entrenar la mente para pensar de esta manera.

PURSAH: Una vez que piensas con el Espíritu Santo, recuerdas que lo que ves como consecuencias de una tragedia es un truco para que percibas a las víctimas como cuerpos y no como espíritu y, así, para que, en consecuencia, pienses en ti mismo como cuerpo en lugar de como espíritu. Pero entonces, como ya lo sabes, puedes elegir el milagro del Espíritu Santo. J dice: «Un milagro es una corrección. No crea, ni cambia realmente nada en absoluto. Simplemente contempla la devastación y le recuerda a la mente que lo que ve es falso».[5]

A continuación, puedes dar el tercer paso y pensar fuera del sistema. Piensa más allá del velo, en la verdad, que es la Expiación. ¿Recuerdas qué es la plena conciencia de la Expiación?

GARY: Claro. Una vez más, es que *la separación nunca ocurrió*.[6]

PURSAH: Correcto, de modo que, si la idea del ego de separación nunca ocurrió, puedes elegir no creerle al ego y, en cambio, creer en el Espíritu Santo y recordar la luz de la verdad que está más allá del velo. Como J explica tan sorprendentemente hacia el final del «Texto» del *Curso*: «Mi mano se extiende en gozosa bienvenida a todo hermano que quiera unirse a mí para ir más allá de la tentación, y mirar con firme determinación hacia la luz que brilla con perfecta constancia más allá de ella.[7]

GARY: Lo entiendo. Pero hace falta mucha determinación para hacerlo.

PURSAH: Sí, tienes que quererlo.

ARTEN: ¿Qué dice el *Curso* sobre las palabras «quiero la paz de Dios»?

GARY: Lo sé. «Decir estas palabras no es nada. Pero decirlas de corazón lo es todo».[8]

PURSAH: Sí. Y ahí lo tienes. La verdad no va a cambiar, Gary. Pero tienes que estar dispuesto a aceptarla. Al principio tienes que estar un poco dispuesto a escuchar al Espíritu Santo. Pero después tienes que estar muy dispuesto a querer la paz de Dios más que ninguna otra cosa que parezca existir, y eso exige compromiso. ¿Estás preparado para ello?

GARY: Sí, más que nunca.

PURSAH: Te creo. De modo que hazlo y el resultado será amor.

GARY: Cada vez experimento más la presencia del amor. Antes, cuando os ibais, me sentía solo, aparte de algunas experiencias geniales que tenía de vez en cuando tras vuestra partida. Ahora nunca me siento solo. De hecho, sé que no puedo estar solo, porque el Espíritu Santo está siempre conmigo.

ARTEN: Excelente. La mayoría de la gente se siente sola a veces. Pero, como te dijo Tadeo que le enseñó J hace dos mil años, la verdad es que nunca se puede estar solo.

GARY: Eso me recuerda una cita que me gusta. Dejadme que la mire.

ARTEN: Eres muy bueno para encontrarlas.

GARY: Me habéis hecho adquirir mucha práctica, sobre todo aquellos primeros diez años. Aquí está. Pursah acaba de hablar de no creer en el ego y ahora tú hablas de no sentirse solo.

Esto realmente define la actitud de J respecto a esta cuestión:

> Este curso no tiene otro propósito que enseñarte que el ego es algo increíble y que siempre lo será. Tú, que lo inventaste al creer lo increíble, no puedes emitir ese juicio por tu cuenta. Pero cuando aceptas la Expiación para ti mismo, decides en contra de la creencia de que puedes estar solo, desvaneciendo así la idea de la separación y afirmando tu verdadera identificación con todo el Reino como algo que literalmente forma parte de ti.[9]

GARY: Asombroso, ¿eh?

ARTEN: Asombroso, hermano.

PURSAH: A medida que se deshagan los bloqueos del ego y tú crezcas en tu conciencia del espíritu, el amor no será solo algo que hagas, será algo que tú seas y que compartas con Dios. No es arrogante pensar que eres lo mismo que Dios. Simplemente es la verdad. Lo arrogante es pensar que puedes estar separado de Dios.

No puede haber escasez en la unicidad perfecta, donde, por definición, lo tenemos todo.

Esa es la arrogancia del ego.

Extiende tu amor hacia el mundo que no está ahí. No importa que sea una ilusión. Lo que importa es el amor. Ahora eres el representante de Dios en una tierra extraña, pero nunca dejarás de ser exactamente lo que Él es. El *Curso* te describe así, y no podría haber mejor manera de cerrar nuestras citas de nuestro hermano mayor.

> Santificado sea tu nombre e inmaculada tu gloria para siempre. Tu plenitud ahora es total, tal como Dios lo dispuso. Tú eres Su Hijo, y completas Su extensión con la tuya. No practicamos sino una antigua verdad que sabíamos desde antes de que la ilusión pareciese apoderarse del mundo. Y le recordamos al mundo que está libre de toda ilusión cada vez

que decimos: «Dios es solo Amor y, por ende, eso es lo que soy yo».[10]

GARY: Sí. Me encanta. Gracias. Gracias eternamente.

ARTEN: Sigue con ello, hermano. Sigue noqueándolos vivos.

PURSAH: Ahora únete a nosotros. Nuestros cuerpos desaparecerán, el mundo desaparecerá y tú serás espíritu por completo. Oirás la Voz que habla por Dios durante un rato y después nada. La brillante abstracción de la perfecta unicidad la reemplazará y te dará a probar lo que más adelante será tuyo para siempre y nunca podrás perder. Al final, retornarás al mundo de la forma durante un tiempo, pero estarás aún más seguro de tu destino amoroso. Tu mente sentirá la gloria de tu verdadera vida eterna, mientras el Espíritu Santo te conforta y te acuna en Dios.

Solo puedes sentirte animado y ayudar a tus hermanos a ir al hogar.
No te sientes fatigado, porque tienes alas en los pies.
No puedes sentirte desapasionado si tienes fuego en el alma.
No eres quien para juzgarlos, tienes un corazón amoroso.
Solo dices la verdad, porque el espíritu es tu Voz.
No puedes tener miedo, porque yo estoy aquí contigo.
Y todo es uno en el cielo.
Tú has sido recordado.
Porque el Amor no ha olvidado a nadie.

Sobre Un curso de milagros

Un curso de milagros ha sido publicado por la Fundación para la Paz Interior, la organización elegida por la doctora Schucman, su escriba, para este propósito.

Puedes contactar con la fundación a través de su sitio web o por correo.

Foundation for Inner Peace
P.O. Box 598
Mill Valley, CA 94942-0598
www.acim.org

Sobre el autor

Gary R. Renard vivió un poderoso despertar espiritual a comienzos de los noventa. Tal como lo instruyeron dos maestros ascendidos que se aparecieron ante él en carne y hueso, escribió su éxito de ventas *La desaparición del universo,* a lo largo de un periodo de nueve años. Más tarde, fue guiado a hablar en público, y ha sido descrito como uno de los oradores más interesantes y valientes del mundo. El segundo libro de Gary, *Tu realidad inmortal*, también fue un éxito de ventas.

Durante los últimos diez años, Gary ha hablado en cuarenta y tres estados de Estados Unidos y en veinticuatro países del mundo; y fue orador destacado en las Conferencias Internacionales de UCDM celebradas en Salt Lake City, San Francisco y Chicago. También ha recibido el galardón de la Infinity Foundation Spirit, concedido a quienes hacen una contribución significativa al crecimiento personal y espiritual. Entre las personalidades anteriormente premiadas se encuentran Dan Millman, Ram Dass, Gary Zukav, James Redfield, Byron Katie y Neale Donald Walsch.

Más recientemente, Gary se ha dedicado a enseñar (y a veces a introducir) *Un curso de milagros* en charlas y talleres celebrados en todo el mundo. Ha participado en cientos de entrevistas de radio y escritas; ha aparecido en siete películas documentales; ha hecho cuarenta y seis grabaciones para iPod; ha publicado treinta vídeos en YouTube; ha creado tres CD de audio para Sounds

True (uno de los cuales tiene más de siete horas de material sin retocar); ha hecho un CD de música y otro de meditación con Cindy Lora-Renard; ha filmado varios DVD; ha superado un divorcio; se ha trasladado de Maine a California; se ha vuelto a casar; ha creado una serie de televisión basada en sus libros; ha escrito el guión piloto (junto con Elysia Skye) para la serie de televisión basada en sus libros, además de posibles desarrollos del programa a lo largo de siete años; ha respondido a cientos de correos electrónicos; ha escrito los prólogos de siete libros; ha desarrollado el mayor grupo de estudio de *Un curso de milagros* del mundo (El D. U. Discussion Group en Yahoo); sus libros se han publicado en veintiún idiomas, incluso en China continental… y ahora ha empezado a tomarse más tiempo para escribir. Debido a ello, se esperan nuevos libros en el futuro.

Sitio web: www.GaryRenard.com

Notas al final

Índice de referencias

En el índice siguiente, la primera notación corresponde al libro; la segunda, al capítulo; la tercera, a la sección; la cuarta, al párrafo y la quinta, a la frase del «Texto» de *Un curso de milagros*. En el «Libro de ejercicios», se indica la lección correspondiente o la numeración de la entrada. Estas citas corresponden a la versión española publicada por la Fundación para la Paz Interior.

T: «Texto»
L: «Libro de ejercicios»
M: «Manual para el maestro»
C: «Clarificación de términos»
P: «Psicoterapia: propósito, proceso y práctica»
S: «El canto de oración»

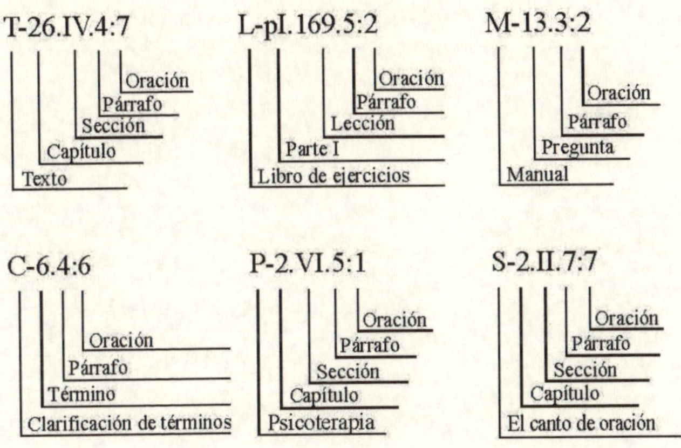

Nota: Esquema de Foundation for A Course in Miracles® para leer las referencias del *Curso*.

Índice de referencias

Introducción y capítulo 1

¿Qué prefieres ser?

[1] T-9.VII.4:5-7.
[2] T-3.II,1:1-5.
[3] T-31.VIII.6:1-3.
[4] LpI.8.2:1.
[5] M-4.
[6] T-8.III.4:5.
[7] L-pII.289.1:6.
[8] T-6.II.10:7.
[9] L-pI.31.
[10] L-pI.in.1:1.
[11] T-13.V.3:5.
[12] L-pI.152.6:1-6.
[13] T-3.V.5:7.
[14] C-intro.3:5-10.
[15] T-8.III.4:3.
[16] L-pI.158.4:5
[17] T-28.VIII.6:2.
[18] T-16.VII.12:1-7.
[19] T-21.I.8:1-6; 9:1-3.
[20] T-intro.1:8.
[21] T-15.III.4:10.
[22] T-15.XI:3.

Capítulo 2

Un paseo por el periodo «entre vidas»

[1] T-16.V:17.
[2] T-4.II.10:4-5.
[3] T-31.VIII.3:1.
[4] LpI.38.1:1-2.
[5] M-24.5:7.
[6] T-18.VII.3:1.
[7] T-21.intro.1:5.
[8] S-3.II:2:1; 4;3:1-5.
[9] M-26.2:6.
[10] T-7.VII.7:7.
[11] P.3,III.1:3-10.
[12] T-17,I,5:5.
[13] LpI.155,2:1-4.
[14] LpI.155,3:1-4; 5:1-2.
[15] T-14,IX,2:1-11.
[16] T-16,III,7:7-8.

Capítulo 3

El guión está escrito, pero no está grabado en piedra: la naturaleza de las dimensiones

[1] T- 16.III.4:1-2.
[2] C. intro.2:5.
[3] T- 1.I.25: 2.
[4] T- 2.III.3: 3.
[5] T- 2. III. 3:1-2.
[6] T-1.IV.2:4.

Capítulo 4

Curación corporal para la mente iluminada

[1] T- 6.V.A.2.1-7.
[2] T-5.V.5.1.
[3] M.5.II.3:2.
[4] T-6.V.A.1:3-4.
[5] T-23.IV.2:5-6.
[6] T-23.II.19:1-2.
[7] T-6.IV.5:1-5;6:1-8.

Capítulo 5

Las lecciones de Tomás y Tadeo

[1] T-3.I.5.1-6.
[2] C-6.1:4-5.
[3] T-6.I.13:2; 41:1.
[4] T-26.X.4:1-3.
[5] T-5.VII.6:6.
[6] T-31.VIII.3:1.
[7] S.2.II.
[8] T-18.I.4:1-6.
[9] C-1.1.
[10] L-pI.121.13:6-7.

Capítulo 6

Las Lecciones de Gary

[1] L-pI.46.1:5.

[2] M.3.1:6-8.

[3] T-1.1.35:1.

[4] T-1.1.45:2

[5] T-22.II.10:1.

[6] T-1.I.29:3.

[7] T-2.VI.4:6.

[8] T-6.V.C.2:8.

[9] T-27.II.2:4.

[10] T-22.III.5:3-5.

[11] M-4.II.1:5-9.

[12] T-5.V.5:1.

[13] L-pI.169.8:2.

[14] T-31.VIII.3:5.

[15] Intro.8.

[16] T-1.I.1:1

[17] L-pI.169.9:3.

[18] L-pI.169.10:1.

[19] T-15.I.10:1-4.

[20] C.Intro.2:3.

[21] L-pI.38.2:1-3.

[22] L-pI.138.

[23] T-23.4.

[24] T-22.Intro.2:1-8.

[25] T-22.Intro.3:1-9.

[26] T-31.VIII.5:6.

[27] L-pII.13.2:1-5; 3: 1-5.

Capítulo 7

Arten en esta vida

[1] M-24.1:2-6
[2] M-24.5:7.
[3] M-24.2:8.
[4] C-Intro. 1:1-3.
[5] S-3.II. 3:1-3.
[6] T-1.I.45:1.
[7] L-pII.13.4:1-3.

Capítulo 8

Las lecciones finales de Pursah

[1] T-9.VII.3:1-3.
[2] L-pI.62.
[3] M-27.7:1-4.
[4] M-27.7:5-10.

Capítulo 9.

Las lecciones finales de Arten

[1] T-17.IV.8:1-4; 9:1-11; 10:1-2.
[2] Prefacio, pg. x.
[3] T-1.V. 2:2.
[4] M-Intro. 2:1-3.
[5] T- 3. VII. 6:1-9.

El amor no ha olvidado a nadie

[1] L-pI.14. 3:1-7; 4:1-4.
[2] T-31.VIII.1:5.
[3] T-31.VI.3:1-2.
[4] T-8.III.4:2.
[5] L-pII.13.1:1-3.
[6] T-6.II.10:7.
[7] T-31.VIII.11:1.
[8] L-pI.185.1:1-2.
[9] T-7.VIII.7:1-3.
[10] L-pI.in.5° repaso.10:8.

Anexo a Un curso de milagros
El arco del perdón
Ausencia de felicidad
Cuando 2 + 2 = 5
Despierta del sueño
Diccionario de términos según Un curso de milagros
Las etapas de nuestro viaje espiritual
El final de nuestra resistencia al amor
Lección 101 de Un curso de milagros
El mensaje de Un curso de milagros
Nunca te olvides de reír
Padres e Hijos Vol. I
Padres e Hijos Vol. II
El perdón y Jesús
El Poder sanador de la bondad I
El Poder sanador de la bondad II
Las preguntas más comunes entorno a Un curso de milagros
Una introducción básica a Un curso de milagros
Viaje sin distancia
Vive el milagro
Vivir Un curso de milagros

Colección Inspirados por UCDM

Consta de las obras que toman el Curso como fuente principal de inspiración para desarrollar trabajos relacionados con su contenido metafísico, espiritual o psicológico.